Gespaltene Mitte – Feindselige Zustände

Andreas Zick · Beate Küpper · Daniela Krause

Gespaltene Mitte – Feindselige Zustände

Rechtsextreme Einstellungen in Deutschland 2016

Mit Beiträgen von
Wilhelm Berghan · Frank Faulbaum · Eva Groß
Alexander Häusler · Andreas Hövermann · Anna Klein
Michael Müller · Jonas Rees

Herausgegeben für die Friedrich-Ebert-Stiftung
von Ralf Melzer

DIETZ

Bibliografische Information der Deutschen Nationalbibliothek

Die Deutsche Nationalbibliothek verzeichnet
diese Publikation in der Deutschen Nationalbibliografie;
detaillierte bibliografische Daten sind im Internet
über http://dnb.d-nb.de abrufbar.

ISBN 978-3-8012-0488-4

Dreizehnmorgenweg 24, 53175 Bonn
Umschlaggestaltung: Jens Vogelsang, Aachen
Satz: Kempken DTP-Service | Satztechnik · Druckvorstufe · Mediengestaltung, Marburg
Druck und Verarbeitung: CPI books, Leck

Printed in Germany 2016

FRIEDRICH EBERT STIFTUNG
Forum Berlin

FES Projekt GEGEN RECHTS EXTREMISMUS

Inhalt

Vorwort des Herausgebers

Die neue Mitte-Studie der Friedrich-Ebert-Stiftung erscheint in einer politisch aufgeheizten Zeit: Wahlerfolge von Rechtspopulisten, fremden- und muslimfeindliche Aufmärsche, Gewalt gegen Flüchtlinge, offener Hass und Pöbeleien gegen Politiker und Journalisten sowie dazu eine sehr konkrete Bedrohung durch islamistischen Terror. All diese Erscheinungen sind keineswegs auf Deutschland beschränkt, sondern ein europaweites, sogar transatlantisches Phänomen.

Die Landtagswahlkämpfe in Deutschland waren in den letzten Monaten stark von der Diskussion um die Aufnahme von Flüchtlingen geprägt. Nicht nur, aber auch in dieser Hinsicht erweist sich die Gesellschaft als gespalten. Dabei ist das Bild, das sich aus der Befragung des Jahres 2016 ergibt, nicht durchweg negativ, sondern differenziert: So existiert in weiten Teilen der Bevölkerung eine deutlich größere Unterstützung für humane Flüchtlingspolitik, als uns das die rechtsextremen und rechtspopulistischen Scharfmacher glauben machen wollen. Sie sprechen jedenfalls keineswegs für die Mehrheit.

Einige Befunde sind allerdings beunruhigend: zum Beispiel die zunehmende Polarisierung und Gewaltbereitschaft sowie das anhaltend stark verbreitete Demokratiemisstrauen. Gleichzeitig ist der weitaus größte Teil der deutschen Bevölkerung stolz auf die Demokratie und die Verfassung. Dieser deutlichen Mehrheit steht aber ein gefestigter und sich radikalisierender Kern von Menschen gegenüber, der sich von demokratischen Diskursen entkoppelt hat, feindselig denkt und verstärkt auch feindselig handelt.

Namentlich an PEGIDA lässt sich beobachten, dass Partizipation nicht automatisch konstruktiv und Zivilgesellschaft nicht zwangsläufig demokratisch orientiert sein muss. Die Anhängerschaft der rechtspopulistischen AfD ist seit unserer letzten Studie nicht nur gewachsen, sondern hat sich – parallel zur Ausrichtung der Partei – auch radikalisiert. In nahezu allen Dimensionen rechtsextremer und menschenfeindlicher Einstellungen zeigen AfD-Anhängerinnen und -Anhänger die mit Abstand höchsten Zustimmungswerte.

Bereits in der FES-Mitte-Studie von 2014 zeichnete sich eine Tendenz der Verlagerung ab: weg von den harten Dimensionen rechtsextremen Denkens hin zu weicheren, subtileren und anschlussfähigeren Formen der Ausgrenzung. Diese Dimensionen, zum Beispiel die Einforderung von Etabliertenvorrechten, mögen auf den ersten Blick harmlos erscheinen, tatsächlich aber sind sie Einfallstore für Abwertungen und Rassismus. Auch ein anderer Trend setzt sich 2016 fort: Antisemitismus verlagert sich immer mehr weg von sogenannten »klassischen« judenfeindlichen Einstellungen hin zu transformierten Formen von Judenhass, die sich unter anderem in sekundärem und israelbezogenem Antisemitismus ausdrücken.

Der vorliegende Band ist die inzwischen sechste Mitte-Studie der Friedrich-Ebert-Stiftung. Alle diese Studien basieren auf repräsentativen Befragungen, die die Friedrich-Ebert-Stiftung im Zweijahresrhythmus in Auftrag gibt. Von 2006 bis 2012 bestand eine Kooperation mit der Universität Leipzig, seit 2014 ist das Institut für interdisziplinäre Konflikt- und Gewaltforschung (IKG) der Universität Bielefeld unser wissenschaftlicher Partner. Damit können auch die Daten aus zehn Jahren Forschung zu Gruppenbezogener Menschenfeindlichkeit an der Universität Bielefeld (»Deutsche Zustände«) in die aktuelle Analyse rechtsextremen, menschenfeindlichen und autoritären Denkens einfließen.

Mit ihren Mitte-Studien verbindet sich für die Friedrich-Ebert-Stiftung immer auch das Ziel, die Ergebnisse und Befunde in konkrete politische Bildungsarbeit zu überführen. Im Schlusskapitel werden in dieser Hinsicht vier Leitmotive für politische Bildung skizziert. Wie wichtig das ist, zeigt sich auch wieder in den Ergebnissen der vorliegenden Studie: Bildung hilft! Die Diskussion der vier Leitmotive politischer Bildungsanstrengungen am Ende dieses Buches steht unter der Überschrift »Mehr Demokratie leben«. Gerade angesichts des antidemokratischen Potenzials von Bewegungen wie PEGIDA steckt darin die Ermutigung, sich nicht als Objekt staatlichen Handelns, sondern als Subjekt aktiv gelebter Demokratie zu verstehen. »Wir alle sind die Bevölkerung«, ist das passende Motto für eine demokratische, auf Vielfalt und Gleichwertigkeit basierende Zivilgesellschaft. In »Wir sind das Volk« dagegen schwingt immer auch mit: »Die anderen nicht.«

Der herzliche Dank des Herausgebers gilt allen Autorinnen und Autoren dieses Bandes, insbesondere Beate Küpper und dem »Mitte-Team« am IKG der Universität Bielefeld unter Leitung von Andreas Zick. Ein besonderer Dank geht an Daniela Krause für die umsichtige Koordinierung des Projekts aufseiten des IKG sowie an Gaby Rotthaus und Jasmin König für ihre wertvolle Mitwirkung im Team der FES.

Für die ebenfalls ausgezeichnete Zusammenarbeit mit den Kolleginnen und Kollegen des Verlags J. H. W. Dietz Nachf. in Bonn sei erneut stellvertretend Dr. Alexander Behrens genannt, dessen bewährtem Lektorat auch diese Mitte-Studie der Friedrich-Ebert-Stiftung viel verdankt.

Berlin, im Oktober 2016

Dr. Ralf Melzer
Leiter des Projekts »Gegen Rechtsextremismus«
im Forum Berlin der Friedrich-Ebert-Stiftung

1 Einleitung: Gespaltene Mitte, zerrissene Gesellschaft

Andreas Zick · Beate Küpper

Der vorliegende Band berichtet über Wahrnehmungen, Meinungen und Beurteilungen, die auf einer nach repräsentativen Kriterien ausgewählten Stichprobe von Bundesbürgerinnen und -bürgern beruhen. Er schreibt die Berichterstattung der Mitte-Studien der Friedrich-Ebert-Stiftung über rechtsextreme Einstellungen seit 2006 fort und ergänzt sie – wie bereits in der FES-Mitte-Studie 2014 – um die Beobachtung von menschenfeindlichen und (anti-)demokratischen Haltungen.[1] Die vorliegende Studie verfolgt das Ziel, empirische Fakten und Analysen zur Diskussion bereitzustellen. Was denken die Menschen in diesem Land über Politik, Gesellschaft und ihre eigene Lage? Wie radikal und extrem, wie exklusiv oder inklusiv ist die Stimmung in Deutschland? Was sehen und empfinden die Bürgerinnen und Bürger, wenn sie auf die Gruppen schauen, deren Gleichwertigkeit in Frage gestellt wird? Und inwieweit vertreten sie selbst ungleichwertige Einstellungen und tragen mit ihren eigenen Meinungen dazu bei, Ungleichwertigkeiten zwischen sozialen Gruppen[2] – erkennbar in systematischer Privilegierung und Diskriminierung – aufrechtzuerhalten oder, umgekehrt, abzubauen? Um Antworten auf diese Fragen zu finden, versucht die Studie, nach wissenschaftlichen Kriterien Messinstrumente zu entwickeln und statistisch zuverlässige Methoden anzuwenden. Sie dienen dazu, das Ausmaß menschenfeindlicher und rechtsextremer Überzeugungen in der Gesellschaft zu

---

1 Der sogenannte Rechtsextremismusfragebogen, der auch Bestandteil der aktuellen Befragung war, ist bereits seit 2002 unverändert im Einsatz.

2 Wir verwenden den Begriff der sozialen Gruppe im sozialpsychologischen Verständnis für konstruierte Gruppen, zu denen Personen aufgrund zugewiesener Merkmale wie u. a. Geschlecht, Ethnie, Religion, kultureller Herkunft, sexueller Orientierung, einer Behinderung usw. zugeordnet werden. Diese Kategorisierung erfolgt durch diejenigen, die andere Personen wahrnehmen, und ist weitgehend unabhängig davon, ob eine Person das zur Kategorisierung verwendete Merkmal überhaupt trägt (also z. B. die zugewiesene Religion hat) bzw. sich selbst damit identifiziert (z. B. religiös ist bzw. ihr ihre Religion wichtig ist). Die Personen, die einer bestimmten Gruppe – z. B. aufgrund ihrer Religion – zugewiesen werden, müssen sich selbst keineswegs als Gruppe fühlen.

bestimmen und vor allem mögliche Bedingungsfaktoren und Folgen solcher Einstellungen zu analysieren.

Eine Studie wie die vorliegende ist auf das beschränkt, was Meinungsumfragen gemeinhin bieten – die empirische Bestätigung oder Nicht-Bestätigung gesellschaftspolitischer Stimmungslagen und ihrer Bedingungsfaktoren. Sie hat keinen unmittelbaren Praxisbezug, kann aber Hinweise für die Ableitung von politischen und praxisbezogenen Handlungsempfehlungen geben. Die wissenschaftliche Analyse genießt gegenüber vielen Debatten den Vorteil der Distanz und Nüchternheit. Es werden keine vorschnellen Wahrheiten verkündet, sondern zuerst sprechen die Daten und Ergebnisse von statistischen Verfahren, die natürlich immer auch davon abhängig sind, wonach eingangs gefragt wurde. Dem folgt die Interpretation dessen, was empirisch als Zustand der Gesellschaft erkennbar wird und so stellt sich für die Autorinnen und Autoren am Ende wieder die kritische Frage, die das Projekt motiviert und begleitet hat: Wie ist es um den Zustand der Gesellschaft bestellt? Gibt es ein prägnantes Bild, das in wenigen Worten alles zusammenfasst und auf den Buchdeckel gedruckt werden kann? Wie beschreiben und benennen wir die Stimmungen in der gesellschaftlichen »Mitte«, die empirisch beobachtet wurden? Dies hängt nicht zuletzt von den gesetzten Schwerpunkten der Studie ab und von der Perspektive des Betrachters. Jedes Bild, das wir aus den empirischen Befunden generieren, wird zwangsläufig selbst auch Teil heftiger öffentlicher Debatten und Kontroversen und bisweilen auch von radikalen Kämpfen um Leitbilder einer sich stetig wandelnden Gesellschaft.

Allein die Metapher der gesellschaftlichen »Mitte« ist ein unbestimmter, schwer zu greifender Terminus, der eher der politischen Rhetorik zuzuordnen ist und der die sozialwissenschaftliche Analyse vor die Aufgabe stellt, ihn zu operationalisieren. Die »Mitte« lässt sich sozial, politisch oder ökonomisch beschreiben und an so unterschiedlichen Indikatoren wie der politischen Selbstverortung der Bürgerinnen und Bürger, an ihrer sozioökonomischen Lage wie auch schlicht an der Meinung der Mehrheit festmachen – entsprechend fehlt eine gemeinsame Klammer, die sie eint und bindet. In einer repräsentativen telefonischen Befragung wie sie hier zugrunde liegt, erreicht man nur sehr wenige Befragte, die sich selbst explizit nicht der Mitte zuordnen. 2014 zählten sich über 90 %

der Befragten mindestens in der Tendenz selbst zur »Mitte der Gesellschaft« (nicht noch einmal in 2016 erfasst). Eine andere Frage ist es, wo sich die Befragten politisch verorten. In 2016 positionieren sich im Vergleich zu 2014 nahezu unverändert 60 % der von uns Befragten politisch »genau in der Mitte«. Fast ebenso viele lassen sich anhand ihres Einkommens ökonomisch der Mittelschicht zuordnen. In ihren politischen Ansichten darüber, wie es um die Demokratie und Zivilgesellschaft bestellt ist, wer als zur Gesellschaft gehörig und gleichwertig betrachtet wird, ist sich diese Mitte aber keineswegs einig, und etliche derjenigen, die sich selbst der Mitte zuordnen oder anhand objektiver Kriterien von Einkommen, Bildung und Beruf dort verortet werden können, vertreten Einstellungen, die von ihrem Inhalt her als rechtsextrem gelten müssen.

Im Jahr 2016 wird besonders deutlich, dass die gesellschaftliche Mitte sowohl Meinungen vertritt, die Gleichwertigkeit als Grundfeste der Demokratie betrachten, als auch menschenfeindliche Einstellungen, die diese Grundfeste in Frage stellen und gefährden. Die sich bereits in der Erhebung 2014 andeutende Tendenz der Polarisierung von politischen Meinungen der Bürgerinnen und Bürger hat sich weiter verschärft – es ist ein tiefer Spalt entstanden, der derzeit kaum überbrückbar zu sein scheint. Während die Mehrheit entgegen einiger Bekundungen nach wie vor und explizit demokratische Grundwerte vertritt, teilt eine nicht ganz kleine und umso lautere Minderheit Positionen gegen Modernisierung, Liberalität und Weltoffenheit, zu denen im Kern die Anerkennung von Vielfältigkeit und Gleichwertigkeit gehört. Insbesondere Flüchtlinge und Muslime sind dafür derzeit ein Symbol und eine »Chiffre für die Verunsicherung durch den Einbruch der Globalisierung«, wie der Politikwissenschaftler Albrecht von Lucke konstatiert (von Lucke 2016). Tatsächlich bestätigen die Befunde, dass jene, die zustimmen »Die Globalisierung der Wirtschaft macht mir Sorgen« in der Tendenz eher auch eine negative Haltung zu Geflüchteten haben. Durch die Ablehnung jener, die aus der weiten Welt neu hinzukommen, soll eine vermeintlich homogene Gesellschaft konserviert werden, die mit einem nostalgischen Blick in die verklärte Vergangenheit Sicherheit und Orientierung verspricht. Ein Selfie der Kanzlerin mit einem geflüchteten Menschen wird für die einen zum Vorbild, für die anderen zum Zerrbild, und die Polarisierung der Gesellschaft kristallisiert sich in den Schlachtrufen: »Refugees welcome« und »Refugees not welcome«.

Der Alternative für Deutschland (AfD) gelingt es, wie wir empirisch zeigen können, die Anhängerschaft des zweiten Schlachtrufs für sich zu gewinnen. So hat eine Mehrheit von 59 % der Befragten der vorliegenden repräsentativen Studie Sorgen, Deutschland könne weiter nach rechts rücken, während umgekehrt 27 % der Ansicht sind, Deutschland sei in den letzten Jahren zu weit nach links gerückt. Es sind vor allem potenzielle Wählerinnen und Wähler der AfD (und auch erklärte Nichtwähler), die letzteres meinen, während die Wählerinnen und Wähler aller anderen größeren Parteien einschließlich CDU/CSU, SPD und FDP, und, noch mehr, von Bündnis 90/Die Grünen sowie der Linkspartei gemeinsam die Sorge eines Rucks nach rechts vereint. Im vorliegenden Band zeichnen wir diese Stimmungen nach, die auch die Grundlage für Handlungen legen: Die Schriftstellerin Herta Müller hat diese Dynamik anlässlich der Verleihung des Heinrich-Böll-Preises durch Kölns Oberbürgermeisterin Henriette Reker auf den Punkt gebracht und die Wirkungen der Rhetorik, die rechtsextreme und menschenfeindliche Einstellungen anheizt, auf beeindruckend klare Weise beschrieben: »Wenn Worte wie ›Lügenpresse‹ und ›Volksverräter‹ lange genug spazieren gehen, geht auch mal ein Messer spazieren.«[3] Dies macht es so wichtig, Einstellungen nachzuverfolgen und zu analysieren.

Der grundlegende Konflikt zwischen mehr oder weniger Offenheit, Liberalität und Gleichwertigkeit mündete auf der Straße in manifeste Gewalt. In keinem anderen Land haben so viele Asylunterkünfte gebrannt wie in Deutschland. Das digitale Netzwerk ist voller Hass. Auch die seriösen Medien forcieren dabei nicht selten eine unkritische, unreflektierte Übernahme und Weitergabe von Bedrohungsrhetorik durch die Verwendung von dramatischen Bildern und Begrifflichkeiten wie »Flüchtlingskrise«, Flüchtlingschaos« oder gar »Flüchtlingstsunami« (so der CSU-Parteivorsitzende Horst Seehofer). Sie gaben und geben rechtspopulistischen Akteuren ein Forum und befördern damit die Strategie der Neuen Rechten, Positionen, die vormals von allen als eindeutig undemokratisch und rechtsextrem verstanden wurden, nun als eine legitime Möglichkeit im Meinungsspektrum anzusiedeln. Den unbedarften Zuschauer erreichen dann zur besten Sendezeit menschenfeindliche und antidemokratische Botschaften, die ihm geadelt und abgesegnet durch die seriös erscheinende politische Debat-

3 Zit. aus Köln-Nachrichten vom 21.11.2015.

tenrunde, als offenkundig denk-, sag- und durchführbar erscheinen. So werden Meinungen gemacht und geformt – auch rechtspopulistische und rechtsextreme.

Wir sind soweit, dass mancherorts auch rassistische Hetze als eine »Meinung« unter vielen im demokratischen Spektrum gelten soll. Die Ergebnisse bestätigen, dass jene, die der Ansicht sind »In Deutschland darf man nichts Schlechtes über Ausländer sagen, ohne gleich als Rassist beschimpft zu werden«, selbst auch eher zu fremdenfeindlichen Einstellungen neigen und diese mit der Klage über mangelnde Meinungsfreiheit relativieren. Hier hat – begleitet und vorangetrieben nicht zuletzt durch PEGIDA – eine inzwischen offene Verschiebung stattgefunden. Vorurteile werden nicht mehr subtil und über Umwege kommuniziert, sondern ganz offen als »eben eine Meinung« verteidigt und Widerspruch als »Verstoß gegen die Meinungsfreiheit« diffamiert. Es ist Zeit darüber zu sprechen, auf welchen Grundwerten Demokratie fußt, denn Ungleichwertigkeit und pauschale Abwertung von sozialen Gruppen widersprechen demokratischen Grundwerten zutiefst.

Die Kritik an der Politik, sie folge nicht »dem Volk«, zeugt von einem problematischen Verständnis. Denn das »Volk« ist – das zeigen die Ergebnisse der aktuellen FES-Mitte-Studie« – sehr heterogen nicht nur in seiner Zusammensetzung, sondern auch in seinen Ansichten. Demokratie bedeutet eben nicht einfach, dass »die »Mehrheit siegt«, sondern zeichnet sich in der Anerkennung von Heterogenität und dem Schutz von Minderheiten aus. Mehr noch, in einer demokratisch konstituierten Gesellschaft gilt der zentrale Wert der Gleichwertigkeit der Menschen unabhängig von der ihnen zugewiesenen sozialen Gruppenzugehörigkeit. Die große Mehrheit von 84 % der Befragten findet, »die deutsche Demokratie funktioniert im Großen und Ganzen ganz gut«. Umgekehrt halten 40 % die Demokratie für gefährdet. Dies meinen allerdings eher jene Befragten, die selbst zu rechtspopulistischen oder sogar rechtsextremen Einstellungen tendieren. Hier wird ein reduziertes und verzerrtes Verständnis von Demokratie erkennbar, das zwar Meinungsfreiheit als Baustein der Demokratie einklagt, aber die Grundfesten der Unantastbarkeit der menschlichen Würde, die Gleichwertigkeit unabhängig von zugewiesener Gruppenzugehörigkeit und den Schutz von Minderheiten ignoriert. Auf den Demonstrationen von PEGIDA wurde dieses Zerrbild eines Demokratieverständnisses überdeutlich.

Die FES-Mitte-Studie beschreibt, wie gemeinsame Vorurteile und nostalgische Bilder eines vermeintlich homogenen »Volks« durch die Bedrohungs- und Vormachtsrhetorik rechtspopulistischer Akteure und jene, die ihnen nacheifern, befeuert werden und einen giftigen Konsens zwischen sozial, ökonomisch und politisch durchaus unterschiedlichen Milieus »wütender Bürger« stiften können. Gefährlich für die Demokratie wird es dann, wenn versucht wird, den Zusammenhalt in der Gesellschaft über autoritäre Rechtsvorstellungen herzustellen und den Konsens über die Ausgrenzung von Randgruppen zu schaffen – ganz im Sinne von: »›Wir‹ sind uns einig, gegen ›die‹ zu sein und setzten dies mit aller Härte durch«. Besonders gefährlich wird es, wenn – wie aktuell – eine Akzeptanz und Bereitschaft zu Gewalt in einigen Teilen der Bevölkerung vorhanden ist. Bemerkenswert dabei ist: Rund die Hälfte der Befragten sieht tatsächlich den Zusammenhalt in Deutschland gefährdet, die andere Hälfte sieht dies nicht so. Jene, die meinen, der Zusammenhalt sei gefährdet, vertreten deutlich eher die Vorstellung einer homogenen Gesellschaft und sind der Ansicht, »zu viele kulturelle Unterschiede schaden dem Zusammenhalt der Deutschen« und »durch die Zuwanderung geht die deutsche Kultur verloren«.[4] Zusammenhalt wird also von Etlichen ganz offenbar nicht in Vielfalt, sondern ohne Vielfalt gedacht und gewünscht (dazu bereits Zick & Küpper 2012). Zugleich sind 85 % der Bevölkerung der Ansicht: »Verschiedene kulturelle Gruppen bereichern unsere Gesellschaft«. Auch wenn hier etliche Befragte eine durchaus ambivalente Haltung offenbaren, so verweist diese hohe Zustimmung zugleich auf die große Mehrheit, die nach wie vor eine vielfältige und offene Gesellschaft wünscht.

Der vorliegende Band berichtet die Ergebnisse der von der Friedrich-Ebert-Stiftung beauftragten 2016er-Erhebung. Wir danken als Partnerinnen und Partner für das Vertrauen in unsere Forschung und diesen Auftrag. Wir danken umso mehr, als wir damit unsere langjährigen Studien zur Gruppenbezogenen Men-

---

4 Der Aussage »Der Zusammenhalt der Deutschen ist gefährdet« stimmen 50 % der Befragten eher oder voll und ganz zu. 30 % der Befragten meinen: »Zu viele kulturelle Unterschiede schaden dem Zusammenhalt der Deutschen« und 33 % sagen: »Durch die Zuwanderung geht die deutsche Kultur verloren«. Die beiden letzten Aussagen wurden zu einer hoch reliablen Skala »Wunsch nach einer homogenen Gesellschaft« zusammengefasst (Cronbach's Alpha = .81). Die Korrelation zwischen der Klage über einen gefährdeten Zusammenhalt mit dem Wunsch nach einer homogenen Gesellschaft beträgt $r = .47$, $p < .001$.

schenfeindlichkeit (GMF), die unter der Leitung von Wilhelm Heitmeyer in einem Forschungsverbund 2002 begonnen haben, fortführen können. Die »GMF-Studie« wurde seit 2014 mit der »FES-Mitte-Studie« verbunden.[5] Wir arbeiten dabei mit qualifizierten Nachwuchswissenschaftlerinnen und -wissenschaftlern zusammen, ohne deren Kompetenzen die Durchführung einer solchen Studie nicht möglich wäre. Die Daten, die das Sozialwissenschaftliche Umfragezentrum (SUZ) in Duisburg mit hoher Genauigkeit und Präzision erhoben hat, lagen im August 2016 vor und mussten unmittelbar und intensiv bis Mitte September von den Autorinnen und Autoren bearbeitet und in Beiträge gegossen werden. *Daniela Krause* hat diese Arbeiten aufseiten des IKG koordiniert. *Ralf Melzer* hat als Herausgeber für die Friedrich-Ebert-Stiftung das Projekt in allen Phasen begleitet und für die wissenschaftlich unabhängige Studie wichtige inhaltliche und konzeptionelle Impulse gegeben.

Wir nähern uns nach einer Einführung in die Untersuchungsanlage und Methodik einer genaueren Bestimmung der Wahrnehmungen und Meinungen zunächst mit der Frage, wie verbreitet negative oder positive Meinungen über gesellschaftliche Gruppen sind, die in der Regel nicht als Mitglieder einer sogenannten Mehrheitsgesellschaft verstanden werden. *Andreas Zick, Daniela Krause, Wilhelm Berghan und Beate Küpper* zeichnen in diesem Kapitel die Menschenfeindlichkeit gegenüber verschiedensten Gruppen nach. Dabei geht es um die Zuschreibung von Merkmalen und Stereotypen, die Andere als Fremdgruppen markieren und ein Feindschaftsverhältnis ausdrücken zwischen »uns« und »denen«. Die Abwertung unterschiedlicher sozialer Gruppen wird im Syndrom Gruppenbezogener Menschenfeindlichkeit (GMF) beschrieben.

---

5 Seit 2014 gibt es darüber hinaus die »Leipziger Mitte-Studien«, die in diesem Jahr unter dem Titel »Enthemmte Mitte« vorgestellt wurden. Sie verwendet in der Nachzeichnung von Entwicklungen über die Zeit dieselben Daten von 2002–2012, auf die sich auch die hier vorliegende Studie für diesen Zeitraum bezieht. Darüber hinaus können wir ergänzend auf die Daten der »GMF-Studien« zurückgreifen, die in der Reihe »Deutsche Zustände« (hg. v. W. Heitmeyer) der Öffentlichkeit zugänglich gemacht wurden. Es gibt gegenwärtig also zwei Reihen von Mitte-Studien. Aus wissenschaftlicher Sicht ist dies interessant und sogar wünschenswert, weil so der kritische Vergleich der Ergebnisse möglich ist, gerade weil sich die verwendeten Methoden in einigen Aspekten unterscheiden.

Im Anschluss werfen *Beate Küpper, Jonas Rees und Andreas Zick* einen genaueren Blick auf die Meinungen über Geflüchtete. Seit der letzten Studie 2014 hat die Debatte um die sogenannte »Flüchtlingskrise« Deutschland und Europa wie kein anderes Thema geprägt und in eine Zerreißprobe gebracht. Der Beitrag untersucht die Haltungen der Bevölkerung gegenüber Geflüchteten und er fragt, welche Emotionen hierbei eine Rolle spielen und inwieweit Bezüge zu rechtspopulistischen und rechtsextremen Einstellungen bestehen.

Die Mitte-Studien der Friedrich-Ebert-Stiftung untersuchen seit 2006 kontinuierlich, wie stark sich der Rechtsextremismus zumindest als Überzeugung oder Weltsicht in der Mitte der Gesellschaft verankert hat. Dies ist von großer Bedeutung, denn die Verankerung von mehr oder minder organisiertem Rechtsextremismus oder sogar Rechtsterrorismus wird nicht zuletzt von der Verbreitung rechtsextremer Überzeugungen in der sogenannten Mitte bestimmt. Rechtsextreme Gruppen suchen Milieus auf, die sie gewähren lassen. Wenn Fragmente einer rechtsextremen Ideologie aktiv oder auch nur klammheimlich in der Bevölkerung geteilt werden, können jene freier agieren. Mehr noch: Sie fühlen sich bestätigt und bestärkt, wie u. a. aus den Täterstudien von Klaus Wahl bekannt ist (Wahl 2003). Neben menschenfeindlichen Überzeugungen zählen auch nationalchauvinistische, autoritäre und immer noch den Nationalsozialismus verharmlosende Einstellungen und auch die Affinität zu Gewalt zum Repertoire dieser Gemengelage. Sie werden nun von 2002 bis 2016, also über einen Zeitraum von 14 Jahren dokumentiert. Bereits die Daten der letzten FES-Mitte-Studie verweisen auf ein Verwischen der Grenze zwischen rechtsextremen und rechtspopulistischen Orientierungen – die Affinität zu Gewalt scheint beide nicht mehr zu trennen (Küpper, Zick & Krause 2015). In der aktuellen Studie untersuchen *Andreas Zick, Daniela Krause und Beate Küpper* daher auch die Zustimmung zu Gewalt.

Besonders auffällig ist hierbei, wie sehr sich mit dem nunmehr auch in Deutschland organisierten Rechtspopulismus Ideologien und Ideen der Neuen Rechte verbreitet haben. Der Neuen Rechten ist es – das werden die Ergebnisse zeigen – gelungen, ihre Vorstellungen von »Identität« und »Widerstand« bis weit in die Gesellschaft hineinzutragen. *Beate Küpper, Alexander Häusler und Andreas Zick* berichten in ihrem Beitrag über das neuentwickelte und hier erstmalig erfasste

Konzept der »neurechten Einstellungen« und untersuchen ihre Verbreitung in der Bevölkerung. Neurechte Einstellungen erweisen sich dabei als eng verbunden mit altrechten Einstellungen und können offen rechtsextreme Ideologiefragmente, die nicht unbedingt in ihrem Inhalt, aber in ihrer Ausdrucksweise überholt erscheinen, ablösen.

Anders als in der Zivilgesellschaft gelten in der Marktgesellschaft Leistung, Wettbewerb und Unternehmergeist – das sind zwar kalte Kriterien, aber sie scheinen sachlich und frei von dem Verdacht zu sein, politische Ziele zu verfolgen. In der Studie 2014 haben Andreas Hövermann und Eva Groß zusammen mit Andreas Zick die Verbreitung eines neuen Extremismus, eines sogenannten marktförmigen Extremismus, nachgezeichnet. Er orientiert sich an den Marktregeln und ist alles andere als »neutral«. Vielmehr geht er mit Feindlichkeit gegenüber Personen und Gruppen einher, die in die Kategorie der »Unnützen« eingeordnet werden. In der Studie 2016 gehen *Andreas Hövermann* und *Eva Groß* dieser Frage noch einmal nach, nunmehr mit einem besonderen Blick auf die Sympathisanten der Alternative für Deutschland (AfD). Diese Partei wurde hauptsächlich aus neoliberalen Grundwerten geboren, hat ihr Hauptthema aber mittlerweile verlagert und vertritt offen völkische Positionen, die im vergangen Jahr insbesondere über das Flüchtlingsthema artikuliert wurden.

Menschenfeindliche wie rechtsextreme Orientierungen in der Gesellschaft sind nicht selten von einem massiven Misstrauen gegenüber der Demokratie begleitet. Einige werten daher die zunehmende Wahlbeteiligung und die Teilnahme an alternativen demokratischen Partizipationsmöglichkeiten wie etwa Petitionen und Demonstrationen als ein Zeichen für das Funktionieren der Demokratie. *Anna Klein* und *Michael Müller* werfen diese Fragen auf und kontrastieren sie mit der gegenteiligen These einer »bad civil society«, wonach sich Gruppen mitten in der Gesellschaft gebildet haben, die den antidemokratischen Reflex zu ihrem gemeinsamen Identitätsmerkmal erkoren haben. Sie können zeigen, dass das Vorhaben, sich an Wahlen und anderen Partizipationsmöglichkeiten zu beteiligen, keineswegs immer mit demokratischen Grundhaltungen, sondern auch mit menschenfeindlichen und sogar rechtsextremen Einstellungen einhergehen kann.

Polarisierende Machtproben, wie sie rechtsextreme und rechtspopulistische Gruppen suchen, führen zur Spaltung der gesellschaftlichen »Mitte«. Überkommene Privilegien und Vorrechte der Etablierten geraten nicht nur durch Einwanderung unter Druck, sondern auch durch die demokratisch gebotene, zunehmende Gleichstellung diverser anderer sozialer Gruppen. Der Mitte-Band 2016 endet mit einem Blick von *Andreas Zick* auf gesellschaftliche Geschlossenheit und auf das Fenster zur Sicherung von demokratischen Orientierungen und zivilgesellschaftlichen Chancen.

Ein Band wie der vorliegende hat Grenzen und muss sich begrenzen. Auch die FES-Mitte-Studie 2016 kann zwangsläufig nur einen Ausschnitt wichtiger Fragestellungen untersuchen. Sie stellt empirische Beobachtungen über den Zeitraum von 14 Jahren zur Verfügung und beleuchtet wichtige Einzelpunkte des aufgeheizten Jahres 2016. Kritische Debatten über die Datenlage sind willkommen. Solche Diskussionen sind umso notwendiger, als viele Themenfelder bereits von vorurteilsgeleiteten, menschenfeindlichen und extremen Zerrbildern erobert wurden.

2 Methodische Grundlagen der Erhebung

Daniela Krause · Frank Faulbaum

Die empirischen Analysen im vorliegenden Buch basieren in erster Linie auf einer repräsentativen Umfrage im Sommer 2016. Ergänzend werden weitere Daten aus repräsentativen Meinungsumfragen herangezogen, um insbesondere Entwicklungsverläufe abzubilden. Die Methodik, die Beschreibung der Stichprobe sowie das Design aller im Buch verwendeten Studien werden hier im Überblick kurz dargestellt.

2.1 Umfragedesign 2016

Angelegt ist die Studie als Fortschreibung und Erweiterung der Mitte-Studien, die seit 2006 im Zweijahresabstand von der Friedrich-Ebert-Stiftung herausgegeben werden. Unter der Leitung von Prof. Dr. Frank Faulbaum sind die Daten für die diesjährige Studie vom Sozialwissenschaftlichen Umfragezentrum Duisburg (SUZ) zwischen dem 6. Juni und dem 5. August 2016 mittels telefonischer Interviews erhoben worden. Das Projektteam am Institut für interdisziplinäre Konflikt- und Gewaltforschung (IKG) hat einen standardisierten Fragebogen entwickelt, der unter anderem rechtsextreme Einstellungen in Anlehnung an die bisherigen Mitte-Studien der Friedrich-Ebert-Stiftung (2006 bis 2012 in Kooperation mit der Universität Leipzig) im Blick hat. Darüber hinaus umfasst der Fragebogen Aussagen (Items) zu Vorurteilen gegenüber verschiedenen gesellschaftlichen Bevölkerungsgruppen (Gruppenbezogene Menschenfeindlichkeit, GMF) und zu Gewalteinstellungen. Die Erfassung erfolgt auf Basis des gleichnamigen, abgeschlossenen GMF-Langzeitprojektes des IKG (siehe hierzu auch die Publikationsreihe »Deutsche Zustände«).

Neben demografischen Angaben zu Alter, Geschlecht, Bildung, Beruf und ökonomischem Status sind auch Fragen zu ideologischen und politischen Meinungen, Einstellungen zu Europa und zur Demokratie, zu kollektiver Wut sowie zum gesellschaftlichen Zusammenhalt und zu politischer Partizipation enthalten. Zumeist handelt es sich hierbei um bewährte Messinstrumente aus früheren Untersuchungen. Neu entwickelte Fragen sind größtenteils vorgetestet worden, um deren Qualität sicherzustellen. In seiner Gesamtheit wurde der Fragebogen vor der eigentlichen Erhebung mit 21 Befragten vorgetestet. Dabei stand der Ablauf des Fragebogens, aber auch die Verständlichkeit und Akzeptanz von einzelnen Aussagen im Mittelpunkt. Zusammen mit der Prüfung der statistischen Eignung mancher Items wurden daraufhin einzelne Optimierungen vorgenommen. Das so geprüfte Messinstrument sollte somit eine größtmögliche Validität und Reliabilität (➠ jeweils Glossar, S. 220 ff.) der erhobenen Daten sicherstellen. Die durchschnittliche Dauer der Interviews in der Haupterhebung betrug 27,9 Minuten.

Die Datenerhebung erfolgte mittels telefonischer Repräsentativbefragung der deutschsprachigen Wohnbevölkerung ab 16 Jahren. Eingesetzt wurde hierbei das CATI-Verfahren (CATI = Computer-Assisted Telephone Interviews, siehe Glossar), wobei insgesamt 2.008 Bürger und Bürgerinnen befragt werden konnten. Um eine hohe Qualität zu gewährleisten und die Repräsentativität der Befragung sicherzustellen, wurde das CATI-Verfahren in zwei Schritten angewandt. Während in der ersten Stufe die Privathaushalte mit Telefonanschluss ausgewählt werden, erfolgt in der zweiten Stufe die Auswahl der Zielperson im Haushalt. Das finale Kriterium ist hierbei die Last-Birthday-Methode, mit der jene Person im Haushalt ermittelt und befragt wird, die zuletzt Geburtstag hatte, das heißt es wird nur eine einzige zufällig ausgewählte Person im gesamten Haushalt und nicht nur unter den zum Zeitpunkt des Interviews anwesenden Personen befragt. Nach amerikanischen Untersuchungen ist die Last-Birthday-Methode einer Zufallsauswahl im Haushalt äquivalent.

Basis für eine Zufallsauswahl ist die Vollständigkeit der Auswahlgrundlage, aus der die Telefonnummern gezogen werden. Vollständigkeit bei Telefonstichproben bedeutet, dass 1. auch die im Telefonbuch nicht eingetragenen Festnetznummern und 2. die Mobilfunknummern in die Stichprobenauswahl einbezogen werden. Beides garantiert das von Gabler und Häder weiterentwickelte RDD-Verfahren (RDD = Random-Digit-Dialing), bei denen Festnetz- und Mobilfunknummern zufällig generiert werden (vgl. Gabler & Häder 1997). Dieses Verfahren bildet auch die Grundlage für das ADM-Stichprobendesign für Telefonstichproben (vgl. ADM 2013). In der vorliegenden Studie beträgt der Anteil der Mobilfunknummern 22,5%. Des Weiteren wurde die finale Stichprobe mit einem kombinierten Faktor aus Alter und Bildung mit einer Anpassungsgewichtung gewichtet, damit die Repräsentativität in einem letzten Schritt optimiert wird, um die Schätzungen der Populationswerte zu verbessern.

Eigens für die Studie geschulte Interviewerinnen und Interviewer führten die Befragung durch. Sie wiesen die Befragten auf die Anonymität und den wissenschaftlichen Zweck des Interviews hin. Dabei standen den Befragten im Wesentlichen zwei verschiedene Antwortvorgaben zur Verfügung, mittels derer sie ihre Zustimmung oder Ablehnung zu den Aussagen ausdrücken konnten. Einerseits kam eine vierstufige Antwortskala zum Einsatz (1 »stimme überhaupt nicht zu«, 2 »stimme eher nicht zu«, 3 »stimme eher zu« oder 4 »stimme voll und ganz zu«), andererseits eine fünfstufige (1 »trifft überhaupt nicht zu« bis 5 »trifft voll und ganz zu« einschließlich einer Mittelkategorie). Einige wenige Aussagen im Fragebogen weichen von diesen Formaten ab. Dies ist in den jeweiligen Kapiteln kenntlich gemacht.

Die Verwendung zweier verschiedener Antwortformate begründet sich aus der angestrebten Vergleichbarkeit mit den früheren Mitte-Studien sowie mit den Daten der Studien zu Gruppenbezogener Menschenfeindlichkeit. Es gibt verschiedene Abwägungen für die Verwendung von vier- beziehungsweise fünfstufigen Antwortskalen. Bei fünfstufigen ohne Nennung der Mittelkategorie kann von gleichen Abständen zwischen den Antwortkategorien ausgegangen werden, wodurch ein quasi metrisches Messniveau (➠ Glossar) erreicht wird. Da lediglich die Endpunkte der Antwortskala sprachlich benannt sind, kann die mittlere Kategorie 3 dann jedoch nicht eindeutig interpretiert werden. Diesem Umstand kann begegnet werden, indem diese Kategorie als »teils/teils«-Antwort benannt wird, was jedoch die Qualität der Skala etwas einschränkt. Im Gegensatz hierzu gibt es beim vierstufigen Antwortformat keine uneindeutige mittlere Kategorie, da die Befragten sich zwischen Ablehnung und Zustimmung einer Aussage entscheiden müssen. Zumeist ergibt sich für Fragen mit vierstufigen Antwortkategorien ein höherer Zustimmungsanteil als für dieselben Fragen mit fünfstufigen Antwortkategorien. Darüber hinaus neigen Befragte zum Favorisieren der mittleren Kategorie (als Überblick siehe Menold & Bogner 2015). Dies kann zu einer Unterschätzung der tatsächlichen Zustimmung in der

Grundgesamtheit führen (Decker et al. 2008), da in der mittleren Kategorie zwar eine versteckte Zustimmung mitschwingt, diese jedoch nicht als solche interpretiert werden kann. Es ist somit notwendig, die Zustimmungsanteile in Abhängigkeit des gewählten Antwortformats einzuordnen und zu bewerten.

Ein damit zusammenhängender Punkt bezieht sich auf nicht gegebene Antworten zu bestimmten Fragen. Hier interessieren insbesondere die Antworten »keine Angabe« und »weiß nicht«, die den Befragten bei den meisten Aussagen als alternative Antworten zur Verfügung standen. Dabei muss zwischen vier- und fünfstufigen Antwortkategorien unterschieden werden. Bei fünfstufigen kann die mittlere Kategorie nicht nur eine neutrale Antwort ausdrücken, sondern auch Motivationsmangel oder Ermüdung. Dieser Effekt wird als *satisficing* bezeichnet (Faulbaum, Prüfer & Rexroth 2009) und ist dann zu beobachten, wenn der oder die Befragte die Anstrengung bei der Beantwortung abkürzt und eine für sie beziehungsweise ihn zufriedenstellende Antwort mit der mittleren Kategorie gibt. Folglich können Befragte unter Umständen sowohl die mittlere Kategorie als auch die Option »weiß nicht« wählen, um Unentschlossenheit auszudrücken. Dagegen steht den Befragten bei vierstufen Formaten lediglich die »weiß nicht«-Kategorie zur Verfügung, wenn sie in ihrer Meinung unentschieden sind. Daraus und auch aus der unterschiedlichen Antwortbereitschaft bei verschiedenen Fragen ergeben sich diverse Verbreitungen von Antwortverweigerungen.

Bei den nicht inhaltlichen Antworten fallen insbesondere zwei Schwerpunkte auf: Aussagen zu antisemitischen Einstellungen und Aussagen zu einer verharmlosenden Einstellung zum Nationalsozialismus werden von vergleichsweise vielen Befragten mit »weiß nicht« oder »keine Angabe« beantwortet. Dasselbe Phänomen ist ebenso bei jeweils einem Item zur Abwertung von Asylsuchenden sowie von Sinti und Roma zu finden. So geben auf die Aussage »Bei der Politik, die Israel macht, kann ich gut verstehen, dass man etwas gegen Juden hat« 212 Befragte die Antwort »weiß nicht« und 98 Befragte wollen keine Angabe machen. Die entspricht insgesamt einem Anteil von gut 16 % der Befragten. Generell wird die Kategorie »weiß nicht« von den Befragten deutlich eher in Anspruch genommen als »keine Angabe«. Zunächst impliziert die Inanspruchnahme dieser Kategorien eine unbestimmte beziehungsweise unwissende Haltung zur Aussage oder auch die explizite Antwortverweigerung. Ein genauerer Blick auf das weitere Antwortverhalten der Befragten, die diese Kategorien nutzten, zeigt jedoch das Gegenteil. Anhand des oben angeführten Items soll dies beispielhaft an den insgesamt 310 Befragten verdeutlicht werden: Zum einen gibt es eine Tendenz, auch bei anderen Aussagen zu Juden und Israel nicht inhaltlich zu antworten. Außerdem weisen diejenigen, die auf das oben genannte Item nicht inhaltlich antworten, eine deutlich stärkere Neigung zu sekundärem Antisemitismus auf. Während die teilweise oder vollständige Zustimmung aller Befragten zur Aussage »Viele Juden versuchen, aus der Vergangenheit des Dritten Reiches heute ihren Vorteil zu ziehen« gut 25 % beträgt, ist sie mit gut 39 % bei denjenigen, die auf die Aussage »Bei der Politik, die Israel macht, kann ich gut verstehen, dass man etwas gegen Juden hat« nicht inhaltlich geantwortet haben, deutlich höher. Dies trifft auch auf viele weitere Elemente Gruppenbezogener Menschenfeindlichkeit zu.

In den Kapiteln werden jeweils immer die gültigen Prozente berichtet. Die Basis von 100 Prozent bilden somit jeweils alle Befragten, die eine inhaltliche Antwort gegeben haben (Zustimmung und Ablehnung), wodurch die Verbreitungen von nicht inhaltlichen Antworten in Form von »weiß nicht« und »keine Angabe« unberücksichtigt bleiben. Diese bewegen sich, mit Ausnahme der eben berichteten Items, zumeist nur im einstelligen Prozentbereich.

Insgesamt wurden im Befragungszeitraum 2.008 vollständige Interviews durchgeführt. Es besteht ein leichtes Ungleichgewicht bezüglich des Geschlechts (53,7 % weiblich, 46,3 % männlich), das Durchschnittsalter beträgt 50,3 Jahre (Standardabweichung: 18,71). In den Auswertungen werden nur Befragte mit deutscher Staatsangehörigkeit berücksichtigt (n = 1.896).

Teilweise bekamen die Befragten unterschiedliche Fragen vorgelegt. Bei einer zufälligen Zuteilung der Befragten in eine von zwei Gruppen (Splits) ist die Repräsentativität dennoch gewährleistet.

In Zusammenarbeit mit dem SUZ wurden Kontrolle und Aufbereitung der Daten von der Projektgruppe am IKG durchgeführt. Zur Aufbereitung der Daten gehört auch, die einzelnen Messungen der sozialen und politischen

Einstellungen nach statistischer Überprüfung zusammenzufassen. Zumeist wird hierfür die Variante einer Mittelwertskala gewählt (➠ Glossar). Abweichend hierzu werden für die Dimensionen der rechtsextremen Einstellung entsprechend den früheren Berechnungen in den FES-Mitte-Studien Summenindizes gebildet (➠ Glossar). Die Zusammenfassung von Antworten auf verschiedene Fragen eines Themenkomplexes ist ein übliches Vorgehen in der quantitativen Sozialforschung (➠ Faktorenanalyse im Glossar). Hiermit wird das Ziel verfolgt, eine zuverlässigere Einschätzung der Antworten zu erhalten. Indem mehrere Fragen zu einem Thema gestellt werden, kann die Unsicherheit hinsichtlich des Antwortverhaltens reduziert werden. Gehen die Antworten in die gleiche Richtung (Zustimmung oder Ablehnung), kann von einer stabilen Einstellung des oder der Befragten ausgegangen werden.

2.2 Zusammensetzung der Stichprobe

Die nachfolgende Tabelle gibt wesentliche soziodemografische Merkmale der Stichprobe 2016 wieder (➠ Tab. 2.1).

2.3 Datenbasis

Für die Auswertungen werden über die aktuelle FES-Mitte-Studie hinaus die Ergebnisse aus bereits publizierten Studien herangezogen.

Für Zeitvergleiche werden Datensätze der Friedrich-Ebert-Stiftung aus ihren Mitte-Studien der Jahre 2006 bis 2014 verwendet. Für die Befragungen vor 2006 liegen die Datensätze zu rechtsextremen Einstellungen nicht vor, weshalb wir uns für diesen Zeitraum auf die publizierten Ergebnisse beziehen (Decker, Kiess & Brähler 2012). Im Gegensatz zu den Befragungen 2014 und 2016 handelt es sich bei den Befragungen 2006 bis 2012 um Face-to-Face-Umfragen. Die Stichproben wurden auf Grundlage des ADM-Stichprobendesigns für Face-to-Face-Umfragen gezogen. Dabei handelt es sich um ein nach Bundesländern, Regierungsbezirken, Kreisen und Gemeinden geschichtetes mehrstufiges Design, bei dem zunächst sogenannte Sample Points (synthetische Stimmbezirke) ausgewählt werden. Die Haushalte werden durch Begehung der Sample Points identifiziert. Das beauftragte unabhängige Meinungsforschungsinstitut USUMA setzte dabei das durch die ADM geschaffene Ziehungsprogramm »Easy-Sample«

Soziodemografische Beschreibung der gewichteten Stichprobe (kombiniertes Gewicht aus Alter und Bildung, nur deutsche Staatsangehörige (n = 1.896), 16 bis 90 Jahre)
(Angaben absolut und in Prozent) **Tabelle 2.1**

		absolut	gültige %
Altersgruppen	16–24 Jahre	198	10,5
	25–34 Jahre	247	13,2
	35–44 Jahre	267	14,3
	45–54 Jahre	344	18,3
	55–64 Jahre	332	17,7
	65–74 Jahre	246	13,1
	Ab 75 Jahre	241	12,9
Geschlecht	Männlich	880	46,4
	Weiblich	1.015	53,5
	Sonstiges	2	0,1
Familienstand	Verheiratet	865	45,8
	Verheiratet/getrennt lebend	32	1,7
	Ledig	618	32,7
	Geschieden (oder aufgelöste eingetragene Partnerschaft)	177	9,4
	Verwitwet	165	8,7
	Eingetragene Lebenspartnerschaft/zusammenlebend	19	1,0
	Eingetragene Lebenspartnerschaft/getrennt lebend	12	0,6
Partnerschaft	Ja (leben mit Partner)	1.211	64,2
	Nein (leben ohne Partner)	676	35,8
Schulabschluss	Ohne Abschluss	44	2,3
	Hauptschulabschluss/8. Klasse	631	33,9
	Mittlere Reife/Realschule	498	26,8
	POS 10. Klasse	75	4,0
	Fachhochschul- oder Hochschulreife	555	29,8
	Schüler/in einer allgemeinbildenden Schule	60	3,2

		absolut	gültige %
Berufs-tätigkeit	Voll erwerbstätig	750	40,0
	Teilzeitbeschäftigt	254	13,5
	In Altersteilzeit	25	1,3
	Mutterschutz/ Elternzeit	27	1,5
	Geringfügig erwerbstätig (Minijob, 400 €-Basis)	52	2,8
	In einem 1 €- oder 2 €-Job (bei Bezug von Arbeitslosengeld II)	4	0,2
	Gelegentlich oder unregelmäßig beschäftigt	13	0,7
	Nicht erwerbstätig	752	40,1
Nicht (volle) Berufstätigkeit (n = 1.115)	Hausfrau oder Hausmann	224	20,1
	In Umschulung	2	0,2
	Student oder Studentin	70	6,3
	Schülerin oder Schüler	60	5,4
	Arbeitslos bzw. arbeitssuchend	61	5,4
	Altersruhestand	542	48,6
	Auszubildende oder Auszubildender	30	2,7
	Ohne bestimmten Grund teilzeiterwerbstätig	54	4,8
	Sonstiges	73	6,5
Haushalts-einkommen	Einkommensschwache Menschen (< 70 % des Medians des Äquivalenzeinkommens; bis 1.173,94 €)	322	22,9
	Einkommensmitte (70 % bis < 150 % des Medians des Äquivalenzeinkommens; zwischen 1.173,95 und 2.515,57 €)	808	57,4
	Einkommensstarke Menschen (> = 150 % des Medians des Äquivalenzeinkommens; ab 2.515,58 €)	277	19,7
Kirchen-zugehörigkeit	Nein	535	28,3
	Ja	1.356	71,7
Ostdeutsche	Überwiegend in Ostdeutschland aufgewachsen	317	17,5
Westdeutsche	Überwiegend in Westdeutschland aufgewachsen	1.496	82,5

Anmerkung Fehlende Werte auf 1.896 ergeben sich durch »weiß nicht« und »keine Angabe«.

ein. Die Fragenkomplexe des Fragebogens bezogen sich auf rechtsextreme und damit verwandte Einstellungsmuster sowie wechselnde Themenbereiche. Im Gegensatz zu den Befragungen ab 2014 war die Zielgruppe die deutschsprachige Bevölkerung ab 14 Jahren (für eine genauere Beschreibung siehe zum Beispiel Decker, Kiess & Brähler 2012). Auf diese Weise konnten im Zweijahresabstand seit 2006 repräsentative Zufallsstichproben für die bundesdeutsche Bevölkerung ab 14 Jahren befragt werden. Mit Ausnahme von 2006 (n = 5.036) wurden jeweils 2.500 Personen befragt.

Drittens verwenden die Autoren und Autorinnen des vorliegenden Bandes Datensätze des Langzeitprojekts »Gruppenbezogene Menschenfeindlichkeit« (GMF). Diese Untersuchung hat das Bielefelder Institut für interdisziplinäre Konflikt- und Gewaltforschung (IKG) zwischen 2002 bis 2011 durchgeführt, wobei TNS Infratest die Erhebung vorgenommen hat. Im Rahmen dieser Studie wurden jährlich 2.000 Personen mittels eines standardisierten Fragebogens interviewt, 2002 bis 2004 waren es 3.000. Die Datenerhebung erfolgte ebenfalls über Telefoninterviews unter Anwendung des CATI-Verfahrens, sodass die Stichproben repräsentativ für die deutsche Wohnbevölkerung ab 16 Jahre sind.

Die Verbindung der Datensätze erlaubt die Abbildung des Meinungsbildes in der deutschen Gesellschaft über einen Zeitraum von 2002 bis 2016.

3 Gruppenbezogene Menschenfeindlichkeit in Deutschland 2002–2016

Andreas Zick · Daniela Krause · Wilhelm Berghan · Beate Küpper

Einleitung

Seit nunmehr 14 Jahren untersuchen wir das Syndrom *Gruppenbezogener Menschenfeindlichkeit* (der Begriff und die Konzeption eines Syndroms gehen zurück auf Heitmeyer 2002–2012). Mit Gruppenbezogener Menschenfeindlichkeit – kurz GMF genannt – bezeichnen wir die Abwertung und Ausgrenzung von sozialen Gruppen und von Personen aufgrund ihrer Zugehörigkeit zu bestimmten Gruppen, die an Merkmalen wie Geschlecht, Nationalität, Ethnie, Religion, sexueller Orientierung, sozialer Herkunft oder auch ihrer physischen oder psychischen Konstitution festgemacht wird. Sie drückt sich in Vorurteilen, negativen Stereotypen, abwertenden Überzeugungen, Diskriminierungen und Feindseligkeiten aus. Es geht zentral darum, andere Personen oder Gruppen als ungleichwertig zu markieren, weil sie als »Andere« – als eine Fremdgruppe – wahrgenommen werden. Die Abwertung ist »gruppenbezogen«, weil Abwertungen sozial geteilte Urteile gegenüber Personen aufgrund ihrer zugewiesenen Zugehörigkeit zu einer Gruppe sind, selbst dann, wenn sie einzelne Personen treffen und von einzelnen Personen geäußert werden. Vorurteile sind qua Definition solche pauschalisierenden Urteile. Gordon Allport brachte diese Definition von Vorurteilen bereits 1954 auf den Punkt: »von anderen ohne ausreichenden Grund schlecht zu denken« – eben allein aufgrund der tatsächlichen oder auch nur zugewiesenen Gruppenzugehörigkeit. Personen oder Gruppen äußern Vorurteile direkt oder üben sie indirekt gegenüber sozialen Gruppen aus, die sie gegenüber ihrer eigenen Gruppe als »fremd« und »anders« wahrnehmen. In der sozialpsychologischen Vorurteilsforschung werden diese auch als Outgroups bezeichnet. Durch die pauschalisierte Abwertung von Fremdgruppen setzen Menschen ihre Eigengruppe (Ingroup) positiv von dieser ab. Dadurch werden soziale Hierarchien erzeugt, erhalten und verfestigt (u. a. Sidanius & Pratto 1999). Die Abwertung der Anderen hat also bedeutsame gesellschaftliche wie soziale Funktionen (Zick, Küpper & Heitmeyer 2011). Insbesondere dient sie dazu, über die eigene Gruppe sich selbst aufzuwerten. Weitere Funktionen bestehen darin, die Zugehörigkeit zu einer Ingroup und eine eigene Identität herzustellen, komplexe Sachverhalte zu erklären, soziale Kontrolle und Einfluss auf andere auszuüben sowie kenntlich zu machen, wem man vertrauen kann und wem nicht. Letztlich dient Gruppenbezogene Menschenfeindlichkeit der Sicherung von Dominanz und Privilegien gegenüber anderen sozialen Gruppen im gesellschaftlichen Gefüge (vgl. auch Zick, Küpper & Hövermann 2011).

»Syndromatisch« ist Menschenfeindlichkeit, weil die zugeschriebene Ungleichwertigkeit der einen Gruppe mit der einer anderen Gruppe einhergeht und die unterschiedlichen Elemente der Ungleichwertigkeit miteinander verknüpft sind, wie sich empirisch nachweisen lässt (Zick et al. 2008; Groß, Zick & Krause 2012). Das zeigt sich zum Beispiel in signifikanten Zusammenhängen zwischen Antisemitismus und Muslimfeindlichkeit (d. h. wer antisemitische Einstellungen vertritt, ist auch mit einer höheren Wahrscheinlichkeit feindselig gegenüber Muslimen eingestellt und umgekehrt), auch wenn dies zwei unterschiedliche Phänomene mit jeweils eigener Geschichte, eigenen Ausdrucksweisen und unterschiedlichen Folgen für die Betroffenen sind.

GMF ist auch in der Mitte der Gesellschaft weit verbreitet, wie wir für 2016 wiederum konstatieren müssen. Sie wird zusätzlich durch radikale Gruppen befördert, deren Identität von Ideologien der Ungleichwertigkeit geprägt ist und die mittels durchaus gezielter Propaganda gegen diverse soziale Gruppen agitieren. Dazu gehört unter anderem das Zeichnen bedrohlicher Bilder einer vermeintlichen »Überfremdung« oder »Überflutung«. Schließlich soll die Ungleichwertigkeit nicht nur die Minderwertigkeit von Outgroups feststellen, sondern letztendlich die Höherwertigkeit der Ingroup festschreiben. Darin erweist GMF besondere Qualität. Sie markiert, wer dazugehört, also wer »drinnen« oder »draußen« ist, wer höherwertig und oben beziehungsweise minderwertig und unten ist. Daher ist GMF – wenn auch nicht in allen Elementen und Ausdrucksformen – ein zentraler Kern rechtsextremer und rechtspopulistischer Überzeugungen.

Menschenfeindlichkeit widerspricht damit dem basalen Prinzip einer Demokratie, die sich an der Gleichwertigkeit von Menschen orientiert. Dort, wo Menschenfeindlichkeit die Wahrnehmung und das Handeln von gesellschaftlichen Gruppen oder deren Mitgliedern bestimmt, gefährdet sie das Zusammenleben und spaltet die Gesellschaft. Dies gelingt umso besser, je stärker die Ungleichwertigkeit als Wahrheit verkündet und geglaubt wird. Dies ist in den aktuellen Kampagnen populistischer und neurechter Gruppen ablesbar, die wieder eine natürlich gegebene Ungleichwertigkeit zwischen sozialen Gruppen behaupten (zum Beispiel zwischen hetero- und homosexuellen Menschen; ➠ Kap. 6).

Die Abwertung macht sich in einer Antipathie oder gar einem Hass auf Outgroups bemerkbar, aber auch in der generalisierten Zuschreibung von negativen Stereotypen, die als quasi natürliche und unveränderbare Eigenschaften der ganzen Gruppe erscheinen. Stereotype äußern sich zum Beispiel in Sätzen wie den Folgenden: »Alle XY sind schlecht, weil sie XY sind, und das ist wahr.« »Afrikaner sind faul«, »Juden sind verschlagen«, »Muslime bedrohen das Abendland«, »Frauen sind emotional«. Derzeit stehen insbesondere Geflüchtete im Fokus der Abwertung, die mit häufig aggressiven Begriffen belegt werden, die auf vermeintliche negative Eigenschaften verweisen. Dazu gehört neben dem Vorwurf »Asylanten nutzen den Sozialstaat aus« auch die Bezeichnung als (»Wirtschafts«-)Flüchtlinge oder, im aggressivsten Falle, wie unmittelbar nach der Silvesternacht 2015/16, als »Rapefugees«. Vielen Leserinnen und Lesern werden diese Sätze nicht unbekannt sein, selbst wenn sie nicht von deren Inhalt überzeugt sind. Vielleicht erwischt sich die/der eine Leser/in sogar dabei, zwar nicht solch harten Sätzen zuzustimmen, aber zu glauben, ein Körnchen Wahrheit ist schon darin. Und genau das macht Vorurteile so perfide, stehen sie doch – einmal ausgesprochen – als scheinbare »Wahrheit« im Raum, sodass sie ein Eigenleben entwickeln, auch andere an sie zu glauben beginnen und dann fast immer etwas von ihnen an den Betroffenen hängen bleibt, ganz im Sinne von »da muss ja etwas dran sein«. Daher ist die Verschiebung von Normen des Sagbaren für diejenigen, die von Vorurteilen betroffen sind, so bedrohlich. Für demokratisch orientierte Gesellschaften ist daher die Verbreitung von GMF ein fundamentaler Indikator, geht es doch hier um eine wesentliche Grundlage ihrer Verfasstheit – die Gleichwertigkeit. Als Gradmesser für den Zustand der Gesellschaft und auch für die Prävention und Intervention stellt sich zudem die Frage, in welchen Segmenten der Bevölkerung GMF besonders weit verbreitet ist beziehungsweise inwieweit ihr widersprochen wird.

3.1 Elemente des Syndroms Gruppenbezogener Menschenfeindlichkeit

Im Rahmen der Studien zum GMF-Syndrom wurden seine Elemente – darunter unter anderem Fremdenfeindlichkeit, Rassismus und Antisemitismus – in quantitativen Bevölkerungsumfragen erhoben und analysiert. In vielen weiteren Studien wurden einzelne oder mehrere Elemente vertieft und mit alternativen Forschungsmethoden untersucht, beispielsweise in qualitativen Befragungen oder Beobachtungsstudien, die auch Fragen nach verschiedenen Ausdrucksformen oder diskriminierendem Verhalten beantworten können. Für die Frage, wie stark GMF in der Mitte der Gesellschaft verbreitet ist und inwieweit sich unterschiedliche Bevölkerungssegmente in ihren Einstellungen unterscheiden, eignen sich quantitative Querschnittsbefragungen in einer nach repräsentativen Kriterien gezogenen Stichprobe. Wie jeder Forschungsansatz hat auch dieser seine eigenen Grenzen, auf die am Ende dieses Beitrags kurz eingegangen wird.

Von 2002 bis 2011 wurden Befragungen zunächst mit Blick auf sieben, später auf zwölf Elemente des GMF-Syndroms durchgeführt (vgl. Heitmeyer 2002–2012; Groß, Zick & Krause 2012): Rassismus, Sexismus, Fremdenfeindlichkeit, Antisemitismus, Muslimfeindlichkeit, die Abwertung von Sinti und Roma sowie von asylsuchenden und homosexuellen Menschen, von Menschen mit Behinderung, von wohnungslosen und langzeitarbeitslosen Menschen sowie die Befürwortung von Etabliertenvorrechten. In diesem Jahr neu hinzugekommen ist die Abwertung von Trans*Menschen. Die Ergebnisse sind in der Reihe Deutsche Zustände (Heitmeyer 2002 bis 2012) sowie in zahlreichen wissenschaftlichen wie öffentlichen Publikationen, Vorträgen und Workshops zugänglich gemacht. Seit 2014 erfassen wir die GMF-Elemente im Rahmen der Mitte-Studien der Friedrich-Ebert-Stiftung (Zick & Klein 2014), in der zunächst primär die Ausprägung rechtsextremer Orientierungen im Vordergrund stand. Die Überschneidungen beider Konzepte beziehungsweise einzelner Elemente werden im Rahmen der Vorstellung der Ergebnisse zu den rechtsextremen Einstellungen genauer beschrieben (➠ Kap. 5).

In Grafik 3.1 ist das Syndrom Gruppenbezogener Menschenfeindlichkeit so abgebildet, wie es im Erhebungsjahr 2016 im Rahmen der FES-Mitte-Studien empirisch beobachtet wurde.

Das Syndrom Gruppenbezogener Menschenfeindlichkeit 2016 **Grafik 3.1**

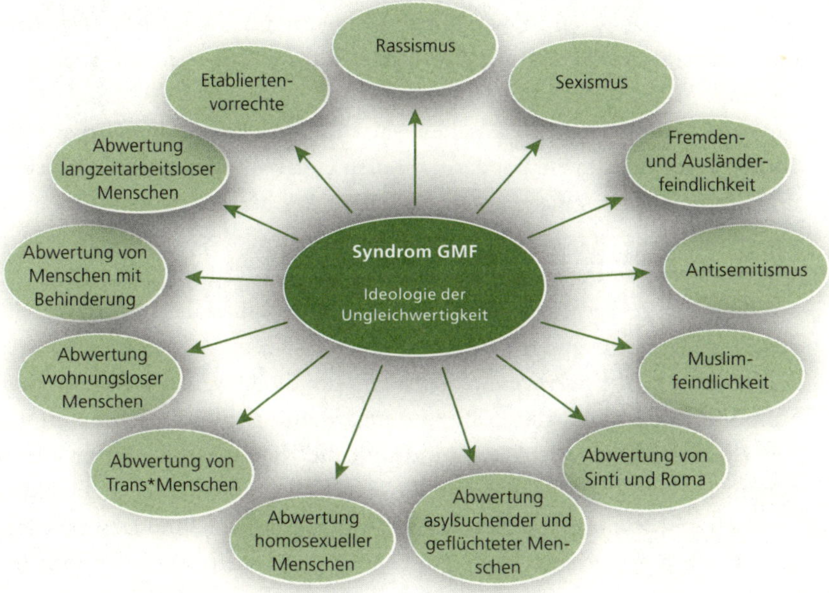

Im Folgenden beschreiben wir die einzelnen Elemente des GMF-Syndroms, wie sie für die vorliegende FES-Mitte-Studie 2016 erfasst wurden. Dies geschieht immer auch hinsichtlich ihrer Messbarkeit (Operationalisierung) in einer Bevölkerungsumfrage.

Einige Elemente von GMF umfassen Abwertungen von Gruppen, die aufgrund natürlicher beziehungsweise anderweitig nur schwer veränderbarer Merkmale als fremd oder anders zur Referenzgruppe definiert und zum Beispiel wegen ihrer Migrationsgeschichte als Neuhinzugekommene oder aufgrund ihrer Ethnie oder Religion nicht als Dazugehörige betrachtet werden.

- *Rassismus* beschreibt Einstellungen und Ideologien, die Abwertungen auf der Grundlage einer quasi biologischen und ideologisch konstruierten »natürlichen« Höherwertigkeit der Ingroup vornehmen. Aufgrund der Untersuchungsanlage entspricht dies eher einem engen, auf die traditionelle Variante des ethnischen Rassismus bezogenen Begriffsverständnis. Die anderen Elemente können auch, müssen aber nicht rassistische Züge tragen. Das heißt, es gibt zum Beispiel eine rassistische Variante der Muslimfeindlichkeit. Der Rassismus ist, wie andere Elemente von GMF, ein Kernelement des Rechtsextremismus beziehungsweise dort eine zentrale Ideologie (➠ Kap. 5).

- *Sexismus* besteht in der klassischen Variante (welche die diesjährige FES-Mitte-Studie dokumentiert) darin, Frauen eine häusliche Rolle zuzuweisen und eine natürlich gegebene Überlegenheit des Mannes zu behaupten. In modernen Facetten drückt sich Sexismus eher subtiler aus, so indem Frauen aufgrund vermeintlicher, auf den ersten Blick positiver Eigenschaften – sie könnten sich besser um Kinder kümmern usw. – die Gleichwertigkeit gegenüber Männern versagt wird.
- *Fremden- und Ausländerfeindlichkeit* beschreibt die Abwertung und Ausgrenzung von Menschen, die insbesondere anhand ihres unmittelbaren wie mittelbaren Migrationshintergrundes in die Kategorie »Ausländer« oder »Fremde« eingeordnet werden und denen vor allem eine kulturelle Differenz sowie eine Bedrohung von Ressourcen (Arbeitsplätze, Wohnungen etc.) und Identitäten zugeschrieben wird. »Ausländerfeindlichkeit« ist der Theorie und der empirischen Beobachtungen nach ein wichtiger Bestandteil rechtsextremer Einstellungen (➠ Kap. 5).
- *Antisemitismus* meint im Kern eine Feindseligkeit gegenüber Juden, »weil sie Juden« sind – immer vermengt mit der Unterstellung bedrohlicher Absichten. Dies macht sich zum Beispiel fest am Glauben an eine »jüdische Weltverschwörung« oder der Unterstellung, selbst schuld an der eigenen Verfolgung zu sein. Hier wie auch in anderen Facetten, findet sich die für den Antisemitismus typische »Täter-Opfer-Umkehr«. Da der offen kommunizierte, klassische Antisemitismus weitgehend geächtet ist, wird der nach wie vor vorhandene Antisemitismus häufig eher über Umwege kommuniziert. Daher berücksichtigen wir in der diesjährigen Mitte-Studie neben der klassischen Facette auch den sekundären Antisemitismus, der Juden den Versuch einer Vorteilsnahme durch den Holocaust vorwirft. Außerdem wird die Facette des israelbezogenen Antisemitismus erfasst, bei dem eine Kritik an der Politik Israels durch antisemitische Stereotype und Nazi-Vergleiche aufgeladen wird beziehungsweise die israelische Politik als »typisch jüdische Politik« bewertet wird. Auch der Antisemitismus ist ein wichtiger Bestand-

teil rechtsextremer Einstellungen und hängt eng mit rechtspopulistischen Orientierungen zusammen (➠ Kap. 5).

- *Muslimfeindlichkeit* bezeichnet eine generalisierende Abwertung von Menschen, weil sie Muslime sind, oder von Personen, die tatsächlich oder nur vermutet Muslime sind. Der hierbei mitschwingende Rassismus artikuliert sich insbesondere in Verweisen auf Kultur und Religion, oft vermittelt über eine Abwertung des Islams, die dann zur Rechtfertigung der pauschalisierten Abwertung von Muslimen dient (vgl. Zick 2016a). Ausgedrückt wird dies durch die Unterstellung von Bedrohungen durch ihre Zugehörigkeit zum Islam, durch ihre Kultur oder ihre öffentlich-politischen wie religiösen Aktivitäten und Verhaltensweisen, die nicht selten unhinterfragt der Religion zugeschrieben werden, statt veränderbaren und sich verändernden (regionalen) Ausprägungen. Insbesondere der Verweis auf fehlende Gleichberechtigung zwischen den Geschlechtern wird nicht selten undifferenziert der Religion insgesamt zugeschrieben, um dann als Legitimation für eine pauschalisierte Abwertung herangezogen zu werden. In dieser Argumentation findet sich der für Vorurteile typische doppelte Standard, der existierende Ungleichwertigkeitsvorstellungen in der eigenen Kultur und Religion ausblendet und der eigenen Kultur und Religion Veränderungspotenzial zubilligt, der von Muslimen jedoch nicht. Muslimfeindlichkeit ist ein zentraler Bestandteil rechtspopulistischer Orientierungen wie auch die folgenden beiden Elemente des Syndroms der Gruppenbezogenen Menschenfeindlichkeit (➠ Kap. 5).
- *Abwertung von Roma und Sinti*, auch als Antiziganismus bezeichnet, meint feindselige Einstellungen gegenüber Menschen, denen aufgrund ihrer Zugehörigkeit zu den Roma und Sinti Kriminalität, Unangepasstheit und Missbrauch des Sozialstaates vorgeworfen werden. Auch wenn die von der Abwertung Betroffenen sich nicht unbedingt als Angehörige der gleichen Gruppe verstehen, dürfte diese Differenzierung der Mehrheitsbevölkerung oft gar nicht bekannt sein beziehungsweise für Vorurteile keine Rolle spielen.
- *Abwertung von asylsuchenden und geflüchteten Menschen* bezieht sich auf die Unterstellung, asylsuchende beziehungsweise geflüchtete Personen würden Notlagen nur vortäuschen und zum Beispiel das Sozialsystem ausnutzen (siehe Zick et al. 2012). In Kapitel 4 wird ein vertiefender Blick auf die Abwertung von Geflüchteten geworfen.

Einige andere Gruppen werden nicht als Immigranten oder Fremde kategorisiert, sind aber ebenso von Ungleichwertigkeitsvorstellungen betroffen, weil ihre Identität zum Beispiel als abweichend wahrgenommen wird.

- Zu den *Abwertungen von Menschen aufgrund ihrer sexuellen Orientierung* gehören vor allem negative Einstellungen, Emotionen oder Verhaltensabsichten gegenüber Menschen mit nicht heterosexueller Orientierung. Ihnen wird eine Abweichung von einer vermeintlich »natürlichen« oder moralischen Norm unterstellt.
- *Abwertungen von Trans*Menschen/Abwertung aufgrund der Geschlechtsidentität.* In der FES-Mitte-Studie 2016 haben wir erstmalig eine weitere Variante des sogenannten sexuellen Vorurteils (Herek 2000) beachtet, die bislang wenig erforscht, gesellschaftlich aber wahrscheinlich weit verbreitet ist – die Abwertung von transgeschlechtlichen und transsexuellen Menschen. Dies umfasst Personen, die biologisch aussehen wie ein Mann, sich aber als Frau erleben und umgekehrt. Es geht auch um Personen, die sich selbst nicht eindeutig männlich oder eindeutig weiblich erleben. Dieses Element Gruppenbezogener Menschenfeindlichkeit wird auch als *Transphobie* bezeichnet, wobei wir das Konzept der Phobie für definitorisch ungenau halten. Es handelt sich eher selten um ein psychopathologisches Phänomen einer neurotischen oder psychotischen Angst, die eine Phobie definiert. Es geht um Aversionen gegen Menschen, die die gesellschaftlich eng gesetzten Grenzen der Zweigeschlechtlichkeit durch ihre Geschlechtsidentität oder ihren Geschlechtsausdruck überschreiten. Hill und Willoughby (2005) definieren Transphobie als »emotionale Abscheu« gegenüber Individuen, deren Verhalten nicht den gesellschaftlichen Erwartungen im Hinblick auf das für eine Frau oder einen Mann angemessene Verhalten entspricht. Andere Autorinnen und Autoren beschreiben auch weitergehende Aspekte von Verachtung, Vorurteilen, Stigmatisierungen und Abwertungen transgeschlechtlicher Menschen. Die thematische Spannweite reicht dabei von Verleugnung der Existenz von Transsexualität und Trans*Menschen bis hin zur Befürwortung von Diskriminierung und Gewalt gegenüber Trans*Menschen beziehungsweise transgeschlechtlichen Identitäten.
- *Abwertung von wohnungslosen Menschen* meint die Abwertung von Personen ohne festen Wohnsitz, vornehmlich weil sie den Normalitätsvorstellungen eines geregelten Lebens nicht nachkommen, oder auch, weil sie als vom

öffentlichen Erscheinungsbild abweichend beziehungsweise als dieses Bild störend wahrgenommen werden.

- *Abwertung von Menschen mit Behinderung* liegt vor, wenn Menschen mit körperlichen und seelischen Einschränkungen als Belastungs- und Kostenfaktor gesehen werden oder ihnen ein besonderer Förderungsbedarf vorgehalten wird. Wie Vorstudien zu unseren Umfragen zeigen, denken die meisten Befragten hier an Personen mit einer körperlichen Behinderung.
- *Abwertungen von langzeitarbeitslosen Menschen* basieren auf generalisierten negativen Meinungen über Personen, die länger ohne Erwerbstätigkeit sind und von ihnen gesetzlich zustehenden Transferleistungen leben. Ihnen werden der Missbrauch von Sozialleistungen, Faulheit sowie mangelnde Ambitionen und Motivation, etwas gegen ihre Arbeitslosigkeit zu tun, vorgeworfen, wodurch sie in den Fokus der Feindseligkeit geraten.
- Ein besonderes Element des Syndroms Gruppenbezogener Menschenfeindlichkeit ist die Einforderung von sogenannten *Etabliertenvorrechten*. Hierbei handelt es sich um eine generelle Abwertung von Menschen, die als »Neuankömmlinge« oder »Neuhinzugezogene« definiert werden. Dazu können Immigrantinnen und Immigranten gehören, aber auch Gruppen, die im sozialen Raum neu sind. Elias und Scotson (1990) haben das Geltendmachen von Etabliertenvorrechten als den Prototyp des Vorurteils beschrieben. Einforderung von Etabliertenvorrechten umfasst in den FES-Mitte-Studien die von Alteingesessenen beanspruchte Vorrang- und Vormachtstellung gegenüber »Neuen«, »Zugezogenen« und »Unangepassten«; Etabliertenvorrechte können somit die Gleichwertigkeit unterschiedlicher Gruppen verletzen.

Das hier skizzierte Vorgehen, Gruppenbezogene Menschenfeindlichkeit gegenüber vielen verschiedenen Gruppen zu untersuchen und über den Zeitverlauf zu vergleichen, leistet bislang keine andere Studie.

Selbstverständlich wäre es möglich, weitere Elemente des Syndroms zu identifizieren und in die Analyse aufzunehmen, zum Beispiel die Abwertung von Drogenabhängigen oder die Abwertung von alten oder übergewichtigen Menschen. Die Beschränkung auf die oben beschriebenen Elemente erfolgt aus zwei Gründen: Erstens müssen die Abwertungen klar definiert und als Elemente des

GMF-Syndroms begründet werden. Zweitens muss eine Abwertung auch empirisch ein zuverlässiges Element des Syndroms sein. Sie muss valide und reliabel erfasst werden und dann empirisch »in das Syndrom fallen«.[1] Nicht jede Abwertung ist eng mit anderen verbunden und damit Element eines Syndroms. Bei den oben angeführten Elementen handelt es sich darüber hinaus weitgehend um Abwertungsmuster, von denen wir annehmen, dass sie mit Blick auf den gesellschaftlichen Querschnitt aktuell verbreitet und relevant sind.

3.2 Die Messung und Verbreitung Gruppenbezogener Menschenfeindlichkeit

Im Folgenden beschreiben wir die Erfassung der Elemente und skizzieren das Ausmaß der Zustimmung beziehungsweise Ablehnung (➠ Kap. 2). Um möglichst viele unterschiedliche und gesellschaftlich relevante Elemente zu erfassen, hat die GMF-Forschungsgruppe kontinuierlich Kurzskalen entwickelt, die jedes Element zuverlässig erfassen (vgl. Krause & Zick 2013, für die meisten der Kurzskalen; zu den Vor- und Nachteilen von Kurzskalen vgl. auch Rammsted & Beierlin 2015; zur kritischen Diskussion der Methoden vgl. Abschnitt 3.6). In Tabelle 3.1 sind die einzelnen Aussagen aufgeführt, die das jeweilige Element durch die Zustimmung oder Ablehnung der Befragten erfassen, das heißt die jeweiligen Kurzskalen. Zusätzlich sind in der linken Spalte für die Kurzskalen die Mittelwerte (M), Standardabweichung (SD), die Zahl der Befragten (N) sowie die Konsistenz der Skala (A für Cronbach's Alpha) aufgeführt (➠ Tab. 3.1, S. 44 ff.).

Im Folgenden werden nur die wesentlichsten Beobachtungen zusammengefasst und die Ergebnisse für 2016 mit Blick auf mögliche Entwicklungen beschrieben (vgl. dazu auch Klein, Groß & Zick 2014). Der Vergleich bezieht sich dabei auf die jeweiligen Kurzskalen (die Werte hierfür sind in den Grafiken 3.2 bis 3.5 zu finden; ➠ S. 50 f.). Dabei wird der Anteil derjenigen Befragten verglichen, die einem Element in der Tendenz eher zustimmen.[2] Wichtig zu beachten ist hierbei: Die Höhe der Zustimmung zu den verschiedenen Elementen kann nicht miteinander verglichen werden, weil jedes Element mit unter-

---

1 Dies prüfen wir seit 2002 über konfirmatorische Faktorenanalysen mit der Messung von Ungleichwertigkeit als einen Faktor 2. Ordnung (zur Prüfung vgl. Zick et al. 2008).

2 Hierfür wurden die Befragten anhand des Skalenmittelwertes in zwei Gruppen unterteilt (niedrige Zustimmung zu einem Element Werte ≤ 2,5; hohe Zustimmung Werte > 2,5).

schiedlich hart oder weich formulierten Aussagen erfasst wurde. Es ist also zum Beispiel nicht zulässig zu sagen, die Abwertung von Menschen mit Behinderung ist geringer als die von wohnungslosen Menschen. Jedes Element für sich kann aber über den Zeitverlauf verglichen werden, insbesondere in den vergangenen beiden Jahren. Etwas vorsichtiger muss der Zeitvergleich vor 2014 interpretiert werden, da sich hier die Art und Weise der Stichprobenziehung geändert hat (➠ Kap. 2).

Rassistische Einstellungen über die Betonung von Vorrechten aufgrund eines *ius sangunis* (Abstammungsrecht/Blutsrecht) werden von 19 % der Befragten geteilt, rund 13 % der Befragten meinen, die Weißen seien zu Recht führend in der Welt. Im Vergleich zu 2014 liegt der Anteil rassistisch eingestellter Personen 2016 auf der zusammenfassenden Skalenebene insgesamt unverändert bei knapp 9 %.

Sexistische Äußerungen, die ausdrücken, Frauen sollten sich in einer traditionellen Rolle einfinden, werden nur von knapp 9 % der Befragten geteilt. Im Jahr 2014 betrug dieser Anteil noch 11 %.

Etwas mehr als ein Drittel der Bevölkerung findet, in Deutschland lebten zu viele Ausländer, und 16 % wären für eine Ausweisung von Ausländern in ihre »Heimat«. Im Vergleich zu 2014 ist der Anteil der durchschnittlichen Zustimmung zur *Fremdenfeindlichkeit* mit rund 20 % im Jahr 2016 auf Skalenebene nahezu unverändert.

Beim klassischen *Antisemitismus* stimmen 9 % der Aussage zu, Juden hätten in Deutschland zu viel Einfluss. 7 % unterstellen Juden eine Mitschuld an der eigenen Verfolgung. Insgesamt lässt sich ein leichter Rückgang des klassischen Antisemitismus von 9 % im Jahr 2014 auf 6 % feststellen. Der sekundären Facette des Antisemitismus, die hier über den Vorwurf der Vorteilsnahme durch den Holocaust erfasst wurde, stimmt gut ein Viertel der Befragten (26 %) eher oder voll zu. Dies sind weniger als noch 2011 (39 %), dem letzten Zeitpunkt der Erfassung. Hingegen äußern 40 % im Jahr 2016 ihr Verständnis für die Ablehnung von Juden aufgrund der israelischen Politik, folgen also mit diesem transformierten Antisemitismus der für Vorurteile typischen Pars-pro-toto-

Zustimmungen und Ablehnungen von Aussagen zur Gruppenbezogenen Menschenfeindlichkeit im Jahr 2016 (Angaben in Prozent) **Tabelle 3.1**

Ich stimme … →
Rassismus | **(M: 1.54; SD: .78; N: 1.879; A: .58)**
Aussiedler sollten besser gestellt sein als Ausländer, da sie deutscher Abstammung sind.
Die Weißen sind zu Recht führend in der Welt.
Sexismus traditionell | **(M: 1.46; SD: .77; N: 1.888; A: .74)**
Für eine Frau sollte es wichtiger sein, ihrem Mann bei seiner Karriere zu helfen, als selbst Karriere zu machen.
Frauen sollten sich wieder mehr auf die Rolle der Ehefrau und Mutter besinnen.
Fremdenfeindlichkeit | **(M: 1.86; SD: .94; N: 1.890; A: .72)**
Es leben zu viele Ausländer in Deutschland.
Wenn Arbeitsplätze knapp werden, sollte man die in Deutschland lebenden Ausländer wieder in ihre Heimat zurück schicken.
Antisemitismus – traditionell | **(M: 1.32; SD: .66; N: 1.790; A: 77)**
Juden haben in Deutschland zu viel Einfluss.
Durch ihr Verhalten sind Juden an ihren Verfolgungen mitschuldig.
Antisemitismus – sekundär und Israelbezogen[a]
Viele Juden versuchen, aus der Vergangenheit des Dritten Reiches heute ihren Vorteil zu ziehen.
Bei der Politik, die Israel macht, kann ich gut verstehen, dass man etwas gegen Juden hat.
Was der Staat Israel heute mit den Palästinensern macht, ist im Prinzip auch nichts Anderes als das, was die Nazis im Dritten Reich mit den Juden gemacht haben.
Muslimfeindlichkeit | **(M: 1.83; SD: .91; N: 1.857; A: .68)**
Durch die vielen Muslime hier fühle ich mich manchmal wie ein Fremder im eigenen Land.
Muslimen sollte die Zuwanderung nach Deutschland untersagt werden.
Abwertung von Sinti & Roma | **(M: 2.03; SD: .98; N: 1.854; A: .77)**
Ich hätte Probleme damit, wenn sich Sinti und Roma in meiner Gegenwart aufhalten.
Sinti und Roma neigen zur Kriminalität.
Abwertung von asylsuchenden Menschen | **(M: 2,77; SD: .87; N: 1.883; A: .41)**
Bei der Prüfung von Asylanträgen sollte der Staat großzügig sein.
Die meisten Asylbewerber werden in ihrem Heimatland gar nicht verfolgt.

Tabelle 3.1

überhaupt nicht zu	eher nicht zu	eher zu	voll und ganz zu
61,6	19,8	10,8	7,8
75,6	11,1	7,9	5,4
77,6	12,4	5,7	4,4
68,3	16,3	8,7	6,8
44,1	21,1	17,1	17,6
61,4	22,5	8,5	7,6
77,8	13,4	4,5	4,3
81,5	11,2	5,2	2,1
57,2	17,3	14,7	10,9
38,6	21,1	23,2	17,2
53,4	22,0	15,3	9,3
47,0	18,3	16,6	18,1
62,4	22,0	8,7	6,8
49,2	22,8	15,0	12,9
36,0	25,8	22,9	15,3
42,8	28,8	19,0	9,5
24,4	34,6	22,5	18,5

Zustimmungen und Ablehnungen von Aussagen zur Gruppenbezogenen Menschenfeindlichkeit im Jahr 2016 (Angaben in Prozent) **Tabelle 3.1** (Forts.)

Ich stimme … →
Abwertung von homosexuellen Menschen | **(M: 1.44; SD: .83; N: 1.887; A: .79)**
Es ist ekelhaft, wenn Homosexuelle sich in der Öffentlichkeit küssen.
Homosexualität ist unmoralisch.
Abwertung von Trans*Menschen[b] | **(M: 1.54; SD: .90; N: 1.869; A: .78)**
Ich finde es albern, wenn ein Mann lieber eine Frau sein will oder umgekehrt, eine Frau lieber ein Mann.
Transsexuelle und Transgender sollten versuchen, nicht so aufzufallen
Abwertung von wohnungslosen Menschen[c] | **(M: 1.91; SD: .88; N: 951; A: .62)**
Die meisten Obdachlosen sind arbeitsscheu.
Bettelnde Obdachlose sollten aus den Fußgängerzonen entfernt werden.
Abwertung von Menschen mit Behinderung[c] | **(M: 1.21; SD: .48; N: 960; A: .67)**
Behinderte erhalten zu viele Vergünstigungen.
Für Behinderte wird in Deutschland zu viel Aufwand betrieben.
Abwertung von langzeitarbeitslosen Menschen | **(M: 2.64; SD: 1.02; N: 1.877; A: .75)**
Die meisten Langzeitarbeitslosen sind nicht wirklich daran interessiert, einen Job zu finden.
Ich finde es empörend, wenn sich die Langzeitarbeitslosen auf Kosten der Gesellschaft ein bequemes Leben machen.
Etabliertenvorrechte | **(M: 2.52; SD: .93; N: 1.893; A: .58)**
Wer irgendwo neu ist, sollte sich erst mal mit weniger zufrieden geben.
Wer schon immer hier lebt, sollte mehr Rechte haben, als die, die später zugezogen sind.

Legende [a] Der sekundäre und Israelbezogene Antisemitismus wird hier ergänzend berichtet. Diese Facetten wurden nicht regelmäßig erfasst und gehen daher zugunsten der Vergleichbarkeit über die Zeit nicht in die Skalenbildung ein, sind also auch nicht Teil der unten skizzierten Analysen über

Argumentation. 25 % der Bevölkerung ziehen einen antisemitisch aufgeladenen Vergleich der israelischen Politik mit der der Nazis; in dieser Gleichsetzung Israels mit dem Nationalsozialismus offenbart sich die für den Antisemitismus typische Täter-Opfer-Umkehr, die der eigenen Entlastung der deutschen Mehr-

Tabelle 3.1 (Forts.)

überhaupt nicht zu	eher nicht zu	eher zu	voll und ganz zu
72,9	10,7	6,5	9,9
81,3	9,2	3,5	6,0
75,0	10,9	6,9	7,2
71,4	10,2	7,2	11,2
52,4	28,1	13,4	6,0
41,4	27,1	17,4	14,2
85,3	11,4	1,4	1,9
85,0	10,9	2,3	1,9
23,2	28,0	25,8	23,0
20,5	18,9	21,3	39,3
12,4	18,1	32,3	37,2
44,6	20,4	16,5	18,6

soziodemografische Unterschiede. [b] Die Kurzskala wurde gemeinsam mit Dominic Frohn entwickelt. [c] Die Abwertung von Menschen mit Behinderung und von wohnungslosen Menschen sind nur in einer repräsentativen, zufällig ausgewählten Hälfte der Befragten erhoben worden.

heitsbevölkerung dient. Im Vergleich zu einer Nachbefragung für die letzte FES-Mitte-Studie im September 2014 kurz nach dem damaligen Gaza-Konflikt, der von vielen, oft antisemitisch aufgeladenen Protesten auch in Deutschland begleitet wurde, zogen zwar ähnlich viele Befragte (27 %) einen Nazi-Vergleich der Politik Israels, doch deutlich weniger (28 %) stimmten damals der Aussage zu, sie könnten verstehen, wenn man angesichts der israelischen Politik Juden nicht mag. Seitdem hat offenbar nicht der explizite, aber der subtiler ausgedrückte israelbezogene Antisemitismus zugenommen. Dies zeigt, dass politische Ereignisse häufig weniger einen unmittelbaren Einfluss auf Einstellungen der breiten Bevölkerung haben, sondern vielmehr verzögert ihre Wirkung auf die allgemeine Stimmung entfalten.

Muslimfeindlichkeit wird keineswegs von einer Mehrheit der Bevölkerung vertreten, allerdings empfindet gut ein Drittel eine Überfremdung durch Muslime. Gut 15 % der Befragten plädieren zur Jahreshälfte 2016 für einen Zuwanderungsstopp von Personen, die der Gruppe der Muslime angehören. Im Vergleich zu 2014 sind die Zustimmungen zur Kurzskala Muslimfeindlichkeit 2016 unverändert bei 18 %.

Etwas geringer ausgeprägt ist der *Antiziganismus*. Gut ein Viertel der Bevölkerung teilt negative Meinungen über Sinti und Roma, 2014 betrug der Anteil auf Skalenebene dagegen knapp 27 %. Allerdings zeigt sich, dass 2016 rund 38 % dabei der Meinung sind, Sinti und Roma neigten zur Kriminalität. Das sind genauso viele wie 2014.

Abwertung von Asylsuchenden ist in der Bevölkerung weit verbreitet. Knapp drei Viertel lehnen Großzügigkeit bei der Bearbeitung von Asylanträgen ab. 41 % sind der Meinung, die Mehrheit der Asylsuchenden würde gar nicht verfolgt. Im Vergleich zu 2014 (44 %) zeigt 2016 insgesamt jede zweite befragte Person Ablehnung gegenüber Asylsuchenden. Die Einstellungen gegenüber *Flüchtlingen* haben wir in 2016 genauer untersucht. Die Ergebnisse werden in Kapitel 4 vorgestellt.

Abwertungen von homosexuell orientierten Menschen werden von jedem 10. Befragten geteilt. Auch 2014 stimmten, gemessen auf Skalenebene, in etwa gleichviele Personen den entsprechenden Aussagen zu (12 %).

*Abwertungen von Trans*Menschen* finden sich bei knapp 13 % der Bevölkerung. Bei dieser Abwertung aufgrund der Geschlechtsidentität ist kein Vergleich zu

2014 oder früheren Jahren möglich, da die Aussagen 2016 erstmalig erhoben wurden.

Die *Obdachlosen-Abwertung* bewegt sich auf einem relativ stabilen Niveau: Ein gutes Drittel stimmt der Aussage zu, bettelnde Obdachlose sollten aus den Fußgängerzonen entfernt werden. Jede fünfte befragte Person meint, die meisten Obdachlosen seien arbeitsscheu. Im Vergleich zu 2014 (19 %) stimmen 2016 insgesamt betrachtet fast genauso viele Menschen einer Abwertung von wohnungslosen Menschen zu (18 %).

Abwertung von Menschen mit Behinderung ist auffällig gering verbreitet und vergleichsweise schwach ausgeprägt. Nur gut 3 % der Befragten plädiert auf Skalenebene für Restriktionen der Förderung. Im Vergleich zu 2014 (4 %) gibt es in dieser Dimension 2016 insgesamt einen leichten Rückgang auf 2 %.

Im Gegensatz dazu ist die *Abwertung von Arbeitslosen* weit verbreitet. Der Anteil der durchschnittlichen Zustimmung zur Abwertung von langzeitarbeitslosen Menschen ist im Vergleich zu 2014 (48 %) mit 49 % nahezu unverändert.

Stark verbreitet ist auch eine generelle Abwertung von Neuhinzukommenden, die sich in der Einforderung von *Etabliertenvorrechten* zeigt. So sollten sich Neuankömmlinge mit weniger abgeben (70 %) und auch weniger Rechte erhalten (36 %). Auf Skalenebene hält insgesamt die hohe Zustimmung bei der letzten Erhebung (38 %) auch 2016 an (39 %).

In den Grafiken 3.2 bis 3.5 (➠ S. 50 f.) sind die Verläufe der Zustimmungen zu allen Elementen des GMF-Syndroms abgebildet, die über 14 Jahre in den GMF-Studien und seit 2014 in den FES-Mitte-Studien erfasst wurden. Dabei ist zu beachten, dass die Stichproben in den aufgeführten Erhebungszeitpunkten unterschiedlich sind. In den Jahren 2002 bis 2011 wurden nur Personen mit deutscher Staatsbürgerschaft und ohne Migrationsbiografie (selbst, Eltern oder Großeltern zugewandert) befragt. Dagegen wurden 2014 und 2016 alle Personen mit einer deutschen Staatsbürgerschaft, also mit oder ohne Migrationsbiografie, befragt. Vergleiche sind daher nur eingeschränkt möglich.

Verlauf der Zustimmungen zu den Elementen der Gruppenbezogenen Menschenfeindlichkeit 2002–2016 (Angaben in Prozent) **Grafik 3.2**

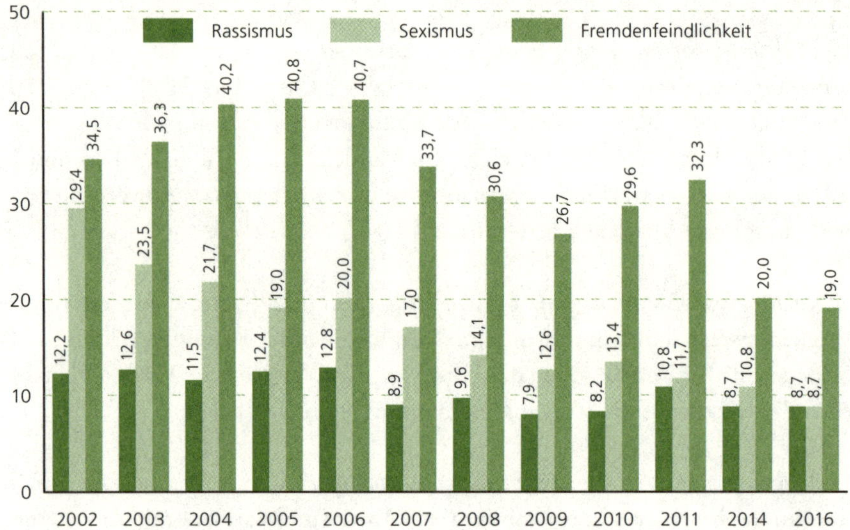

Verlauf der Zustimmungen zu den Elementen der Gruppenbezogenen Menschenfeindlichkeit 2002–2016 (Angaben in Prozent) **Grafik 3.3**

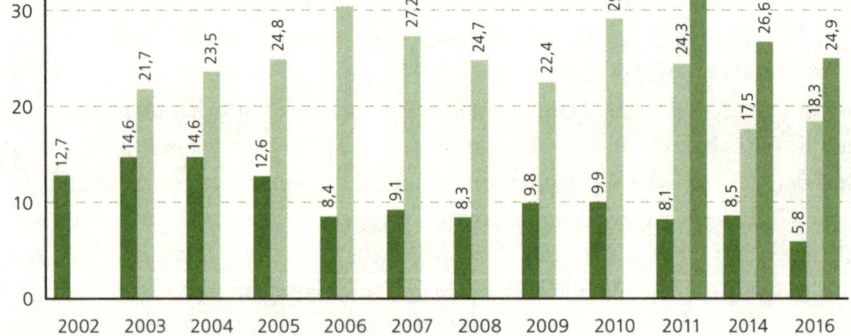

Verlauf der Zustimmungen zu den Elementen der Gruppenbezogenen Menschenfeindlichkeit 2002–2016 (Angaben in Prozent) **Grafik 3.4**

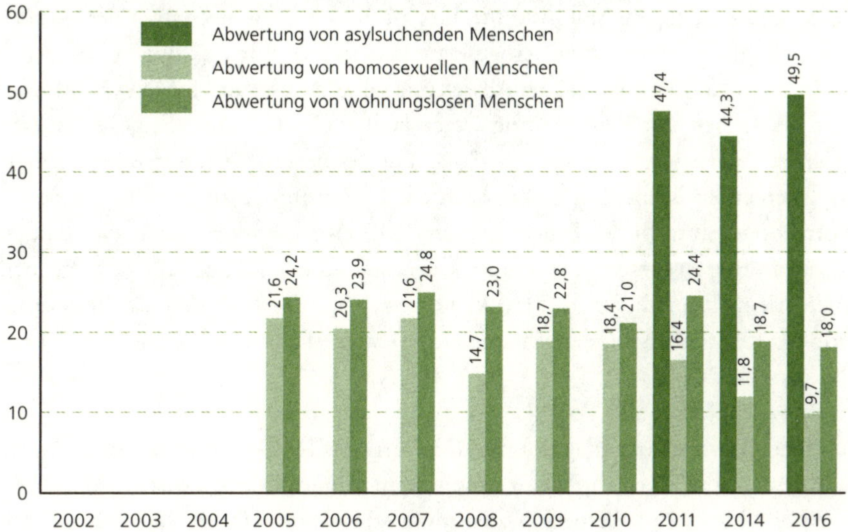

Verlauf der Zustimmungen zu den Elementen der Gruppenbezogenen Menschenfeindlichkeit 2002–2016 (Angaben in Prozent) **Grafik 3.5**

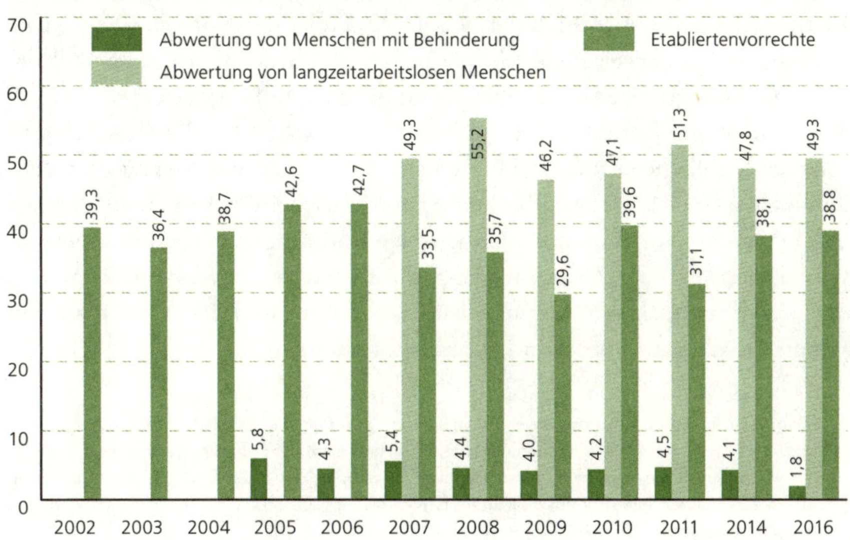

Im Vergleich zu 2014 sind kaum Veränderungen in den Ausprägungen Gruppenbezogener Menschenfeindlichkeit zu beobachten. Der vor zwei Jahren festgestellte Rückgang stabilisiert sich somit in der Gesamtschau in der aktuellen Befragung. Bereits zuvor eingesetzte rückläufige Entwicklungen beim traditionellen Antisemitismus, der Abwertung von homosexuellen Menschen sowie von Menschen mit Behinderung setzen sich auch 2016 fort. Dagegen ist ein leichter Anstieg im Vergleich zu 2014 bei negativen Meinungen gegenüber asylsuchenden Menschen zu beobachten. Die Einforderung von Etabliertenvorrechten nahm in der Erhebung von 2014 eine besondere Rolle ein, da die Zustimmung zu diesem Element im Gegensatz zu den anderen Abwertungsformen stieg. Zwar zeigt sich 2016 keine verstärkte Zustimmung zur Betonung von Vorrechten Alteingesessener, jedoch bewegt sie sich auf demselben hohen Niveau wie 2014.

Die theoretische Grundlage zur Konzeption des GMF-Syndroms beruht unter anderem auf der Annahme einer signifikanten Verbindung zwischen den Elementen. Wer einem Element X zustimmt, stimmt mit einiger Wahrscheinlichkeit auch anderen Elementen zu, das heißt wer die eine Gruppe ablehnt, lehnt eher auch andere soziale Gruppen ab. Die Interkorrelationen zwischen den Kurzskalen belegen auch für 2016 einen substanziellen Zusammenhang nahezu aller Elemente untereinander, wobei die Höhe der Korrelationen (siehe Glossar) darauf verweist, wie sehr die negativen Einstellungen gegenüber der einen Gruppe mit der gegenüber einer anderen einhergehen (➠ Tab. 3.2, S. 54 f.).[3] Hohe Zusammenhänge bestehen zwischen Muslimfeindlichkeit, Fremdenfeindlichkeit und Etabliertenvorrechten, das heißt wer zu Fremdenfeindlichkeit neigt, wertet mit ziemlicher Wahrscheinlichkeit auch Muslime ab und fordert Vorrechte für Etablierte ein und umgekehrt. Diese Elemente weisen auch deutliche Zusammenhänge zu einem traditionellen Rassismus auf, der wiederum auch mit Antisemitismus, Sexismus und der Abwertung von Homosexuellen auf mittlerem Niveau in Zusammenhang steht. Hingegen ist

3 Der Korrelationswert kann zwischen –1.0 (negativer Zusammenhang: je stärker X, desto geringer Y) und +1.0 (positiver Zusammenhang: je stärker X, desto stärker Y) liegen. Eine Korrelation von 0.0 weist darauf hin, dass kein Zusammenhang besteht. Bei der Klassifizierung der Zusammenhangsstärken orientieren wir uns an Kühnel/Krebs (2007): Kein Zusammenhang: $r < .05$, geringer: $r < .20$, mittlerer: $< .50$, hoher: $< .70$, sehr hoher: $> .70$.

der Zusammenhang zwischen beispielsweise der Abwertung von asylsuchenden Menschen und Sexismus nur schwach ausgeprägt. Kein signifikanter Zusammenhang besteht zwischen der Abwertung von Menschen mit Behinderung und der von asylsuchenden Menschen, das heißt aus der Einstellung gegenüber Ersteren kann keine Prognose über die Einstellung gegenüber Letzteren getroffen werden und umgekehrt.

3.3 Gruppenbezogene Menschenfeindlichkeit in Bevölkerungsgruppen

Ablehnungen und Zustimmungen zu den Elementen Gruppenbezogener Menschenfeindlichkeit variieren in verschiedenen gesellschaftlichen Gruppen, wobei jeweils generelle Werthaltungen, spezifische Wahrnehmungen, soziale Motive, die eigenen Lebensumstände sowie das soziale Umfeld und gesellschaftliche Stimmungslagen und Strukturen eine Rolle spielen. Im Folgenden werden einige wesentliche Unterschiede zwischen soziodemografischen Gruppen dokumentiert.

Mit Blick auf die vielfach berichteten Ost-West-Differenzen bestätigt sich: Befragte, die in Ostdeutschland aufgewachsen sind, neigen gegenüber »Fremden« zu größerer Feindseligkeit (➠ Tab. 3.3, S. 56).[4] Sie sind signifikant fremdenfeindlicher eingestellt, haben negativere Einstellungen gegenüber Asylsuchenden, Muslimen, Sinti und Roma und fordern stärker Etabliertenvorrechte ein, als Westdeutsche dies tun. Auch gegenüber wohnungslosen Menschen haben Ostdeutsche höhere Ressentiments. Gleichzeitig wird aber deutlich: Auch wenn unter Ostdeutschen die Feindseligkeit gegenüber »Fremden« und in der Tendenz auch gegenüber etlichen anderen sozialen Gruppen weiter verbreitet ist, sind Westdeutsche keineswegs frei davon. Die Zustimmung zu Sexismus und zur Abwertung homosexueller beziehungsweise Trans*Menschen ist unter Ostdeutschen in der Tendenz etwas weniger verbreitet als unter Westdeutschen. Auffällig

---

4 Die Differenzierung zwischen Ost- und Westdeutschen wurde anhand der Selbstauskunft der Befragten, ob sie überwiegend in West- oder Ostdeutschland aufgewachsen sind, vorgenommen, korrespondiert aber weitgehend mit der Region, in der jemand lebt. Chi^2-Tests, Unterschiede nach Ost-West: Fremdenfeindlichkeit: Chi^2 (1, 1.808) = 23,86, p < .001. Muslimfeindlichkeit: Chi2 (1, 1.785) = 8,81, p < .01. Abwertung v. Sinti und Roma: Chi^2 (1, 1.772) = 16,43, p < .001. Abwertung asylsuchender Menschen: Chi^2 (1, 1.802) = 17,92, p < .001. Abwertung wohnungsloser Menschen: Chi^2 (1, 907) = 11,67, p < .01. Etabliertenvorrechte: Chi2 (1, 1.811) = 11,15, p < .01. (Unterschiede in der Zustimmung zu anderen Elementen nicht signifikant.).

Tabelle der Interkorrelationen aller Elemente
Gruppenbezogener Menschenfeindlichkeit (Korrelationskoeffizient) **Tabelle 3.2**

	Sexismus	Fremden-feindlichkeit	Klassischer Antisemi-tismus	Muslim-feindlich-keit	Abwertung von … →
Rassismus	.36 ***	.46 ***	.40 ***	.42 ***	
Sexismus		.34 ***	.33 ***	.31 ***	
Fremdenfeind-lichkeit			.36 ***	.68 ***	
Klassischer Antisemitismus				.34 ***	
Muslimfeind-lichkeit					
Abwertung von ↓					
Sinti und Roma					
asylsuchenden Menschen					
homosexuellen Menschen					
wohnungslosen Menschen					
Menschen mit Behinderung					
langzeitarbeits-losen Menschen					

Legende * $p \leq .05$; ** $p \leq .01$; *** $p < .001$

ist: Ostdeutsche sind gegenüber solchen sozialen Gruppen negativer eingestellt, die de facto im Osten deutlich seltener anzutreffen sind als im Westen. Zu einem ganz ähnlichen Befund kommt auch die Leipziger Mitte-Studie (vgl. Decker, Kies & Brähler 2016). Waren Ostdeutsche in der Vergangenheit weniger antisemitisch als Westdeutsche, begann bereits vor einigen Jahren ein Prozess der

Tabelle 3.2

Sinti und Roma	asyl-suchenden Menschen	homo-sexuellen Menschen	wohnungs-losen Menschen	Menschen mit Behin-derung	langzeitarbeits-losen Menschen	Etablier-tenvor-rechte
.31 ***	.19 ***	.34 ***	.31 ***	.29 ***	.25 ***	.40 ***
.21 ***	.14 ***	.41 ***	.22 ***	.27 ***	.20 ***	.23 ***
.45 ***	.42 ***	.35 ***	.45 ***	.23 ***	.36 ***	.51 ***
.30 ***	.19 ***	.38 ***	.31 ***	.48 ***	.20 ***	.24 ***
.46 ***	.43 ***	.34 ***	.34 ***	.27 ***	.34 ***	.48 ***
	.33 ***	.27 ***	.35 ***	.20 ***	.30 ***	.32 ***
		.16 ***	.20 ***	.06	.33 ***	.38 ***
			.23 ***	.20 ***	.19 ***	.19 ***
				.27 ***	.39 ***	.26 ***
					.12 ***	.16 ***
						.32 ***

Annäherung. Schon in der letzten FES-Mitte-Studie war Antisemitismus unter Ostdeutschen stärker verbreitet, und auch 2016 ist das wieder der Fall (Ost: 7 %; West: 5 %). Noch deutlicher fällt diese Tendenz beim israelbezogenen Antisemitismus auf (Zustimmung unter Ostdeutschen 29 %, unter Westdeutschen 22 %; $p \leq .05$).

Zustimmung zu den Facetten Gruppenbezogener Menschenfeindlichkeit in Deutschland und differenziert nach Ost- und West (Angaben in Prozent) **Tabelle 3.3**

	Gesamt (n = 1.896)	West (n = 1.496)	Ost (n = 317)
Rassismus	8,7	8,0	8,8
Sexismus	8,7	8,5	7,1
Fremdenfeindlichkeit* **	19,0	16,8	28,8
Klassischer Antisemitismus	5,8	5,3	7,2
Muslimfeindlichkeit **	18,3	16,8	23,9
Abwertung von Sinti und Roma ***	24,9	22,7	33,6
Abwertung asylsuchender Menschen ***	49,5	46,9	60,0
Abwertung homosexueller Menschen	9,7	9,3	6,7
Abwertung von Trans*Menschen	12,5	12,0	11,1
Abwertung wohnungsloser Menschen[5] **	18,0	15,4	27,2
Abwertung von Menschen mit Behinderung	1,8	1,4	3,6
Abwertung langzeitarbeitsloser Menschen	49,3	48,3	51,6
Etabliertenvorrechte **	38,8	37,5	47,7

Legende * p ≤ .05; ** p ≤ .01; *** p ≤ .001. Die Angaben zur Signifikanz beziehen sich auf Unterschiede zwischen Ost- und Westdeutschen.

Frauen und Männer unterscheiden sich hingegen kaum in ihrem Ausmaß an GMF (➠ Tab. 3.4).[6] Wie auch bereits in den vergangenen Jahren neigen Männer etwas eher als Frauen zu klassischem (aber unterschiedslos zu israelbezogenem) Antisemitismus und zur Abwertung homosexueller Menschen, außerdem etwas

5 Wegen Teilbefragung der Einstellungen zu Menschen mit Behinderung und wohnungslosen Menschen im Split: Gesamt: n = 965, West: n = 767, Ost: n = 153.

6 Im Fragebogen war den Befragten darüber hinaus die Möglichkeit gegeben, durch die Angabe »Sonstiges« keine klare Zuordnung zu einem der beiden Geschlechter vorzunehmen. Allerdings ist die Fallzahl (n = 2) hierbei zu gering, um statistischen Analysen zu genügen. Chi^2-Tests, Unterschiede nach Geschlecht: Antisemitismus: Chi^2 (2, 1.790) = 10,29, p < .01. Abwertung homosexueller Menschen: Chi^2 (2, 1.886) = 9,68, p < .01. Abwertung v. Trans*Menschen: Chi^2 (2, 1.870) = 11,99, p < .01. Etabliertenvorrechte: Chi^2 (2, 1.894) = 9,70, p < .01. (Unterschiede in der Zustimmung zu anderen Elementen nicht signifikant.).

eher zur Abwertung von Trans*Menschen. Während Frauen in den vergangenen Jahren konstant etwas eher als Männer zu Fremdenfeindlichkeit, Rassismus und Muslimfeindlichkeit neigten (Küpper & Zick 2011), lässt sich dies für das Erhebungsjahr 2016 nicht bestätigen. Allerdings ist bei Frauen die Zustimmung zu Vorrechten für Etablierte signifikant weiter verbreitet als bei Männern.

Zustimmung zu den Facetten Gruppenbezogener Menschenfeindlichkeit bei Männern und Frauen (Angaben in Prozent) **Tabelle 3.4**

	Männer (n = 880)	Frauen (n = 1.015)
Rassismus	9,9	7,7
Sexismus	8,7	8,7
Fremdenfeindlichkeit	20,1	18,1
Klassischer Antisemitismus **	7,7	4,1
Muslimfeindlichkeit	18,9	17,7
Abwertung von Sinti und Roma	24,1	25,7
Abwertung asylsuchender Menschen	48,6	50,4
Abwertung homosexueller Menschen **	11,9	7,8
Abwertung von Trans*Menschen **	15,3	10,0
Abwertung wohnungsloser Menschen[7]	18,3	17,7
Abwertung von Menschen mit Behinderung	1,9	1,7
Abwertung langzeitarbeitsloser Menschen	47,7	50,6
Etabliertenvorrechte **	35,4	41,9

Legende * $p \leq .05$; ** $p \leq .01$; *** $p < .001$.

Während sich in den GMF-Studien 2002–2011 bei vielen Elementen ein mehr oder weniger linearer Anstieg der Abwertung mit dem Lebensalter zeigte (also Jüngere am wenigsten, Ältere am feindseligsten waren), deutete sich in den letzten Jahren eine Veränderung an: Während die Älteren von Jahr zu Jahr

7 Abwertung von Menschen mit Behinderung und von wohnungslosen Menschen nur bei der Hälfte der Stichprobe (weiblich n = 522, männlich n = 444) befragt.

weniger feindselig wurden, schien sich dieser positive Trend nicht automatisch bei den Jüngeren fortzusetzen. In der FES-Mitte-Studie 2014 wurde dann bei etlichen GMF-Elementen ein U-förmige Häufigkeitsverteilung sichtbar: GMF war sowohl unter den älteren, als auch unter den jüngeren Befragten weiter verbreitet als unter Befragten im mittleren Erwachsenenalter zwischen 31 und 60 Jahren. Im Jahr 2016 findet sich nun wieder bei vielen Elementen ein Anstieg der Zustimmung mit dem Lebensalter. Lediglich beim Rassismus und der Abwertung von wohnungslosen Menschen ist die U-förmige Verteilung noch erkennbar (➠ Tab. 3.5).[8] Hingegen neigen Jüngere deutlich weniger als die Mittelalten beziehungsweise Älteren zur Befürwortung von Etabliertenvorrechten (Jüngere rund 24 %, Mittelalte fast 41 %, Ältere 44 % Zustimmung), zu Fremdenfeindlichkeit, zur Abwertung von Asylsuchenden, Muslimen und Sinti und Roma. Auch ist die Tendenz zu Sexismus und der Abwertung von homosexuellen und Trans*Menschen unter den Jüngeren unter 30 Jahren weniger verbreitet. Ebenso sind der klassische und der israelbezogene Antisemitismus unter Jüngeren weniger weit verbreitet als unter Älteren (Zustimmung zu israelbezogenem Antisemitismus unter Jüngeren knapp12 %, unter Mittelalten 24 %, unter Älteren knapp 30 %; $p < .001$) (➠ Tab. 3.5).

Mit Blick auf die Frage nach Spaltungen in der Mitte sind Unterschiede im Ausmaß von GMF zwischen ärmeren, wohlhabenderen Befragten und vor allem jenen aus der »Einkommensmitte« interessant. Für die Datenanalysen haben wir die Befragten nach drei Einkommensgruppen unterschieden, gemessen am Nettoäquivalenzeinkommen (hier werden alle Einkommensarten und außerdem die Anzahl von Personen im Haushalt berücksichtigt). Tabelle 3.6 (➠ S. 60) führt die Zustimmungen zu den GMF-Elementen in diesen drei Einkommensgruppen auf.

---

8 Chi²-Tests, Unterschiede nach Alter: Rassismus: Chi² (2, 1.861) = 14,35, $p < .01$. Sexismus: Chi² (2, 1.868) = 26,91, $p < .001$. Fremdenfeindlichkeit: Chi² (2, 1.870) = 14,90, $p < .01$. Antisemitismus: Chi² (2, 1.772) = 7,98, $p < .05$. Muslimfeindlichkeit: Chi² (2, 1.837) = 13,91, $p < .01$. Abwertung v. Sinti und Roma: Chi² (2, 1.834) = 15,06, $p < .01$. Abwertung asylsuchender Menschen: Chi² (2, 1.863) = 43,44, $p < .001$. Abwertung homosexueller Menschen: Chi² (2, 1.867) = 49,90, $p < .001$. Abwertung v. Trans*Menschen: Chi² (2, 1.852) = 34,46, $p < .001$. Abwertung v. wohnungslosen Menschen: Chi² (2, 939) = 6,56, $p < .05$. Etabliertenvorrechte: Chi² (2, 1.872) = 39,48, $p < .001$. (Unterschiede in der Zustimmung zu anderen Elementen nicht signifikant.).

Zustimmung zu den Facetten Gruppenbezogener Menschenfeindlichkeit in verschiedenen Altersgruppen (Angaben in Prozent) **Tab 3.5**

	16–30 (n = 353)	31–60 (n = 918)	> 60 (n = 605)
Rassismus **	8,0	6,8	12,4
Sexismus ***	5,4	6,9	13,6
Fremdenfeindlichkeit **	12,1	19,1	22,3
Klassischer Antisemitismus *	4,1	5,1	8,0
Muslimfeindlichkeit **	11,2	19,9	19,5
Abwertung von Sinti und Roma* *	17,1	27,7	25,7
Abwertung asylsuchender Menschen ***	33,5	52,7	53,4
Abwertung homosexueller Menschen ***	3,7	7,6	16,3
Abwertung von Trans*Menschen ***	6,4	10,8	18,7
Abwertung wohnungsloser Menschen[9] *	21,3	14,8	21,3
Abwertung von Menschen mit Behinderung	1,3	1,7	2,4
Abwertung langzeitarbeitsloser Menschen	49,6	50,4	47,9
Etabliertenvorrechte ***	24,4	40,8	44,1

Legende * $p \leq .05$; ** $p \leq .01$; *** $p < .001$.

In den Ergebnissen zeichnet sich das ab, was die amerikanische Vorurteilsforschung als einen »Poor-White-Racism-Effekt« bezeichnet (Zick 1997). Unter Befragten aus der schwächsten Einkommensgruppe sind menschenfeindliche Einstellungen durchweg zumindest in der Tendenz weiter verbreitet als unter jenen der Einkommensmitte beziehungsweise Wohlhabenderen, während letztere in keiner Facette die höchsten Zustimmungswerte aufweist.[10] Unter Befragten der Einkommensmitte ist GMF insgesamt deutlich weniger verbreitet

9 Wegen Teilbefragung der Einstellungen zu Menschen mit Behinderung und wohnungslosen Menschen im Split: 16–30: n = 185, 31–60: n = 467, > 60: n = 299.

10 Chi²-Tests, Zustimmung zu GMF nach Einkommen: Rassismus: Chi^2 (2, 1.394) = 11,29, $p < .01$. Sexismus: Chi^2 (2, 1.401) = 16,18, $p < .001$. Fremdenfeindlichkeit: Chi^2 (2, 1.404) = 35,26, $p < .001$. Muslimfeindlichkeit: Chi^2 (2, 1.376) = 37,48, $p < .001$. Abwertung v. Sinti und Roma: Chi^2 (2, 1.377) = 6,33, $p < .05$. Abwertung homosexueller Menschen: Chi^2 (2, 1.397) = 32,01,

Zustimmung zu den Facetten Gruppenbezogener Menschenfeindlichkeit in verschiedenen Einkommensgruppen (Angaben in Prozent) **Tabelle 3.6**

Einkommens… →	schwache (n = 322)	mitte (n = 808)	starke (n = 277)
Rassismus **	12,1	9,9	4,4
Sexismus ***	13,6	8,2	4,4
Fremdenfeindlichkeit ***	29,1	20,8	9,4
Klassischer Antisemitismus ***	7,5	6,5	3,6
Muslimfeindlichkeit ***	29,7	18,0	10,3
Abwertung von Sinti und Roma *	30,9	24,9	22,1
Abwertung asylsuchender Menschen	49,8	48,9	42,1
Abwertung homosexueller Menschen ***	18,2	9,1	4,8
Abwertung von Trans*Menschen	12,4	12,6	11,3
Abwertung wohnungsloser Menschen[11] **	21,5	18,5	8,1
Abwertung von Menschen mit Behinderung	3,2	2,8	0,3
Abwertung langzeitarbeitsloser Menschen	49,2	50,1	42,9
Etabliertenvorrechte ***	41,9	42,6	26,5

Legende * $p \leq .05$; ** $p \leq .01$; *** $p < .001$. Einkommensschwache: weniger als 70 %, Mittelschicht zwischen 70 und 150 % und die Einkommensstarken über 150 % des Äquivalenzeinkommens gemessen am Einkommensmedian in der Stichprobe.

als unter Einkommensschwächeren, aber weiter als unter den Wohlhabenderen. Das heißt: GMF sinkt im Durchschnitt mit zunehmendem Einkommen. Lediglich bei der Abwertung von Trans* und arbeitslosen Menschen sowie der Zustimmung zu Etabliertenvorrechten ist dieser Trend unterbrochen mit der größten Verbreitung unter Befragten der mittleren Einkommensschicht (die Unterschiede zu den anderen Einkommensgruppen sind aber nur gering und

$p < .001$. Abwertung v. wohnungslosen Menschen: Chi^2 (2, 701) = 10,47, $p < .01$. Etabliertenvorrechte: Chi^2 (2, 1.406) = 23,68, $p < .001$. (Unterschiede in der Zustimmung zu anderen Elementen nicht signifikant.).

11 Wegen Teilbefragung der Einstellungen zu Menschen mit Behinderung und wohnungslosen Menschen im Split: schwach: n = 174, Mitte: n = 398; stark: n = 138.

nicht signifikant). Bemerkenswert ist: Auch im Ausmaß der Abwertung von Asylsuchenden findet sich fast kein Unterschied zwischen der unteren und der mittleren Einkommensgruppe. Die verbreitete These, nach der die Menschen Asylsuchende aufgrund von scheinbar begründeten Konkurrenzängsten abwerten, wird durch diesen Befund in Frage gestellt. Wenn, dann dürften sich eigentlich nur einkommensschwache Menschen einer tatsächlichen Konkurrenz auf dem Arbeits- und Wohnungsmarkt mit Geflüchteten ausgesetzt sehen, nicht aber die Mittelschicht und erst recht nicht die Wohlhabenderen, die auch noch zu 42 % asylsuchende Menschen ablehnen. Keine Unterschiede in Abhängigkeit des Einkommens zeigen sich auch beim israelbezogenen Antisemitismus.

Ähnlich ist der Trend einer geringeren Verbreitung von GMF mit zunehmendem Niveau schulischer Bildung (➠ Tab. 3.7, S. 62).[12] Damit setzt sich 2016 ein bereits seit langem bekannter Befund fort: Befragte mit niedriger Schulbildung neigen deutlich eher zur Abwertung fast aller im GMF-Syndrom erfassten sozialen Gruppen als Befragte mit mittlerer Schulbildung – ausgenommen die Abwertung langzeitarbeitsloser Menschen und von Sinti und Roma. Unter höher Gebildeten ist GMF durchweg am geringsten verbreitet. Besonders auffällig ist der große Unterschied zwischen niedrig und hoch Gebildeten beim Rassismus (knapp 15 % versus 2 %). Auch der klassische und der israelbezogene Antisemitismus sind unter Befragten mit niedriger Schulbildung besonders weit verbreitet (ergänzend zur Tabelle 3.6 der israelbezogene Antisemitismus: Befragte mit niedriger Schulbildung 33 %, mit mittlerer Schulbildung knapp 22 %, mit hoher Schulbildung knapp 14 % ($p < .001$)). Inwiefern hier tatsächlich allein die formale Schulbildung einen Einfluss hat, oder auch mit ihr vermischte Faktoren wie spezifische Sozialisationseinflüsse, welche in und außerhalb von Bildungskontexten wirksam sind, kann anhand der vorliegenden Daten nicht abgeschätzt werden. Ergebnisse anderer Studien verweisen darauf, dass weniger die

---

12 Chi^2-Tests, Unterschiede in Bildungsgruppen: Rassismus: Chi^2 (2, 1.848) = 61,37, $p < .001$. Sexismus: Chi^2 (2, 1.855) = 40,63, $p < .001$. Fremdenfeindlichkeit: Chi^2 (2, 1.857) = 83,65, $p < .001$. Antisemitismus: Chi2 (2, 1760) = 25,73, $p < .001$. Muslimfeindlichkeit: Chi^2 (2, 1.826) = 59,86, $p < .001$. Abwertung v. Sinti und Roma: Chi^2 (2, 1.824) = 17,73, $p < .001$. Abwertung asylsuchender Menschen: Chi2 (2, 1.849) = 59,52, $p < .001$. Abwertung homosexueller Menschen: Chi^2 (2, 1.856) = 53,70, $p < .001$. Abwertung von Trans*Menschen Chi2 (2, 1.839) = 33,31, $p < .001$. Abwertung wohnungsloser Menschen: Chi^2 (2, 932) = 23,38, $p < .001$. Abwertung arbeitsloser Menschen: Chi2 (2, 1.845) = 61,43, $p < .001$. Etabliertenvorrechte: Chi^2 (2, 1.859) = 103,40, $p < .001$.

kognitiven Kapazitäten, die einen Umgang mit Vielfalt erleichtern, und auch nicht das schulische Bildungsniveau alleine, sondern vielmehr die demokratische Bildung und das Einüben partizipativer und demokratischer Aushandlungsprozesse und Spielregeln ausschlaggebend sind (Hello, Scheepers & Sleegers 2008). Darüber hinaus spielt sicher auch die soziale Erwünschtheit eine Rolle, das heißt die Tendenz von Befragten, so zu antworten, wie es den vermuteten sozialen Normen entspricht. Die soziale Norm, nicht rassistisch oder antisemitisch zu sein und zu wirken, dürfte bei besser Gebildeten weiter verbreitet sein.

Zustimmung zu den Facetten Gruppenbezogener Menschenfeindlichkeit in verschiedenen Bildungsgruppen (Angaben in Prozent) **Tabelle 3.7**

	niedrig (n = 735)	mittel (n = 573)	hoch (n = 555)
Rassismus ***	14,5	8,1	2,0
Sexismus ***	13,4	7,7	3,5
Fremdenfeindlichkeit ***	26,9	19,8	6,9
Klassischer Antisemitismus ***	8,7	6,1	1,8
Muslimfeindlichkeit ***	24,4	20,4	7,7
Abwertung von Sinti und Roma ***	26,5	29,1	18,6
Abwertung asylsuchender Menschen ***	57,8	51,5	36,3
Abwertung homosexueller Menschen ***	15,6	7,7	3,7
Abwertung von Trans*Menschen ***	17,2	11,4	6,6
Abwertung wohnungsloser Menschen[13] ***	23,8	18,2	9,1
Abwertung von Menschen mit Behinderung	2,3	1,3	1,6
Abwertung langzeitarbeitsloser Menschen ***	54,9	55,1	34,9
Etabliertenvorrechte ***	50,4	39,5	22,6

Legende * $p \leq .05$; ** $p \leq .01$; *** $p < .001$.
Einteilung der Bildungskategorien: niedrig = Schüler, Schülerinnen und Personen mit maximal einem Hauptschulabschluss; **mittel** = Personen mit mittlerer Reife/10. Kl. Polytechnikum, **hoch** = Personen mit (Fach-)Abitur.

13 Wegen Teilbefragung der Einstellungen zu Menschen mit Behinderung und wohnungslosen Menschen im Split: niedrig: n = 402, mittel: n = 270; hoch: n = 275.

Zustimmung zu den Facetten Gruppenbezogener Menschenfeindlichkeit nach politischer Orientierung (Angaben in Prozent) **Tabelle 3.8**

	links, eher links (n = 503)	genau in der Mitte (n = 1.074)	rechts, eher rechts (n = 203)
Rassismus ***	2,2	9,7	18,2
Sexismus ***	3,9	9,2	16,8
Fremdenfeindlichkeit ***	6,3	19,2	48,3
Klassischer Antisemitismus ***	0,5	7,0	14,2
Muslimfeindlichkeit ***	7,4	16,9	49,5
Abwertung von Sinti und Roma ***	13,0	25,5	48,7
Abwertung asylsuchender Menschen ***	32,7	52,9	67,4
Abwertung homosexueller Menschen ***	3,4	11,1	18,6
Abwertung von Trans*Menschen ***	3,8	14,4	25,7
Abwertung wohnungsloser Menschen[14] ***	9,0	20,1	25,7
Abwertung von Menschen mit Behinderung	0,6	1,4	4,8
Abwertung langzeitarbeitsloser Menschen ***	33,4	52,5	64,7
Etabliertenvorrechte ***	21,7	40,8	64,5

Legende * p ≤ .05; ** p ≤ .01; *** p < .001.

Große Unterschiede in der Verbreitung von GMF werden zwischen Befragten in Abhängigkeit ihrer jeweiligen politischen Orientierung sichtbar (➠ Tab. 3.8).[15]

---

14 Wegen Teilbefragung der Einstellungen zu Menschen mit Behinderung und wohnungslosen Menschen im Split: links, eher links: n = 503, genau in der Mitte: n = 1.074; rechts, eher rechts: n = 203.

15 Unterschiede zwischen politischen Orientierungen: Rassismus: Chi^2 (2, 1.766) = 51,86, p < .001, Sexismus: Chi^2 (2, 1.772) = 32,75, p < .001, Fremdenfeindlichkeit: Chi^2 (2, 1.774) = 167,64, p < .001, Antisemitismus: Chi^2 (2, 1.691) = 49,24, p < .001, Muslimfeindlichkeit: Chi^2 (2, 1.748) = 169,89, p < .001, Abwertung von Sinti und Roma: Chi^2 (2, 1.746) = 99,47, p < .001, Abwertung asylsuchender Menschen: Chi^2 (2, 1.770) = 87,09, p < .001, Abwertung homosexueller Menschen: Chi^2 (2, 1.772) = 43,89, p < .001, Abwertung von Trans*Menschen: Chi^2 (2, 1.760) = 69,85, p < .001, Abwertung wohnungsloser Menschen: Chi^2 (2, 893) = 19,74, p < .001, Abwertung arbeitsloser Menschen: Chi^2 (2,1.762) = 73,77, p < .001, Etabliertenvorrechte: Chi^2 (2, 1.778) = 120,62, p < .001.

Hier wurden die Befragten gebeten, sich politisch selbst auf einer 5-stufigen Skala zu verorten. Unter Befragten, die sich selbst links oder eher links der Mitte positionieren, ist GMF durchweg weniger verbreitet als unter Befragten, die sich »genau in der Mitte« sehen und deutlich weniger als bei jenen, die sich eher oder rechts der Mitte verorten. Die Mehrheit der sich politisch genau in der Mitte verortenden Befragten weist auch mittlere Zustimmungswerte auf. GMF ist also auch in der Mitte durchaus verbreitet. Die Mitte ähnelt in ihren Einstellungen insgesamt eher jenen, die sich selbst links der Mitte positionieren. Die Unterschiede zwischen diesen beiden Gruppen sind mit Ausnahme der Abwertung von Menschen mit Behinderung nicht signifikant. Beim klassischen Antisemitismus findet sich hingegen ein nahezu linearer Anstieg (ganz links 0 %, eher links 1 %, genau in der Mitte 7 %, eher recht 14 %, ganz rechts 16 %, $p < .001$). Gleiches gilt für den israelbezogenen Antisemitismus (ganz links 14 %, eher links gut 16 %, genau in der Mitte gut 23 %, eher rechts 43 %, ganz rechts 46 %; $p < .001$) (➠ Tab. 3.8, S. 63).

Deutliche Differenzen werden ebenso mit Blick auf die Parteipräferenz erkennbar[16] (➠ Tab. 3.9, S. 66 f.).[17] Nahezu alle GMF-Elemente finden unter den potenziellen Wählerinnen und Wählern der AfD die höchsten Zustimmungswerte. So stimmen insgesamt 88 % der Anhänger der AfD einer Abwertung asylsuchender Menschen zu, während die niedrigsten Zustimmungen hier beispielsweise unter jenen Befragten zu finden sind, die die Partei Die Linke präferieren (26 %). Einzige Ausnahme ist hier die Abwertung von Menschen mit Behinderung. Die insgesamt niedrigsten Zustimmungen zum Großteil der Elemente von GMF finden sich bei den Wählerinnen und Wählern von Bünd-

16 Zu beachten ist, dass keine repräsentativen Stichproben der Parteien gezogen wurden. Daher ist die statistische Prüfung (hier Chi²-Test), ob die Parteipräferenz einen Einfluss auf die mittlere Ausprägung menschenfeindlicher Meinungen hat, aufschlussreich.

17 Unterschiede zwischen Parteipräferenzen: Rassismus: Chi^2 (6, 1.446) = 36,69, $p < .001$, Sexismus: Chi^2 (6, 1.449) = 49,08, $p < .001$, Fremdenfeindlichkeit: Chi^2 (6, 1.449) = 230,75, $p < .001$, Antisemitismus: Chi^2 (6, 1.384) = 42,03, $p < .001$, Muslimfeindlichkeit: Chi^2 (6, 1.427) = 202,31, $p < .001$, Abwertung von Sinti und Roma: Chi^2 (6, 1.437) = 123,49, $p < .001$, Abwertung asylsuchender Menschen: Chi^2 (6, 1.446) = 132,01, $p < .001$, Abwertung homosexueller Menschen: Chi^2 (6, 1.451) = 48,44, $p < .001$, Abwertung von Trans*Menschen: Chi^2 (6, 1.443) = 46,02, $p < .001$, Abwertung wohnungsloser Menschen: Chi^2 (6, 708) = 28,23, $p < .01$, Abwertung arbeitsloser Menschen: Chi^2 (6, 1.442) = 84,16, $p < .001$, Etabliertenvorrechte: Chi^2 (6, 1.452) = 174,90, $p < .001$.

nis '90/Die Grünen. Nur in den Zustimmungen zur Abwertung asylsuchender und langzeitarbeitsloser Menschen sowie bei den Etabliertenvorrechten zeigen Anhängerinnen und Anhänger der Partei Die Linke niedrigere Werte. Die Zustimmung von Anhängern der SPD und CDU liegen im mittleren Bereich und unterscheiden sich zumeist nur geringfügig. Die erklärten Nichtwählerinnen und Nichtwähler zeigen bei einigen, aber nicht allen GMF-Elementen auffällig hohe Werte, so unter anderem bei der Fremden- und Muslimfeindlichkeit, der Abwertung von arbeitslosen Menschen und der Zustimmung zu Etabliertenvorrechten. Bei Wählerinnen und Wählern der FDP ist das Bild ein durchwachsenes mit einer vergleichsweise liberalen Haltung beim Sexismus und der Abwertung homosexueller und Trans*Menschen, aber recht hohen Zustimmungen bei der Abwertung von Sinti und Roma und asylsuchenden Menschen (➡ Tab. 3.9, S. 66 f.).

In Bezug auf das sozialpolitische Engagement wurden die Befragten gebeten anzugeben, ob sie einer Gewerkschaft angehören. Dies bejahen 19 % unserer Stichprobe. In der Tendenz stimmen Gewerkschaftsmitglieder der Abwertung von wohnungslosen Menschen und der Einforderung von Etabliertenvorrechten im Durchschnitt eher zu als Nichtmitglieder. Dieser Befund überrascht, war die Tendenz doch in der letzten Erhebung 2014 noch genau anders herum. Sogar signifikant höher ist die Zustimmung bei den Gewerkschaftsmitgliedern zur Fremdenfeindlichkeit und zur Abwertung von Sinti und Roma.[18] Lediglich die Ausmaße von Sexismus und Abwertung arbeitsloser Menschen sind in der Tendenz, aber nicht signifikant, unter Gewerkschaftsmitgliedern etwas weniger verbreitet (die übrigen Unterschiede sind nur minimal) (➡ Tab. 3.10, S. 68).

Abschließend wird ein Blick auf die Verbreitung von GMF bei Menschen mit und ohne Migrationshintergrund geworfen. Einen Migrationshintergrund haben Befragte, wenn sie mindestens eines von drei Merkmalen erfüllen: 1. eine andere als die deutsche Staatsangehörigkeit, 2. selbst nicht in Deutschland geboren oder 3. ein Elternteil oder beide nicht in Deutschland geboren. Dies trifft

18 Unterschiede zwischen Gewerkschaftsangehörigkeit und keiner Gewerkschaftsangehörigkeit: Fremdenfeindlichkeit: Chi^2 (1, 1.881) = 9,02, $p < .01$, Abwertung von Sinti und Roma: Chi^2 (1, 1.846) = 4,01, $p < .05$. Alle anderen Unterschiede sind nicht signifikant.

Zustimmung zu Gruppenbezogener Menschenfeindlichkeit nach Parteipräferenz (Angaben in Prozent) **Tabelle 3.9**

	CDU/CSU (n = 370)	SPD (n = 361)
Rassismus ***	12,3	7,2
Sexismus ***	10,6	6,8
Fremdenfeindlichkeit ***	15,8	13,9
Klassischer Antisemitismus ***	6,2	5,3
Muslimfeindlichkeit	12,6	16,5
Abwertung von Sinti und Roma ***	22,8	24,0
Abwertung asylsuchender Menschen ***	44,0	46,5
Abwertung homosexueller Menschen ***	14,2	8,9
Abwertung von Trans*Menschen ***	18,1	11,9
Abwertung wohnungsloser Menschen[19] ***	23,2	17,6
Abwertung von Menschen mit Behinderung	2,8	0,4
Abwertung langzeitarbeitsloser Menschen ***	55,4	48,5
Etabliertenvorrechte ***	41,9	38,6

Legende * $p \leq .05$; ** $p \leq .01$; *** $p < .001$. [a] = Bündnis '90/Die Grünen.

in unserer Studie auf knapp 28 % der Befragten zu.[20] Hierbei handelt es sich allerdings um eine sehr heterogene Gruppe. Eine gute Mehrheit dieser Befragten (n = 302; 54 %) ist zwar selbst in Deutschland geboren, nicht aber die Eltern. Von knapp drei Vierteln der Befragten mit Migrationshintergrund wurde mindestens ein Elternteil nicht in Deutschland geboren. Hauptherkunftsländer sind Russland und andere Staaten der ehemaligen Sowjetunion, Polen, die Türkei und Rumänien. Weitere Herkunftsländer sind unter anderem Staaten

19 Abwertung von Menschen mit Behinderung und von wohnungslosen Menschen im Split befragt. CDU/CSU: n = 188, SPD: n = 159, FDP: n = 68, B'90/Die Grünen: 136, Die Linke: n = 49, AfD: n = 51, Nichtwähler: n = 52.

20 Dies umfasst sowohl Personen mit als auch ohne deutscher Staatsangehörigkeit (Gesamt n = 2.008, ohne Migrationshintergrund: n = 1.445, mit: n = 557; für sechs Befragte liegen hierzu keine Informationen vor).

Tabelle 3.9

FDP (n = 124)	B'90[a] (n = 268)	Die Linke (n = 107)	AfD (n = 106)	Nichtwähler (n = 118)
11,5	2,0	9,9	17,9	4,9
7,3	0,9	5,4	21,0	8,8
12,3	6,0	10,8	68,4	25,2
6,9	1,8	1,5	19,4	10,6
16,8	6,7	7,5	64,0	28,6
35,1	8,2	16,2	59,0	33,8
57,4	31,4	25,9	88,4	60,3
8,6	1,5	6,4	21,6	8,5
10,3	3,4	6,8	22,7	12,7
18,3	4,7	20,5	29,8	25,9
0,0	0,3	1,6	0,0	0,0
51,3	35,7	24,9	68,4	68,6
44,1	17,5	12,2	78,3	58,2

des ehemaligen Jugoslawiens und südeuropäische Länder, aber zum Beispiel auch die Niederlande. Hinsichtlich anderer soziodemografischer Merkmale wie Alter, Geschlecht, Bildungsniveau und auch der politischen Orientierung unterscheiden sich Befragte mit und ohne Migrationshintergrund kaum voneinander.

Befragte mit Migrationshintergrund sind im Durchschnitt fünf Jahre jünger und verfügen über ein etwas geringeres Äquivalenzeinkommen als diejenigen ohne Migrationshintergrund. Auch in der Religionszugehörigkeit finden sich nur geringfügige Unterschiede: Der überwiegende Teil der Befragten mit Migrationshintergrund ist katholisch, protestantisch oder gehört keiner Religion an, gut 13% sind muslimisch.

Zustimmung zu Gruppenbezogener Menschenfeindlichkeit nach Gewerkschaftsangehörigkeit (Angaben in Prozent) **Tabelle 3.10**

Gewerkschaftsangehörigkeit ... →	Ja (n = 358)	Nein (n = 1.529)
Rassismus	8,2	8,9
Sexismus	6,5	9,3
Fremdenfeindlichkeit **	24,5	17,6
Klassischer Antisemitismus	5,1	6,0
Muslimfeindlichkeit	18,7	18,0
Abwertung von Sinti und Roma *	29,0	23,9
Abwertung asylsuchender Menschen	48,1	49,8
Abwertung homosexueller Menschen	10,5	9,4
Abwertung von Trans*Menschen	14,2	12,0
Abwertung wohnungsloser Menschen[21]	22,9	16,9
Abwertung von Menschen mit Behinderung	1,0	2,0
Abwertung langzeitarbeitsloser Menschen	45,6	50,1
Etabliertenvorrechte	40,6	38,3

Legende * $p \leq .05$; ** $p \leq .01$; *** $p < .001$.

Entsprechend der großen Verschiedenheit in der Gruppe mit Migrationshintergrund sollten die berichteten Zahlen mit Zurückhaltung interpretiert werden, da es »die typischen Personen mit Migrationshintergrund« nicht gibt. Ihnen gemeinsam ist einzig die Einwanderung aus einem anderen Land nach Deutschland. Bei gebotener Vorsicht der Interpretation lassen sich einige signifikante Unterschiede im Ausmaß von GMF beobachten: In der Tendenz ist GMF unter Befragten mit Migrationshintergrund etwas weiter verbreitet. Deutlich wird dies in der etwas breiteren Zustimmung der Befragten mit Migrationshintergrund zu Rassismus (ohne Migrationshintergrund: 8 %, mit Migrationshin-

21 Abwertung von Menschen mit Behinderung und von wohnungslosen Menschen im Split befragt. Gewerkschaftsangehörigkeit: ja: 168, nein: 791.

tergrund: 11 %), Sexismus (8 versus 13 %) und Antisemitismus (5 versus 8 %).[22] Größere Unterschiede werden bei der Abwertung von homosexuellen (7 versus 19 %) und Trans*Menschen (11 versus 19 %) erkennbar. Eine repräsentative Bevölkerungsumfrage, in der spezifische Subgruppen unweigerlich nur in geringer Anzahl vertreten sind, erlaubt weder differenzierte Analysen, auf welche Herkunftsgruppe diese Unterschiede primär zurückgehen, noch zu den wahrscheinlich bestehenden Unterschieden zwischen migrantischen Befragten mit unterschiedlicher Herkunft.

3.4 Gruppenbezogene Menschenfeindlichkeit und Gewalt

Wir hören oft, dass die Einstellungen, die wir bis hierher berichtet haben, kaum relevant sind, weil sie keine Handlungen darstellen beziehungsweise nicht zur Folge haben müssen. Einstellungen verblieben auf einer Ebene von Wahrnehmungen und Meinungen. Unabhängig davon, dass Meinungen die Wahrnehmung filtern, Gruppen zusammenhalten und als Äußerungen auch eine Praxis darstellen, stimmt die globale Kritik am Einstellungskonzept nicht. Die Forschung hat vielmehr Belege erbracht, die zeigen, wie relevant gerade Vorurteile für Diskriminierungen sind (Zick 2016b). Sie bieten eine entscheidende Legitimationsgrundlage für Handlungen.

Bereits in der Publikation »Wut, Verachtung, Abwertung« (Zick & Küpper 2015) haben wir mit den Daten des Jahres 2014 gezeigt, dass rechtspopulistisch orientierte Befragte höhere Gewaltbereitschaft aufweisen und die klassische Differenz zu rechtsextremen Orientierungen verschwimmt (➠ Kap. 5). Dies kann sich zum Beispiel in Zusammenhängen zwischen GMF und Zustimmungen zur Gewalt gegen andere zeigen. Die Methodik unserer Studien lässt keine Messung manifester Gewalt zu, aber wir haben auch 2016 nach der allgemeinen Gewaltbilligung und -bereitschaft gefragt. Die Gewaltbilligung beziehungsweise deren Zurückweisung wurde erfasst über die Zustimmung oder Ablehnung zu den Aussagen »Wenn sich andere bei uns breitmachen, muss man ihnen unter Umständen unter Anwendung von Gewalt zeigen, wer Herr im Hause

22 Chi^2-Tests nach Migrationshintergrund: Rassismus: Chi^2 (1, 1.976) = 5,18, $p < .05$, Sexismus: Chi^2 (1, 1.990) = 11,02, $p < .01$, Antisemitismus: Chi^2 (1, 1.883) = 7,72, $p < .05$, Abwertung von homosexuellen Menschen: Chi^2 (1, 1.986) = 60,33, $p < .001$, Abwertung von Trans*Menschen: Chi^2 (1, 1.969) = 23,63, $p < .001$.

ist« und »Gewalt kann zur Erreichung politischer Ziele moralisch gerechtfertigt sein« (die interne Konsistenz der Skala liegt bei Cronbach's Alpha = .68). Die Gewaltbereitschaft wird durch drei Aussagen erfasst: »Manchmal muss ich Gewalt einsetzen, um nicht den Kürzeren zu ziehen«, »Ich bin bereit, mich mit körperlicher Gewalt gegen Fremde durchzusetzen« und »Wenn es wirklich drauf ankommt, bin ich auch bereit, Gewalt anzuwenden« (Cronbach's Alpha = .72).

In Tabelle 3.11 sind die prozentualen Zustimmungen zu den GMF-Elementen unter jenen die schwach oder stark Gewalt billigen oder dazu bereit sind, aufgeführt.[23] Durchgängig zeigt sich eine stärkere Zustimmung zu menschenfeindlichen Einstellungen bei Befragten mit einer hohen Billigung von Gewalt beziehungsweise Bereitschaft zu Gewalt (➠ Tab. 3.11).

Bei der Gegenüberstellung zeigen sich deutliche Differenzen[24]: Unter Befragten mit einer starken Gewaltbilligung sind die Zustimmungen zu den Etabliertenvorrechten (73 %), die Abwertung von arbeitslosen (70 %) und asylsuchenden Menschen (67 %), von Sinti und Roma (55 %) sowie die Muslim- und Fremdenfeindlichkeit (51 % bzw. 54 %) besonders hoch. Hier stimmen jeweils drei

---

23 Die Unterscheidung in schwache und starke Gewaltbilligung und -bereitschaft wurde anhand einer Teilung des Mittelwertes vorgenommen. Werte bis einschließlich 2.5 bedeuten eine schwache Billigung bzw. Bereitschaft, Werte größer 2.5 eine starke Billigung bzw. Bereitschaft.

24 Unterschiede zwischen schwacher und starker Gewaltbilligung: Rassismus: Chi^2 (1, 1.875) = 105,96, $p < .001$, Sexismus: Chi^2 (1, 1.884) = 76,55, $p < .001$, Fremdenfeindlichkeit: Chi^2 (1, 1.885) = 94,24, $p < .001$, Antisemitismus: Chi^2 (2, 1.789) = 69,05, $p < .001$, Muslimfeindlichkeit: Chi^2 (1, 1.852) = 83,65, $p < .001$, Abwertung von Sinti und Roma: Chi^2 (1, 1.848) = 54,58, $p < .001$, Abwertung asylsuchender Menschen: Chi^2 (1, 1.879) = 13,47, $p < .001$, Abwertung homosexueller Menschen: Chi^2 (1, 1.881) = 45,78, $p < .001$, Abwertung von Trans*Menschen: Chi^2 (1, 1.866) = 63,06, $p < .001$, Abwertung wohnungsloser Menschen: Chi^2 (1, 950) = 7,01, $p < .01$, Abwertung von Menschen mit Behinderung: Chi^2 (1, 959) = 10,74, $p < .01$, Abwertung arbeitsloser Menschen: Chi^2 (1, 1.873) = 19,97, $p < .001$, Etabliertenvorrechte: Chi^2 (1, 1.890) = 56,07, $p < .001$.

Unterschiede zwischen schwacher und starker Gewaltbereitschaft: Rassismus: Chi^2 (1, 1.876) = 42,71, $p < .001$, Sexismus: Chi^2 (1, 1.886) = 20,30, $p < .001$, Fremdenfeindlichkeit: Chi^2 (1, 1.885) = 95,48, $p < .001$, Antisemitismus: Chi^2 (2, 1.786) = 53,16, $p < .001$, Muslimfeindlichkeit: Chi^2 (1, 1.852) = 83,35, $p < .001$, Abwertung von Sinti und Roma: Chi^2 (1, 1.848) = 60,04, $p < .001$, Abwertung asylsuchender Menschen: Chi^2 (1, 1.879) = 43,27, $p < .001$, Abwertung homosexueller Menschen: Chi^2 (1, 1.882) = 36,76, $p < .001$, Abwertung von Trans*Menschen: Chi^2 (1, 1.866) = 26,48, $p < .001$, Abwertung wohnungsloser Menschen: Chi^2 (1, 949) = 8,14, $p < .01$, Abwertung von Menschen mit Behinderung: Chi^2 (1, 959) = 5,09, $p < .05$, Abwertung arbeitsloser Menschen: Chi^2 (1, 1.872) = 63,19, $p < .001$, Etabliertenvorrechte: Chi^2 (1, 1.888) = 25,90, $p < .001$.

Zustimmung zu den Facetten Gruppenbezogener Menschenfeindlichkeit bei Gewaltbilligung und -bereitschaft (Angaben in Prozent) **Tabelle 3.11**

	Gewaltbilligung		Gewaltbereitschaft	
	schwach (n = 1.787)	**stark** (n = 111)	**schwach** (n = 1.533)	**stark** (n = 358)
Rassismus * / *****	7,1	35,8	6,5	17,2
Sexismus * / *****	7,3	31,4	7,3	14,8
Fremdenfeindlichkeit * / *****	16,8	54,3	14,7	37,1
Klassischer Antisemitismus * / *****	4,6	24,1	3,8	14,3
Muslimfeindlichkeit * / *****	16,2	51,2	14,2	35,5
Abwertung von … ↓				
Sinti und Roma * / *****	23,1	54,6	21,2	41,3
asylsuchenden Menschen * / *****	48,3	66,6	45,9	65,2
homosexuellen Menschen * / *****	8,5	28,3	7,7	18,3
Trans*Menschen * / *****	11,0	37,2	10,6	20,6
wohnungslosen Menschen[25] ** / **	17,2	32,0	16,3	25,6
Menschen mit Behinderung ** / *	1,5	7,6	1,4	3,8
langzeitarbeitslosen Menschen* / *****	48,0	70,0	44,7	68,1
Etabliertenvorrechte	36,8	72,8	36,1	50,7

Legende *** *vor* dem »/« beziehen sich auf Gewaltbilligung, *** *nach* dem »/« auf Gewaltbereitschaft. * = p ≤ .05; ** = p ≤ .01; *** = p < .001.

Viertel bis die Hälfte zu. Bei den Befragten mit hoher Gewaltbereitschaft fallen hohe Zustimmungen zur Abwertung langzeitarbeitsloser (68 %) und asylsuchender Menschen (65 %) auf. Auch den Etabliertenvorrechten stimmen bei gleichzeitig hoher Gewaltbereitschaft noch rund die Hälfte (51 %) zu. Damit wird deutlich, wie sehr Menschenfeindlichkeit mit einer aggressiven Feindse-

25 Wegen Teilbefragung der Einstellungen zu Menschen mit Behinderung und wohnungslosen Menschen im Split: Gewaltbilligung: niedrig: 911, hoch: 53; Gewaltbereitschaft: niedrig: 787, hoch: 177.

ligkeit einhergeht. Gruppenbezogene Menschenfeindlichkeit kann damit ein Scharnier für andere politische Überzeugung bilden, insbesondere für rechtsextreme Orientierungen, die gewissermaßen die Legitimität der Gewalt mit Ungleichwertigkeitsideologien verbinden und damit ein Weltbild kreieren, welches letztendlich das eigene »Volk« zum Maßstab aller Dinge macht.

3.5 Zusammenfassung der empirischen Beobachtungen

Aufgrund der komplexen Ergebnislage zu den unterschiedlichen Elementen der Gruppenbezogenen Menschenfeindlichkeit fassen wir im Folgenden noch einmal zentrale Befunde in Bezug auf jedes Element zusammen:

Traditioneller Rassismus,
der auf Hautfarbe und nationale Abstammung rekurriert, ist stabil und hoch, wenn es um die Vormachtstellung von Menschen mit weißer Hautfarbe geht. Rassismus hängt auffällig stark mit Fremdenfeindlichkeit, Antisemitismus, Muslimfeindlichkeit und der Einforderung von Etabliertenvorrechten zusammen. Er ist unter ostdeutschen Befragten um 0,8 Prozentpunkte leicht höher als im Westen. Auch unter männlichen Befragten, Älteren und Einkommensschwachen (hier 12 %), Befragten, die ihre politische Orientierung als »rechts« oder »eher rechts« einstufen (18 %) und vor allem unter AfD-Anhängern und -Anhängerinnen – hier zeigt fast jede 5. befragte Person Zustimmungen – sind die Werte höher.

Sexismus
gegenüber Frauen ist insgesamt über die Jahre betrachtet rückläufig. Er hängt eng mit Anti-Homosexuellen-Vorurteilen zusammen. Die anderen demografischen Unterschiede verhalten sich so wie beim Rassismus. Auch hier zeigt jede 5. befragte Person, die der AfD anhängt, Zustimmungen.

Fremdenfeindlichkeit
ist seit fast zehn Jahren stabil. Konstant ist mehr als ein Drittel der Meinung, es lebten zu viele Ausländer in Deutschland. Fast 70 % der AfD-Anhängerinnen und -Anhänger stimmen den fremdenfeindlichen Aussagen zu, die eine Norm in dieser Gruppe zu sein scheinen. Fremdenfeindlichkeit hängt eng mit Muslimfeindlichkeit und der Einforderung von Etabliertenvorrechten zusammen.

Sie ist stärker in den mittleren und unteren Bildungs- und Einkommenssegmenten. Jede 5. befragte Person, die ihre politische Meinung in der Mitte verortet, stimmt ihr zu; die Werte für jene, die sich als rechts einordnen, sind weitaus höher. Auffällig ist dabei die Meinung, dass es zu viele »Ausländer« gebe. Sie findet weiterhin und stabil viel Zuspruch.

Klassischer Antisemitismus
ist rückläufig und auf dem bislang niedrigsten Stand. Auf den ersten Blick irritieren vielleicht die hohen Zusammenhänge zur Abwertung von Menschen mit Behinderung, allerdings haben wir schon früher gezeigt, dass beide Elemente – Antisemitismus und Abwertung von Menschen mit Behinderung – eine Abwertung durch die Zurückweisung von Ansprüchen der Gruppen kenntlich machen. Es zeigt sich auch ein höherer Zuspruch im Osten der Republik, unter Männern, älteren Befragten, in mittleren und kleineren Einkommensgruppen, bei weniger Gebildeten und vor allem bei politisch rechts orientierten Befragten (14 %). Unter Anhängerinnen und Anhängern der AfD ist Antisemitismus im Vergleich zu anderen Gruppen der politischen Präferenz am höchsten (19 %). Erneut verweisen die Befunde darauf, dass sich Antisemitismus heutzutage vielfach zwar nicht mehr so offen, aber nach wie vor über Umwege kommuniziert (transformierter Antisemitismus). Ein Viertel der Befragten unterstellt Juden eine Vorteilsnahme durch den Holocaust, ebenso viele stellen den Staat Israel mit den Nazis gleich, 40 % legitimieren die Ablehnung von Juden durch die Politik des Staates Israels. Dabei hängt die Zustimmung zu diesen moderneren Facetten von Antisemitismus überzufällig mit der Zustimmung zu klassischen Antisemitismus zusammen, geht also bei etlichen Befragten damit einher.

Muslimfeindlichkeit
ist über den 14-Jahres-Zeitraum betrachtet leicht rückläufig. Muslimfeindliche Meinungen sind dabei weitaus stärker bei Befragten mittleren und höheren Alters verbreitet, Befragte jüngerer Generationen lehnen die negativen Aussagen über Muslime eher ab. Ebenso ist auch der Anteil unter Ostdeutschen signifikant stärker. Die 64 % Zustimmung unter den AfD-Anhängerinnen und -Anhängern entspricht derjenigen zur Fremdenfeindlichkeit. Auch die Muslimfeindlichkeit scheint eine soziale Norm in dieser Gruppe zu sein. Darüber hinaus sind die Zustimmungen unter jenen, die sich politisch rechts verorten – einschließlich

AfD-Anhängerinnen und -Anhänger – weit höher als unter jenen, die eine andere politische Selbstverortung vornehmen. Ebenso fällt der hohe Wert bei Muslimfeindlichkeit in der einkommensschwachen Gruppe auf.

Abwertung von Sinti und Roma
steigt 2016 wieder an. Die Verbreitung unter Ostdeutschen ist höher als unter Westdeutschen. Auch hier stimmen vor allem ältere und einkommensschwache Befragte zu. Mit Blick auf die Bildung sind es aber nicht die bildungsschwachen Gruppen, die die höchsten Werte zeigen, sondern jene mit einer mittleren Bildung. Die Differenzen in den politischen Präferenzen folgen dem allgemeinen Trend: Je weiter rechts sich die Befragten einordnen, desto stärker ist der Antiziganismus. Unter den AfD-Anhängerinnen und -Anhängern sind wiederum Spitzenwerte zu beobachten.

Abwertung von asylsuchenden Menschen
erreichen einen Spitzenwert nach der ersten Messung 2011. Besonders ostdeutsche Befragte stimmen den Vorurteilen zu. Ebenso sind es eher Ältere, mittlere und untere Einkommensgruppen sowie mittlere und niedrige Bildungsgruppen, die höhere Zustimmungen aufweisen. Ein »Unterschichten-« beziehungsweise »Arme-Leute-Rassismus« ist dies aber nicht, denn auch unter Einkommensstärkeren findet sich hohe Zustimmung. Eine politisch rechte Selbstverortung geht dagegen – wie bei den meisten Feindseligkeiten gegenüber Gruppen, die im öffentlichen Diskurs als »Fremde« und »Andere« markiert werden – deutlich mit Vorurteilen gegenüber Asylsuchenden einher. Auffällig sind hier auch wieder die hohen Zustimmungen unter denjenigen, die der AfD anhängen sowie unter den Nichtwählern (88 % und 60 % Zustimmung). Den Meinungen über geflüchtete Menschen, die oft mit Asylsuchenden in Wahrnehmungen und Einstellungen gleichgesetzt werden, gehen wir in einem eigenen Kapitel ausführlich nach (➠ Kap. 4).

Abwertung von Menschen mit homosexueller Orientierung
ist ebenso wie der klassische Sexismus gegenüber Frauen stabil rückläufig. Sie ist im Osten geringer als im Westen, eher unter Männern als unter Frauen, deutlich stärker unter den ältesten Befragten und in einkommens- und bildungsschwachen Gruppen sowie unter politisch eher rechten Personen verbreitet.

Hier zeigt sich deutlich ein klassischer Befund der Vorurteilsforschung, der auf positive Wirkungen von Bildungs- und Gleichstellungsmaßahmen verweist: Wo Bildung fehlt und eher politisch rechte Wertorientierungen verhaftet sind, sind auch negative Meinungen über nicht heterosexuell orientierte Menschen weiter verbreitet.

*Abwertung von Trans*Menschen*
ist eine neue Facette, die wir erstmalig in der Studie 2016 zuverlässig erfassen konnten. Sie ist, so wie sie hier mit wenigen Aussagen gemessen wird, bei rund 12 % verankert. Sie ist eher unter männlichen, älteren, bildungsschwachen und politisch rechts orientierten Befragten verbreitet. Auch hier sind die Zustimmungen unter AfD-Anhängerinnen und -Anhängern stärker als in Gruppen mit anderen politischen Präferenzen. Wie weitere Analysen zeigen, sind die Abwertung von Trans*Menschen und die von homosexuellen Menschen sehr eng miteinander verknüpft; viele Befragte scheinen hier gar keinen Unterschied zu machen.

Abwertung von wohnungslosen Menschen
findet 2016 weniger Zuspruch als in den Jahren zuvor, aber sie stabilisiert sich bei immerhin 18 %. Sie ist im Osten stärker als im Westen, eher unter jüngeren und älteren Befragten, einkommens- und bildungsschwächeren sowie rechts orientierten Befragten verbreitet.

Abwertung von Menschen mit Behinderungen
erreicht einen Tiefststand nach elf Jahren, in denen sie in den unterschiedlichen Studien gemessen wurde. Die Streuung der Urteile ist so gering mit Blick auf die unterschiedlichen demografischen, sozialen und politischen Gruppen, dass sich hier statistische Unterschiede kaum oder gar nicht niederschlagen. Hier dürfte der Einfluss der sozialen Erwünschtheit hoch sein. Zugleich ist aus anderen Studien bekannt, wie hoch das Ausmaß von handfester Diskriminierung von Personen mit einer Behinderung unter anderem auf dem Arbeitsmarkt ist und wie auch im Alltag viele unter Ausschluss leiden (Antidiskriminierungsstelle des Bundes 2016). Die Befragten, die in unserer Umfrage ihre Ablehnung äußern, neigen zugleich auch zur Ablehnung anderer sozialer Gruppen, insbesondere von solchen, denen unterstellt wird, zu viele Forderungen zu stellen und zu viel Einfluss in der Gesellschaft zu beanspruchen.

Vorurteile gegenüber langzeitarbeitslosen Menschen
erreichen das Niveau von 2007, wo wir sie zum ersten Mal mit einem zuverlässigen Messinstrument im Rahmen der Studien über die Deutschen Zustände erfasst haben. Sie erhalten besonders hohe Zustimmungen. Über die demografischen Gruppen sind sie ähnlich verteilt. Sie finden höhere Zustimmungen in unteren und mittleren Einkommens- wie Bildungsgruppen, in der politischen Mitte und unter politisch eher rechts orientierten Befragten. Hohe Zustimmungen fallen auch unter Anhängerinnen und Anhängern der etablierten Parteien auf sowie unter Nichtwählern und Nichtwählerinnen.

Einforderung von Etabliertenvorrechten
mit generell negativen Meinungen gegenüber Neuhinzugezogenen ist auffallend weit verbreitet. Sie geht vor allem mit den Elementen Rassismus, Fremdenfeindlichkeit, Abwertung von Asylsuchenden und der Zustimmung zu muslimfeindlichen Meinungen einher und wird eher von Frauen geteilt. Die Zustimmungen gehen vor allem auf die Meinung zurück, Neuankömmlinge in einer Gesellschaft sollten sich erst einmal mit weniger zufriedengeben, während nur ein Drittel Rechtsvorteile der »Einheimischen« reklamiert. Diese Meinung ist unter Ostdeutschen im Vergleich zu Westdeutschen signifikant stärker. Die Zurückweisung von unterstellten Ansprüchen durch Zuwanderer, Asylsuchende oder Geflüchtete, die den öffentlichen Diskurs in den letzten Jahren geprägt haben, schlagen sich hier nieder. Auch hier sind – ähnlich wie in Bezug auf die Abwertungen von asylsuchenden und arbeitslosen Menschen – die Zustimmungen unter AfD-Anhängerinnen und -Anhängern sowie unter Nichtwählerinnen und -wählern auffallend hoch.

3.6 Fazit und Methodenkritik

In diesem ersten Kapitel zu den Ergebnissen der FES-Mitte-Studie 2016 haben wir den Fokus auf die Frage nach der Zustimmung oder Ablehnung der Gleichwertigkeit von Gruppen ausgerichtet. Die Abwertung von Gruppen wird an der Zustimmung zu stereotypen und vorurteilslastigen verallgemeinernden Meinungen, also Gruppenbezogener Menschenfeindlichkeit, festgemacht. Sie ist dabei nicht nur ein Indikator von Ungleichwertigkeitsüberzeugungen, sondern auch ein Instrument, diese aufrechtzuerhalten. Dabei spielt es aus einer demokratietheoretischen Sicht zunächst keine Rolle, ob Menschen Vorurteilen bewusst oder unbewusst zustimmen. Ist das Vorurteil einmal in der Welt, ist es schwer wieder auszuräumen, weil sich schnell die Meinung verfestigt, Vorurteile seien keine Vorurteile, sondern sie enthielten mindestens ein Körnchen Wahrheit. Der Zustimmung zu Vorurteilen entsprechen in der Regel auch immer eine Strategie und ein Motiv. So soll durch Abwertung Distanz geschaffen und Ungleichwertigkeit markiert werden. Menschenfeindlichkeit spaltet die Gesellschaft und erhält die Spaltung aufrecht. Die Befürwortung wie auch die Ablehnung von Meinungen über Gruppen sind wesentliche Konfliktursachen, die sich in den letzten drei Jahren massiv geäußert haben.

Dabei sind der Kontext und der Hintergrund der hier berichteten Zustimmungen zu menschenfeindlichen Aussagen im Blick zu behalten. Wenn 49 % der Befragten der Aussage zustimmen »Die meisten Langzeitarbeitslosen sind nicht wirklich daran interessiert, einen Job zu finden«, dann hat dies eine Reihe von Implikationen und ist mehr als eine harmlose Äußerung, wie die Analysen zeigen. Gleiches gilt für die Zustimmungen zu den anderen Elementen Gruppenbezogener Menschenfeindlichkeit. Erstens werden mit vorurteilsvollen Sätzen nicht nur generell negative Eigenschaften zugeschrieben, die alle Mitglieder einer Gruppe treffen können, sondern die Zuschreibung erfolgt, zweitens, so generell und ungenau, dass sich das Vorurteil der Überprüfung entzieht. Ein Satz wie: »Juden haben zu viel Einfluss« wird über alle Juden getroffen und ist so ungenau, dass der Versuch, ihn zu widerlegen, unmöglich ist. Drittens hängt, wie die Analysen zeigen, die Zustimmung zu einer Menschenfeindlichkeit mit anderen zusammen. Das macht die Bedeutung der Konzeption eines Syndroms Gruppenbezogener Menschenfeindlichkeit aus. Die einzelnen Elemente von GMF sind eingebettet in übergreifende Ungleichwertigkeitsüberzeugungen.

Dabei sind einige Gruppen besonders anfällig, andere abzuwerten und deren Gleichwertigkeit in Frage zu stellen. In der Umfrage 2016 zeigen sich erneut Unterschiede zwischen ökonomischen Gruppen und Bildungsgruppen. Befragte mit geringerem Einkommen und einem niedrigeren formalen Bildungsniveau stimmen nahezu allen Abwertungen und Feindseligkeiten stärker zu als andere. Allerdings sind die Unterschiede nicht linear. In Bezug auf die Muslimfeindlichkeit unterscheiden sich Befragte mit geringerer und mittlerer Bildung nur unwesentlich. Sie sind sich auch ähnlicher im Vergleich zu Befragten mit höherer Bildung in Bezug auf die Abwertung von Sinti und Roma, Asylsuchenden, von Trans*Menschen sowie wohnungslosen und langzeitarbeitslosen Menschen. Es ist also vor allem eine Differenz zwischen höher Gebildeten und anderen Bildungsgruppen festzustellen. Ebenso sind die Unterschiede zwischen geringen und mittleren Einkommensgruppen im Vergleich zu den Einkommensstarken gering. Es sind, gemessen an den hier geprüften Unterschieden, eher die »zwei Drittel« des Bildungs- und Schichtsegments, die anfälliger sind. Anders ausgedrückt fällt das »obere Drittel« bildungs- und kapitalstarker Befragter auf, die menschenfeindliche Meinungen eher ablehnen.

Auch in Bezug auf die politischen Orientierungen und Parteipräferenzen fallen Trends in Bezug auf nahezu alle Elemente der Gruppenbezogenen Menschenfeindlichkeit auf. Hier bestehen auffällige Differenzen zwischen jenen, die sich im politischen Spektrum rechts verorten und jenen, die sich als politische Mitte wahrnehmen oder als links bezeichnen. Erstere sind fremden- und muslimfeindlicher sowie antiziganistischer, sie lehnen asylsuchende und arbeitslose Menschen stärker ab und pochen auf Etabliertenvorrechte. Jene, die sich politisch in der Mitte verorten, weisen aber ähnlich hohe Zustimmungen bei negativen Meinungen über asylsuchende, wohnungslose und arbeitslose Menschen auf, jene Gruppen also, die mit »Kosten« assoziiert werden.

Nicht zuletzt sollte der generelle Zusammenhang zwischen der Gruppenbezogenen Menschenfeindlichkeit und Gewalt Sorgen bereiten. Gruppenbezogene Menschenfeindlichkeit hat je nach Element stärkere oder schwächere Folgen für die Gruppen, die als ungleichwertig markiert werden. Die Analysen aller Elemente machen deutlich, wie klar und über viele Facetten hinweg die Abwertung von Gruppen mit einer individuellen Gewaltbilligung und -bereitschaft der Befragten einhergeht. Wer Gewalt billigt und generell eher gewaltbereit gegenüber »Fremden« ist, stimmt menschenfeindlichen Meinungen mit hoher Wahrscheinlichkeit eher zu. In diesem Zusammenhang kann ein Scharnier zu rechtspopulistischen wie -extremen Orientierungen gesehen werden. Gruppenbezogene Menschenfeindlichkeit ist in der Bevölkerung weiter verbreitet als rechtsextreme oder rechtspopulistische Überzeugungen, aber sie sind immer auch ein zentraler Bestandteil, wenn auch nicht in allen Elementen. Die Verbindung zur Gewalt ist dabei kein Spezifikum extremer Überzeugungen, sondern auch überzufällig stark mit GMF verbunden. Genau hier könnte ein Gefahrenpotenzial für die Demokratie liegen. Bürgerinnen und Bürger, die an die Ungleichwertigkeit von Gruppen glauben und gewaltbereit sind, sind leichter von rechtspopulistischen wie rechtsextremen Gruppen ansprechbar. Insbesondere der Rechtsextremismus appelliert an die Gewaltbereitschaft, die notwendig ist, um die eigenen Interessen und die identitären Leitbilder durchzusetzen. Auch dem gehen wir in den folgenden Kapiteln genauer nach.

Bevor dies erfolgt, soll jedoch auch auf methodische Grenzen der Studie hingewiesen werden. Ursachen und Folgen von Abwertungen können hier nicht ausführlich diskutiert werden. Auch werden 2016 nicht alle Facetten von Antisemitismus erfasst. Dennoch trägt auch diese FES-Mitte-Studie zum Verständnis von Antisemitismus bei und kann mit der Konzentration auf den traditionellen, sekundären und israelbezogenen Antisemitismus einen Überblick über eine Zeitspanne von 14 Jahren geben. Auf andere Elemente von GMF trifft dies ebenso zu.

Weitere Restriktionen der Untersuchungsanlage sind theoretischer wie methodischer Natur. Die Güte und der Nutzen von Querschnittsbefragungen ist selbstverständlich begrenzt (vgl. zum Beispiel Jacob, Heinz & Décieux 2013). Sie bieten den Vorteil, größere Stichproben an Personen, hier deutschen Staatsbürgerinnen und -bürgern, vorzunehmen und demografische wie soziale Gruppen miteinander zu vergleichen. Sie haben aber ihre methodischen Grenzen, insbesondere wenn es darum geht, den Einstellungswandel nachzuzeichnen oder GMF im Kontext einer Auseinandersetzung, also einer Interaktions- und Kommunikationssituation, zu verstehen. Wir können mit Querschnittsumfragen den Einstellungswandel nur begrenzt nachzeichnen. Diese erfassen in den Erhebungsjahren jeweils andere und neue Stichproben. Längsschnittstudien, die über Jahre hinweg dieselben Personen befragen, sind angemessener, um Einstellungsänderungen und Kausalanalysen (Wenn-Dann-Analysen) durchzuführen. Der Vorteil der vorliegenden Querschnittsbefragung ab einem Alter von 16 Jahren ist jedoch, dass wir Trends aufzeigen und den aktuellen Zustand empirisch beschreiben können. Genau dies ist ein wesentliches Ziel der FES-Mitte-Studien. Sie können zum gegebenen Zeitpunkt 2016 und im Vergleich zu den Vorjahren Auskunft geben, wie stark GMF und andere noch zu berichtende Einstellungen und Überzeugungen verbreitet sind.

Umfragen wie die vorliegende können GMF nur extrem begrenzt in einer Interaktions- oder Kommunikationssituation erfassen. Vorurteile, als eine Ausdrucksform von GMF, erscheinen oft als Argumente im Alltag (für GMF vgl. Zick & Küpper 2014). Sie sind in Diskurse und Debatten eingebunden, um letztendlich Abwertungen, Diskriminierungen oder den Ausschluss beziehungsweise die Vertreibung von Gruppen argumentativ hervorzurufen. Wenn nach der diskursiven Macht des Vorurteils geforscht werden soll, dann braucht es andere methodische Zugänge. Allerdings können die hier vorgestellten Analysen kenntlich machen, wie verbreitet der Zuspruch zu generalisierenden negativen Aussagen in der Bevölkerung ist, welche Facetten GMF hat, wie diese in demografischen, sozialen und politischen Gruppen verankert sind, welche Wahrnehmungen und Identifikationen sie hervorrufen sowie mit welchen anderen Überzeugungen sie einhergehen. Das nachzuzeichnen, ist das Anliegen dieses Kapitels gewesen.

Gerade der Zusammenhang von GMF mit anderen sozialen und politischen Wahrnehmungen, Einstellungen und Überzeugungssystemen ist wesentlich und für die Beschreibung des gesellschaftlichen Zustandes bedeutsam. Menschenfeindliche Meinungen sind in der Regel eingebettet in andere zentrale Meinungen, die die Identität und die Ideologien von Gruppen kennzeichnen. Sie können direkt wie indirekt, unmittelbar wie latent andere schädigen, wie es beim offenen Rassismus der Fall ist, der eine geschlossene Weltsicht darstellt. Allerdings entwickeln sich die ausgrenzenden und schädigenden Potenziale insbesondere dann, wenn sie durch weitere Ideologien und Überzeugungen unterstützt werden, sodass sich GMF immer wieder selbst rechtfertigt.

Im Rahmen der FES-Mitte-Studien ist der Fokus auf rechtsextreme und neuerdings auch rechtspopulistische Einstellungen und Überzeugungssysteme in der Bevölkerung gerichtet und ganz bewusst weniger darauf, wo sich der Extremismus und Populismus bereits organisiert haben. Sie werden im übernächsten Kapitel dokumentiert (➠ Kap. 5). GMF ist dabei unseres Erachtens ein Kernelement extremer und populistischer Meinungen. Sie ist ein Scharnier, welches Gruppen und Personen, die extreme Meinungen vertreten, mit der Mitte der Gesellschaft verbindet. Wer extrem orientiert ist oder sich so verhält (zum Beispiel durch die Ausübung von Gewalt), ist auch immer menschenfeindlich, aber nicht unbedingt umgekehrt. Dennoch kann Menschenfeindlichkeit Rechtsextremismus und vermeintliche Normalität verbinden. Darin besteht die Gefahr von Gruppenbezogener Menschenfeindlichkeit. Sie verschiebt die Normalität, indem sie behauptet, Ungleichwertigkeit sei normal.

4 Geflüchtete in der Zerreißprobe – Meinungen über Flüchtlinge in der Mehrheitsbevölkerung

Beate Küpper · Jonas Rees · Andreas Zick

4.1 Zwischen »Asylchaos« und »Willkommenskultur«

Kaum ein anderes Thema prägte die öffentliche Debatte in Deutschland in den vergangenen Monaten so sehr wie die Flüchtlingsbewegung. Im raschen Wechsel folgten Bilder von chaotischen Zuständen an Grenzübergängen, Terrorangst und erste Anschläge, umgekehrt die Forderung eines Burkaverbots, Berichte über Brandanschläge auf Flüchtlingsunterkünfte, zunehmende Gewalt gegen die Geflüchteten und persönliche Drohungen gegen ihre Helfer. Im Internet wie in der analogen Welt floriert die aufgeheizte Propaganda zu Chaos und Überfremdung. Mit der massiven Fluchtbewegung aus Elends- und Kriegsgebieten, die im Sommer 2015 scheinbar überraschend auch Deutschland erreichte, ist das Thema »Flüchtlinge«[1] zurück auf der Agenda der gesellschaftlichen Herausforderungen, dabei erscheint es vielfach als etwas noch nie Dagewesenes. Vergessen ist die »Asyldebatte« und die sie begleitende Gewalt zu Beginn der 1990er-Jahre, vergessen scheint vielfach auch die Erfahrung, die Deutschland inzwischen mit Migrationen gesammelt hat und die trotz aller Unkenrufe und einiger echter Missstände insgesamt bemerkenswert erfolgreich war (dies lässt sich übrigens für sämtliche Migrationsbewegungen in Europa der letzten Jahre

---

1 Der Begriff »Flüchtling« ist umstritten. Während Pro Asyl den Begriff nach wie vor verwendet, lehnen andere Institutionen und Akteure den Begriff ab, u. a. weil er die betroffenen Personen mit dem Anhängsel «-linge« verkleinere und Worte, die auf «-linge« enden, häufig negativ konnotiert seien oder ein Abhängigkeitsverhältnis aufzeigten (dazu u. a. Wehling 2016). Umgekehrt wird der Begriff »Geflüchtete« kritisiert, weil er eine zu proaktive Handlung suggeriere, Betroffene selbst sich aber in der Regel als unfreiwillig vertrieben erlebten bzw. der Begriff ebenfalls die Flucht und nicht die Schutzsuche in den Vordergrund stelle. Die Begriffswendungen »Schutzsuchende« oder »Zufluchtssuchende« sind noch nicht sehr verbreitet. In der Alltagssprache ist der Begriff »Flüchtling« nach unserer Einschätzung der gebräuchlichste und vermutlich für alle Befragten am ehesten verständlich. Im Fragebogen der FES-Mitte-Studie wurde daher dieser Begriff verwendet.

nachweisen, wie eine Studie für die OECD belegt; Jean et al. 2011). Dabei war es nur eine Frage der Zeit, wann die neuen Fluchtbewegungen Deutschland erreichen würden. Die vielen Menschen, die schon in den Jahren zuvor an den Küsten Italiens und Spaniens strandeten oder auf dem Weg dorthin ertranken, wurden zunächst noch durch das Dublin-II-Abkommen zurückgehalten, das Länder verpflichtete, Geflüchtete dort aufzunehmen, wo sie zuerst europäischen Boden betreten. Für Deutschland als Land in der Mitte Europas war das Abkommen damit überaus komfortabel. Seit Sommer 2015 ist es damit vorbei. Viele Länder wurden zur Durchgangsstation auf dem Weg in den reichen Norden, darunter insbesondere Deutschland. Seitdem sind knapp eine Million Geflüchteter in Deutschland registriert worden, wobei bislang völlig offen ist, wie viele von ihnen tatsächlich für längere Zeit im Land bleiben werden.

War die Stimmung im Sommer letzten Jahres zunächst noch von einer neuen »Willkommenskultur« geprägt, meldeten sich bald auch kritische Stimmen. Vor allem wurden die geflüchteten Menschen zum Element einer undifferenzierten und pauschalisierten »Krise« gemacht, nicht zuletzt deshalb, weil sich Deutschland als unzureichend vorbereitet erwiesen hatte. Polemische und entmenschlichende Schlagworte und Schlagzeilen wie »Flüchtlingschaos«, »Asylchaos«, »Flüchtlingsflut« oder gar »Flüchtlingstsunami« verstärkten den Eindruck einer bedrohlichen, unbeherrschbaren Situation katastrophalen Ausmaßes. Und genau diese Wahrnehmungen von unkontrollierbarer Bedrohung und Hilflosigkeit stellen Bedingungen dar, die im Allgemeinen bei Menschen Angst und Stress auslösen, insbesondere dann, wenn sie meinen, dass sie davon persönlich betroffen sind (Lazarus 1991). Im Verlauf der Jahre 2015 und 2016 kamen weitere Signalereignisse als Angstverstärker hinzu, die die mediale und politische Diskussion verschärften. Dazu gehörten auch absichtlich geschürte Gerüchte und Legenden von Straftaten durch Flüchtlinge und schließlich auch die Silvesternacht von Köln 2015/16, bei der – was Ausmaß, Ablauf und Täterschaft betrifft – die zum Teil massiven sexuellen Übergriffe, die Belästigungs- und Raubfälle nach wie vor nicht vollständig aufgeklärt sind. Die Kölner Silvesternacht war Wasser auf die Mühlen von Rechtsextremisten und Rechtspopulisten, die das Thema schon seit dem Herbst für sich entdeckt hatten. Auf den PEGDIA-Demonstrationen und ihren Ablegern waren »die Flüchtlinge« ständiges Thema, die AfD hat es inzwischen als nahezu einziges prominentes Thema für sich übernommen, wie in den Landtagswahlkämpfen 2016 deutlich wurde. Parallel dazu ereigneten sich im vergangenen Jahr vielerorts Brandanschläge auf geplante oder fertiggestellte Flüchtlingsunterkünfte – das BKA zählt offiziell über 1.000 gewalttätige Angriffe allein im Jahr 2015 und ebenfalls hohe Zahlen für das erste Halbjahr 2016.

Auf der anderen Seite steht ein beeindruckendes ehrenamtliches Engagement der Zivilgesellschaft und der professionellen Helfer zur Unterstützung der Neuangekommenen (Karakayali & Kleist 2015). Viele Projekte wurden regelrecht über Nacht aus dem Boden gestampft, insbesondere klein- und mittelständische Betriebe leisten einen wesentlichen Beitrag, Ämter und zivilgesellschaftliche Akteure arbeiteten zeitweilig bis an den Rand der Erschöpfung. Inzwischen läuft die Alltagsarbeit an der Basis vielerorts professioneller und reibungsloser ab. Ehrenamtliche Projekte, in denen engagierte Freiwillige an ihre Belastungsgrenzen gehen, sind vielfältig, kreativ und zu Symbolen der Willkommenskultur geworden, die sich als Gegenpol zur polemischen und zynischen Diskussion um »Asylchaos« und »Obergrenze« entwickelt hat. Sie verlangen viel Zeit und Energie der Beteiligten, verlaufen nicht zuletzt auch deshalb deutlich stiller und erfahren damit oft weniger Beachtung. Gleiches gilt für die vielen bunten Gegendemonstrationen, die sich PEGIDA und ihren Ablegern in den Weg stellen.

Bevölkerung und Politik sind tief entzweit: Die gesellschaftliche Auseinandersetzung um »die Flüchtlinge« spielt sich zwischen den Polen gewaltorientierte Ablehnung und Willkommenskultur« ab. Angela Merkels Satz »Wir schaffen das!« ist inzwischen zum Synonym für das geworden, was das Land spaltet. Während die einen nach wie vor an der Machbarkeit der Integration festhalten und die Grenzöffnung im September 2015 als humanitäre, europarechtlich wie menschenrechtlich notwendige Gesten ansehen, wird der Satz von den anderen höhnisch als Vorhaltung für alles verwendet, was noch nicht funktioniert. Die Schicksale derjenigen, die vor Krieg und Folter und auf der Suche nach einem besseren Leben unter unvorstellbaren Bedingungen nach Deutschland flüchten, treten bei der Diskussion zunehmend in den Hintergrund – erst recht die Schicksale jener, die irgendwo auf halber Strecke feststecken oder sich erst jetzt auf die Flucht begeben, denn die Fluchtursachen bestehen nach wie vor.

Vor diesem Hintergrund stellt sich die kritische Frage, ob das Land angesichts der »Flüchtlingskrise« zerreißt beziehungsweise ob der Riss in der Gesellschaft am Flüchtlingsthema sich exemplarisch offenbart und vertieft. »Wie hältst Du es mit den Flüchtlingen« – an dieser Frage wird längst nicht nur die Haltung zu Geflüchteten deutlich, sondern sie steht für die viel grundsätzlichere Frage nach der eigenen Vorstellung von Gesellschaft: offen oder geschlossen, gleichwertig oder ungleichwertig – ob dies nun von denjenigen, die auf die Frage antworten, impliziert wird oder nicht.

Der vorliegende Beitrag berichtet anhand der aktuellen FES-Mitte-Daten über die auseinanderklaffenden Stimmungen im Sommer 2016 gegenüber Geflüchteten in Deutschland. Er untersucht sowohl positive als auch negative Haltungen, analysiert Emotionen, die mit der Flüchtlingssituation verbunden sind, fragt, gegen wen sich eigentlich die vielfach geäußerte »Wut« richtet, und zeigt Verknüpfungen zu verschiedenen Elementen Gruppenbezogener Menschenfeindlichkeit und rechtsextremer Einstellungen auf. Schließlich wird die Frage gestellt, in welchem Ausmaß »Flüchtlinge« selbst zur Chiffre für viel grundsätzlichere Auseinandersetzungen um das Wesen der Gesellschaft geworden sind. Dies betrifft etwa unsere (Welt-)Offenheit, Modernität und Liberalität (von Lucke 2016). Wären wir bereit, diese zugunsten eines autoritären, scheinbar homogenen und fiktiven Raums der gesicherten Abgeschlossenheit aufzugeben?

4.2 Einstellungen der Deutschen zu den Geflüchteten

Im Folgenden werden die Ergebnisse der FES-Mitte-Studie 2016 zur Einstellung der deutschen Bevölkerung gegenüber Geflüchteten skizziert. Die dazu erhobenen Aussagen und die detaillierten Häufigkeiten der Zustimmung und Ablehnung jeder Aussage finden sich in Tabelle 4.1 (➠ S. 88 f.) und 4.2 (➠ S. 90).

Positive Haltung zur Flüchtlingssituation und Engagement

Die Mehrheit der deutschen Bevölkerung äußert sich im Sommer 2016 wohlwollend oder zumindest in der Tendenz positiv zur Aufnahme von Geflüchteten in Deutschland. Über die Hälfte der Befragten (56 %) findet die Aufnahme gut, weitere 24 % zumindest teils-teils gut. Nur 20 % finden es explizit »eher nicht« oder »überhaupt nicht« gut, dass Deutschland so viele Flüchtlinge aufgenommen hat. 38 % nehmen an, viele ihrer Freunde und Bekannten fänden die Aufnahme von Flüchtlingen gut, 34 % dagegen vermuten, diese seien eher nicht oder überhaupt nicht dafür. Das bedeutet: Die insgesamt nach wie vor recht positive Stimmung gegenüber der Aufnahme von Geflüchteten, die aus den Antworten der Befragten ablesbar ist, wird von diesen selbst eher unterschätzt, wenn sie an ihr soziales Umfeld denken. Auch das Engagement für Geflüchtete ist hoch, fällt jedoch sehr unterschiedlich aus: Während einerseits 41 % der Befragten angeben, sie selbst oder jemand in ihrem Freundes- und Bekanntenkreis engagiere sich für Geflüchtete, meinten 51 %, dies sei eher oder überhaupt nicht der Fall (➠ Tab. 4.1, S. 88 f.).

Deutlich wird zudem, wie sehr die Einstellung zur Aufnahme von Geflüchteten davon abhängt, in welchem sozialen Umfeld die Befragten leben. Wer annimmt, sein soziales Umfeld sei positiv gegenüber der Aufnahme von Geflüchteten eingestellt, findet diese auch selbst gut. Zudem wird auch von mehr eigenem Engagement sowie dem von Freunden und Bekannten berichtet, und es wird seltener eine negative Haltung zu Geflüchteten vertreten (➠ Tab. 4.2, S. 90). Es gibt also offenbar sowohl Teile der Bevölkerung, die positiv gegenüber Geflüchteten eingestellt sind und in denen sich dann auch etliche Mitglieder selbst engagieren, als auch Milieus, die kaum mit dem Engagement für Geflüchtete in Berührung kommen, die selbst die Aufnahme von Geflüchteten nicht gut finden und dies auch von ihrem Umfeld annehmen. Damit dürften viele dieser Menschen kaum in näheren, persönlichen Kontakt mit Geflüchteten kommen und so auch keine Gelegenheit haben, positive Erfahrungen zu sammeln. Diese Befragten verfügen offenbar ganz generell über weniger Kontakte zu Personen mit Migrationshintergrund. Je mehr ihrer Freunde und Bekannten nach Angaben der Befragten einen Migrationshintergrund haben, desto weniger negativ ist ihre Einstellung zu Geflüchteten, aber umso positiver ihre Haltung zur Aufnahme von Geflüchteten und die Häufigkeit ihres Engagements für Geflüchtete beziehungsweise das ihres sozialen Umfelds.[2] In der Forschung über Vorurteile ist die positive Wirkung von Kontakt, sei er selbst erlebt oder indirekt, vielfach belegt (u. a. Pettigrew & Tropp 2008).

---

2 Korrelation der angegebenen Anzahl von Personen mit Migrationshintergrund im Freundes- und Bekanntenkreis mit der negativen Einstellung zu Geflüchteten r = –.18***, mit der positiven Haltung zur Aufnahme Geflüchteter r = .21***, mit der vermuteten positiven Haltung im sozialen Umfeld r = .22*** und mit dem Engagement für Geflüchtete r = .23.

Einstellungen der Deutschen zu Geflüchteten 2016
(Angaben in Prozent) **Tabelle 4.1**

Ich stimme … →
Ich finde es gut, dass Deutschland viele Flüchtlinge aufgenommen hat.
In meinem Freundes- und Bekanntenkreis sind viele für die Aufnahme von Flüchtlingen.
Ich selbst oder jemand aus meinen Freundes- und Bekanntenkreis engagiert sich ehrenamtlich für Flüchtlinge.
Flüchtlinge, die hier leben, bedrohen meine persönliche Lebensweise.
Flüchtlinge, die hier leben, bedrohen meine eigene finanzielle Situation.
Menschen, die vor Kriegen flüchten, sollten in Deutschland aufgenommen werden.
Flüchtlinge nehmen den Deutschen die Wohnungen weg.
Für die Zahl der aufgenommenen Flüchtlinge sollte eine Obergrenze eingeführt werden.
Der deutsche Staat kümmert sich mehr um Flüchtlinge als um hilfsbedürftige Deutsche.
Wirtschaftsflüchtlinge sollten umgehend zurückgeschickt werden.
Der Lebensstandard der Deutschen wird durch die Aufnahme der Flüchtlinge sinken.
In der Gegend, in der ich wohne, gibt es große Probleme mit Flüchtlingen.

Anmerkung Die Items wurden mit Ausnahme der ersten drei Items aus der Studie »Gruppenbezogene Menschenfeindlichkeit in Bayern« von Werner Fröhlich, Christian Ganser und Eva Köhler übernommen. Die anderen Items wurden von den Hauptautoren der FES-Mitte-Studie 2016 selbst entwickelt.

Gefühlte Bedrohung, Skepsis und Ablehnung von Geflüchteten

Die große Mehrheit der Befragten fühlt sich, fragt man sie ganz direkt nach dem Ausmaß erlebter Bedrohung, nicht durch Flüchtlinge bedroht, und zwar weder in ihrer eigenen finanziellen Situation – hierin fühlen sich 85 % nicht bedroht –, noch in ihrer persönlichen Lebensweise – hierin fühlen sich 87 % nicht bedroht. Nur eine sehr kleine Minderheit von 6 % respektive 7 % fühlt sich persönlich durch die Flüchtlinge bedroht. Etwas anders verhält es sich, wenn nach dem Gefühl der kollektiven Bedrohung gefragt wird. Zwar antworten auf die konkrete Frage danach, ob Flüchtlinge Deutschen die Wohnungen wegnehmen, 77 % dies sei nicht der Fall, während nur knapp 11 % zustimmen. Zugleich sahen aber 24 % eher oder sehr deutlich ein Absinken des Lebensstandards der Deutschen durch die Aufnahme von Flüchtlingen. Dieser Befund deckt sich mit Ergebnissen anderer Studien zum Gefühl der Bedrohung und auch zum Gefühl der relativen Schlechterstellung (Deprivation), laut denen

Tabelle 4.1

n =	überhaupt nicht zu	eher nicht zu	teils zu/ teils nicht zu	eher zu	voll und ganz zu
1.886	9,9	10,4	24,2	20,4	35,1
1.788	19,4	15,0	27,5	15,9	22,1
1.849	41,3	9,4	8,3	14,6	26,4
1.885	74,3	12,7	7,6	2,5	3,0
1.884	72,8	12,6	7,3	3,0	4,3
1.892	2,8	2,5	8,6	17,4	68,7
1.854	59,8	17,1	12,6	6,5	4,0
1.856	21,4	12,4	13,3	14,8	38,1
1.826	34,9	15,4	14,3	14,4	21,0
1.852	12,1	10,3	14,5	18,8	44,2
1.843	42,3	19,4	14,6	11,3	12,4
1.878	69,0	15,4	6,6	4,5	5,0

sich die Befragten persönlich oft wenig bedroht oder schlechter gestellt sehen, sehr wohl hingegen als Kollektiv (»die Deutschen«). Das Gefühl der kollektiven Bedrohung ist weitgehend immun gegen Fakten und Maßnahmen, die eine Erhöhung von Sicherheit oder individueller Absicherung zum Ziel haben, ist es doch weit weg für einen selbst. Zugleich ist das wenig greifbare Gespenst im Raum umso wirkungsmächtiger. Dies wird auch an der Antwort auf die Frage, inwieweit es Probleme mit Geflüchteten in der eigenen Gegend gibt, deutlich. Nur knapp 10 % der Befragten berichten von solchen Problemen, mit nur geringen Unterschieden zwischen den Bundesländern; in (dem flächenkleinen) Bremen, in Sachsen und Sachsen-Anhalt sehen die Befragten die größten Probleme.[3] Das hat offensichtlich nichts mit der tatsächlichen Anzahl der Geflüchteten zu tun, denn Sachsen und Sachsen-Anhalt haben vergleichsweise wenige

3 Die Unterschiede zwischen den Bundesländern müssen aufgrund der z. T. sehr kleinen Stichproben in den kleinen Bundesländern vorsichtig interpretiert werden. Die Varianzanalyse über die Angabe von Problemen in Abhängigkeit des Bundeslandes zeigt signifikant Unterschiede, die aber absolut gesehen sehr gering sind: F (15, 1813 = 3.38, p < .001); post hoc durchgeführter Scheffé-Test zum Test auf Gruppenunterschiede.

Zusammenhänge zwischen einer positiven Haltung zur Aufnahme von Geflüchteten, Engagement und einer negativen Haltung zu Geflüchteten **Tabelle 4.2**

	In meinem Freundes- und Bekanntenkreis sind viele für die Aufnahme von Flüchtlingen.	Ich selbst oder jemand aus meinen Freundes- und Bekanntenkreis engagiert sich ehrenamtlich für Flüchtlinge.	Negative Haltung gegenüber Geflüchteten
Ich finde es gut, dass Deutschland viele Flüchtlinge aufgenommen hat.	.55 *** (n = 1.782)	.37 *** (n = 1.843)	–.62 *** (n = 1.886)
In meinem Freundes- und Bekanntenkreis sind viele für die Aufnahme von Flüchtlingen.		.48 *** (n = 1.746)	–.51 *** (n = 1.768)
Ich selbst oder jemand aus meinen Freundes- und Bekanntenkreis engagiert sich ehrenamtlich für Flüchtlinge.			–.37 *** (n = 1.849)

Anmerkung Angegeben sind Korrelationskoeffizienten. Je höher der Wert, desto enger der Zusammenhang zwischen den jeweiligen Variablen (minimaler Wert = 0, maximal negativer Zusammenhang = –1, maximal positiver Zusammenhang = +1).

aufgenommen.[4] Einer vergleichenden Studie in Europa zufolge sind Menschen in Regionen, wo besonders viele Flüchtlinge ankommen (Süd-Italien, Süd-Spanien, Bayern) keineswegs negativer gegenüber Geflüchteten eingestellt als in Regionen mit wenigen Flüchtlingen (Ifop 2015).

Eine große Mehrheit der Befragten (69 %) stimmt der Aussage voll und ganz zu, »Menschen, die vor Kriegen flüchten, sollten in Deutschland aufgenommen werden«. Zusätzlich stimmen rund 17% hier eher zu. Lediglich gut 5 % der Befragten lehnt diese Aussage eher oder voll und ganz ab. Umgekehrt sind aber

4 Zur Berechnung einer besseren Verteilung der Geflüchteten s. http://www.spiegel.de/politik/deutschland/fluechtlinge-so-koennte-eine-gerechte-verteilung-aussehen-a-1081169.html (aufgerufen am 23.9.2016).

auch 44 % voll und ganz sowie weitere 19 % eher der Ansicht: »Wirtschaftsflüchtlinge sollten umgehend zurückgeschickt werden.« 22 % sprechen sich dagegen aus. In dieser einerseits positiven Haltung zur Gewährung von Asyl für Menschen, die vor Krieg geflüchtet sind, und andererseits der ablehnenden Haltung gegenüber sogenannten »Wirtschaftsflüchtlingen« – ein in der Regel bereits abwertend genutzter Begriff – bildet sich die Genfer Flüchtlingsdefinition ab, die zwischen jenen, die aufgrund staatlicher Verfolgung fliehen, und jenen, die sich auf der Suche nach einer besseren Lebensperspektive auf den Weg machen, unterscheidet. Diese scheinbar so klare Trennlinie ignoriert jedoch die komplexen Lebens- und Fluchtwirklichkeiten vieler Flüchtlinge. De facto sind die Fluchtgründe häufig miteinander verwoben, zum Beispiel, wenn die elenden Lebensumstände derer, die »auf der Suche nach einem besseren Leben fliehen«, durch halb- und nicht staatliche Gewalt mitverursacht wurden. Es ist zu befürchten, dass die Zugänglichkeit für die inzwischen verbreitete Rhetorik von den »guten« und den »schlechten« Flüchtlingen nicht zuletzt auch durch diese scheinbar klare Trennlinie legitimiert wird.

Auch bei der Frage nach einer Obergrenze sind die Deutschen uneins. Während sich 38 % der Befragten ganz deutlich für eine Obergrenze aussprechen und weitere 15 % eher, sind umgekehrt 21 % strikt, weitere 12 % eher dagegen. Ähnlich polarisiert sind die Meinungen, wenn es darum geht, ob Deutsche gegenüber Geflüchteten benachteiligt würden. Hier sind 21 % voll und ganz, weitere 14 % eher überzeugt (»Der deutsche Staat kümmert sich mehr um Flüchtlinge als um hilfsbedürftige Deutsche«). Umgekehrt stimmen hier 35 % der Befragten überhaupt nicht und weitere 15 % eher nicht zu (➠ Tab. 4.1, S. 88 f.).

Aus allen Aussagen, die eine negative Einstellung zu Geflüchteten ausdrücken, wurde eine zuverlässige Mittelwertskala »negative Haltung zu Geflüchteten« gebildet.[5] Im Übrigen ist das in der vorliegenden FES-Mitte-Studie für Gesamt-

5 Die interne Reliabilität der Skala »negative Haltung zu Geflüchteten« liegt bei Cronbach's Alpha = .82. Die Aussage »Menschen, die vor Kriegen flüchten, sollten in Deutschland aufgenommen werden« wurde für die Mittelwertskala so umkodiert, dass hohe Werte ebenfalls eine negative Einstellung widerspiegeln. Anschließend wurden die Befragten in zwei Gruppen entlang des Skalenmittelwerts 3 unterteilt. Befragte, die auf der Mittelwertskala Werte < 3 erreichen, wurden in die Gruppe

deutschland ermittelte Ausmaß der negativen Haltungen nahezu identisch mit dem Ergebnis für Bayern, zu dem die aktuelle Studie Gruppenbezogene Menschenfeindlichkeit in Bayern kommt, von der einige Items übernommen wurden (vgl. Fröhlich et al. 2016). Für eine empirische Studie, in der immer kleine Abweichungen aufgrund unterschiedlicher Methodiken möglich sind, ist dies bemerkenswert und bestätigt noch einmal die Zuverlässigkeit der neuen Skala (siehe Anmerkung zu ➠ Tab. 4.1, S. 88).[6] Zusammengenommen vertreten 81 % der Befragten eine eher positive oder sehr positive Haltung gegenüber Geflüchteten, 19 % tendieren eher zu einer negativen Haltung.

Auch die Zahlen aus anderen Umfragen zeigen: Trotz zum Teil anderslautender Behauptungen sehen viele Deutsche den Herausforderungen, die die vielen Neuankömmlinge mit sich bringen, recht gelassen entgegen, und die Stimmungslage hat sich in den vergangenen ein bis zwei Jahren nicht dramatisch verändert. In der regelmäßigen Bevölkerungsbefragung des ZDF Politikbarometers beantwortete im August 2016 eine knappe Mehrheit von 55 % die Frage, ob Deutschland die vielen Flüchtlinge verkraften könne, mit »ja«, 44 % mit »nein«. Damit ist der grundsätzliche Optimismus nahezu wieder ähnlich weit verbreitet wie zu Beginn der derzeitigen Flüchtlingsbewegung nach Deutschland im Juli 2015 – mit geringfügigen Schwankungen in den Monaten dazwischen. Ein ganz ähnliches Bild zeichnet sich auch im ARD Deutschlandtrend ab. Im September 2016 waren 35 % der Befragten der Ansicht, die Zuwanderung bringe mehr Vorteile, 44 % befürchteten mehr Nachteile. Bemerkenswert dabei ist: Einzig die Anhänger der AfD und potenzielle Nichtwähler sehen deutlich mehr Nachteile durch die Zuwanderung, während die Anhänger aller anderen Parteien nach wie vor durchschnittlich mehr Vor- als Nachteile erken-

---

derjenigen eingeordnet, die eine eher positive Haltung zu Geflüchteten haben. Befragte, die Werte ≥ 3 erreichen, wurden in die Gruppe jener kategorisiert, die eine eher negative Haltung zu Geflüchteten haben.

6 Die mit der Münchner Studie vergleichbare 6-Item-Skala (dort wurde die positiv formulierte Aussage über die Aufnahme von Kriegsflüchtlingen nicht für die Skalenbildung verwendet) hat eine ähnliche hohe interne Konsistenz, und das Ausmaß der Abwertung von Geflüchteten ist in der vorliegenden Studie bei den Befragten in Bayern, aber auch in Gesamtdeutschland (ohne Bayern) nahezu gleich hoch wie in der GMF-Bayern-Studie (FES-Mitte-Studie 2016: Cronbach's Alpha = .78, Gesamtdeutschland m = 2.41, nur Befragte aus Bayern m = 2.55; GMF-Bayern-Studie: Cronbach's Alpha = .86, m = 2.5).

nen. Auch in der Studie »Zugehörigkeit und Gleichwertigkeit« (ZuGleich), die das Bielefelder Institut für interdisziplinäre Konflikt- und Gewaltforschung mit Förderung der Stiftung Mercator im Winter 2013/14 und dann, zwei Jahre danach, im Winter 2015/2016 durchgeführt hat, befürworteten nach wie vor in der Tendenz zwei Drittel der Befragten die grundsätzliche Richtung einer Willkommenskultur; unter der migrantischen Bevölkerung war die Zustimmung noch deutlich höher (Zick & Preuss 2016). Zugleich dokumentiert die Studie auch eine lauter gewordene Forderung nach Vorrechten für die etablierten Alteingesessenen. In der FES-Mitte-Studie haben sogar etwas mehr Befragte ohne Migrationshintergrund eine positive Haltung zur Aufnahme von Geflüchteten als mit Migrationshintergrund (ohne: 57 %, mit: 50 %). Im Ausmaß der negativen Einstellungen gegenüber Geflüchteten unterscheiden sich Befragte mit und ohne Migrationshintergrund nicht (ohne: 19 %, mit: 20 %), ebenso wenig im Ausmaß ihres Engagements (mit und ohne Migrationshintergrund jeweils 41 %) sowie nur marginal signifikant in ihrer Forderung nach Vorrechten für die Etablierten (ohne Migrationshintergrund: 40 %, mit Migrationshintergrund: 35 %).[7] Insgesamt vertreten in der ZuGleich-Studie 2015/16 weniger Befragte eine Akkulturationsorientierung, die sich als »Integration« beschreiben lässt, während mehr Befragte Assimilation fordern oder sich für die Separation und Marginalisierung von Eingewanderten aussprechen. Während sich zwar viele für das Recht auf Asyl aussprechen, sind sie zugleich gegen ein Bleiberecht auf Dauer. Diese Haltung konterkariert – ob bewusst oder unbewusst – Integrationsbemühungen und Integrationsforderungen.

Wer hat welche Haltung gegenüber Geflüchteten?

Insgesamt spielen soziodemografische Merkmale für eine positive oder negative Einstellung gegenüber Geflüchteten keine wesentliche Rolle. Am ehesten noch ist der Faktor Bildung von Bedeutung, gefolgt von Einkommen und Alter, wobei absolut gesehen die Unterschiede im Anteil derjenigen, die eine negative Haltung zu Geflüchteten haben, nicht sehr hoch sind. Eine negative Haltung zu Geflüchteten lässt sich also zum Beispiel nicht allein durch den Verweis auf

---

7 Unterschiede in Abhängigkeit des Migrationshintergrunds: Negative Haltung gegenüber Geflüchteten Chi^2 (1, 1891) = .09, n. s.; eigene positive Haltung zur Aufnahme von Geflüchteten Chi^2 (1, 1882) = 6.81, $p < .01$; Engagement für Geflüchtete Chi^2 (1, 1844) = .05, n. s.

ein niedriges Einkommen erklären. Die Befunde im Einzelnen: Befragte, die überwiegend in Ostdeutschland aufgewachsen sind, sind nur unwesentlich negativer gegenüber Flüchtlingen eingestellt als Westdeutsche. Der entsprechende Unterschied ist statistisch nicht bedeutsam (aufgewachsen im Osten: 22 % versus im Westen: 19 %), ebenso wenig unterscheiden sich Personen, die in einem ostdeutschen beziehungsweise westdeutschen Bundesland leben (Ost: 18 %, West: 19 %). Auch Männer und Frauen unterscheiden sich nicht in ihrer Haltung gegenüber Geflüchteten (Männer: 20 % vs. Frauen: 18 %). Hingegen ist der Anteil jener, die negativ gegenüber Geflüchteten eingestellt sind, unter den Jüngeren (16–30-Jährige) etwas geringer als unter den Älteren und insbesondere den Befragten mittleren Alters, unter denen der Anteil derjenigen, die negativ gegenüber Geflüchteten eingestellt sind, am größten ist (Jüngere: 13 %, Befragte mittleren Alters: 22 %, Ältere: 18 %). Jüngst erwiesen sich auch in einer Umfrage des Instituts Allensbach Erwachsene mittleren Alters als auffallend ängstlich mit Blick auf die Zukunft und skeptisch gegenüber Geflüchteten.[8] Personen mit einem geringen Einkommen neigen eher zu einer negativen Einstellung gegenüber Geflüchteten als jene mit mittlerem oder hohem Einkommen (Einkommen niedrig: 26 %, mittel: 19 %, hoch: 12 %).[9] Etwas deutlicher und signifikant ist der Unterschied nach Schulbildung mit den vergleichsweise negativsten Einstellungen bei Befragten mit niedriger Schulbildung (Schulbildung niedrig: 26 %, mittel: 19 %, hoch: 10 %).[10] Die konfessionelle Bindung spielt ebenfalls eine gewisse, wenngleich keine sehr große Rolle: Christen und Befragten ohne Konfession unterscheiden sich nicht in ihrer negativen Einstellung zu Geflüchteten (in einer repräsentativen Stichpro-

---

8 Die Studie wurde im Auftrag des Gesamtverbands der deutschen Versicherungswirtschaft e. V. durchgeführt und hat nur Erwachsene mittleren Alters untersucht, sodass keine Vergleiche mit Jüngeren oder Älteren möglich sind. http://www.gdv.de/2016/09/generation-mitte-2016-die-studienergebnisse-im-ueberblick/(aufgerufen am 14.9.2016).

9 Äquivalenzeinkommen der Befragten, in das das Nettoeinkommen und die Anzahl von Personen im Haushalt einfließt gemessen am Einkommensmedian: niedriges Einkommen < 70 % des Medians, mittleres Einkommen ≤ 70 und < 150 %, höheres Einkommen ≥ 150 % des Medians.

10 Alle Unterschiede zwischen soziodemografischen Subgruppen wurden mittels Chi^2-Test statistisch geprüft.

Aufgewachsen in Ost/Westdeutschland: Chi^2 (1, 1813) = 1.57, n. s.; Wohnhaft in Ost/Westdeutschland: Chi^2 (1, 1885) = .40, n. s.; Geschlecht Chi^2 (1, 1895) = .99, n. s.; Alter Chi^2 (2, 1876) = 13.48, $p < .01$; Einkommen Chi^2 (2, 1408) = 17.14, $p < .001$; Bildung Chi^2 (2, 1862) = 50.38, $p < .001$.

be befinden sich für eine Auswertung anderer Religionszugehörigkeiten zu wenig Befragte). Der Anteil derjenigen mit negativer Einstellung liegt unter Katholiken bei 17 %, unter Protestanten bei 19 % und bei Konfessionslosen bei 20 %), allerdings haben Katholiken und Protestanten eine etwas positivere Haltung zur Aufnahme Geflüchteter (Katholiken: 58 %, Protestanten: 59 %, Konfessionslose: 52 %) und engagieren sich etwas häufiger (Katholiken: 41 %, Protestanten: 46 %, Konfessionslose: 35 %).[11]

Viel wichtiger für die Einstellungen gegenüber Geflüchteten als das Einkommen, die Bildung und die übrigen soziodemografischen Merkmale ist allerdings die politische Selbstverortung: Befragte, die ihre politische Position rechts der Mitte verorten, sind Geflüchteten gegenüber deutlich negativer eingestellt, Befragte links der Mitte deutlich positiver (Häufigkeit einer negativen Haltung gegenüber Geflüchteten links der Mitte: 10 %, genau in der Mitte: 18 %, rechts der Mitte: 44 %).[12] Die große Mehrheit derer, die sich selbst in der Mitte verorten, liegt mit ihrer Haltung dazwischen, ähnelt in der Tendenz aber eher jenen im linken Spektrum. Umgekehrt entspricht dem Muster die eigene positive Bewertung der Aufnahme von Geflüchteten (links: 74 %, in der Mitte: 52 %, rechts: 34 %), Gleiches gilt für die vermuteten positiven Ansichten des sozialen Umfelds (links: 50,5 %, in der Mitte: 36 %, rechts: 22 %). Das Engagement für Geflüchtete steigt von rechts über die Mitte an und ist im linken politischen Spektrum besonders hoch (links: 53 %, in der Mitte: 40 %, rechts: 21 %). Auffallend ist: Ein sehr hoher Anteil der potenziellen Wähler_innen der AfD ist negativ gegenüber Flüchtlingen eingestellt (79 %). Erst mit großem Abstand folgen die Nichtwähler_innen (36 % mit negativer Haltung gegenüber Geflüchteten) und dann die potenziellen Wähler_innen der FDP (22 %) sowie die Wähler_innen der übrigen größeren Parteien (SPD 12 %, CDU/CSU 10 %;

---

11 Unterschiede in Abhängigkeit der Konfession: Negative Haltung gegenüber Geflüchteten Chi^2 (2, 1791) = 2.07, n. s.; eigene positive Haltung zur Aufnahme von Geflüchteten Chi^2 (2, 1773) = 110.13, $p < .001$; positive Haltung des sozialen Umfeld zur Aufnahme von Geflüchteten Chi^2 (2, 1781) = 6.57, $p < .05$; Engagement für Geflüchtete Chi^2 (2, 1747) = 14.01, $p < .01$.

12 Unterschiede in Abhängigkeit der politischen Selbstverortung: Negative Haltung gegenüber Geflüchteten Chi^2 (2, 1779) = 115.79, $p < .001$; eigene positive Haltung zur Aufnahme von Geflüchteten Chi^2 (2, 1773) = 110.13, $p < .001$; positive Haltung des sozialen Umfeld zur Aufnahme von Geflüchteten Chi^2 (2, 1685) = 53.52, $p < .001$; Engagement für Geflüchtete Chi^2 (2, 1737) = 63.69, $p < .001$.

Linkspartei knapp 8 %, Bündnis 90/Die Grünen 5 %). Umgekehrt verhält es sich mit der grundsätzlich positiven Haltung zur Aufnahme von Flüchtlingen in Deutschland. Diese finden nur 5 % der potenziellen Wähler_innen der AfD und unter den Nichtwähler_innen 35 % gut, während bei den Wähler_innen aller übrigen Parteien die Mehrheit es begrüßt, dass Deutschland so viele Flüchtlinge aufgenommen hat (Bündnis '90/Die Grünen 77 %, Linkspartei 71 %, CDU/CSU 60 %, SPD 59 %, FDP 53 %). Das persönliche Engagement für Geflüchtete beziehungsweise das Engagement im Freundes- und Bekanntenkreis ist unter den potenziellen Wähler_innen der AfD am niedrigsten (14 %) und unter denen von Bündnis 90/Die Grünen mit 63 % am höchsten (gefolgt von Linkspartei 52 %, SPD 47 %, FPD 46 %, CDU/CSU 40 %).[13]

4.3 Angst, Sorge, Wut – Emotionen mit Blick auf die Situation von Geflüchteten in Deutschland

In Zusammenhang mit der Flüchtlingssituation ist derzeit häufig die Rede von »Angst und Sorge«. Die Frage ist, wie verbreitet diese Angst und Sorge in der Bevölkerung tatsächlich ist, ob es sich dabei wirklich immer um Angst und Sorge handelt, vor was die Befragten genau Angst haben und wie man mit der häufig diffusen, unspezifischen und dabei scheinbar unverfänglichen Sorge der Bürgerinnen und Bürger umgehen sollte.

Tatsächlich gab rund die Hälfte von den im März 2016 im ARD Deutschlandtrend befragten Bundesbürgerinnen und Bundesbürger an als Folge der Flüchtlingsbewegung Sorgen zu haben, die andere Hälfte äußerte keine Sorgen. Beispiele sind die Sorge davor, dass die Kriminalität steige (60 %), es zu Konkurrenz auf dem Wohnungsmarkt komme (57 %), der Einfluss des Islam zu groß werde (50 %), sich die Art und Weise, wie wir in Deutschland leben, zu stark verändern könnte (47 %) oder die Konkurrenz auf dem Arbeitsmarkt

13 Die Unterschiede zwischen den Wähler_innen der oben angeführten Parteien einschließlich der erklärten Nichtwähler_innen im Ausmaß der negativen bzw. positiven Haltung gegenüber Geflüchteten und des Engagement wurden mithilfe von Varianzanalysen und post hoc Scheffé-Tests geprüft. Negative Haltung zu Geflüchteten: $F(6, 1.452) = 92.06$, $p < .001$; Positive Haltung zur Aufnahme von Geflüchteten: $F(6, 1.447) = 69.27$, $p < .001$; Engagement für Geflüchtete: $F(6, 1.425) = 23.08$, $p < .001$; die Wähler_innen der AfD unterscheiden sich jeweils signifikant von den Wähler_innen anderer Parteien.

zunehme (27 %). Das Gefühl der persönlichen Bedrohung mit Blick auf den eigenen Wohlstand und die eigene Lebensweise ist, wie oben bereits gezeigt, hingegen gering. Zugleich sind die Gefühle kollektiver Bedrohung bemerkenswert resistent gegen Fakten, sei es über Kriminalitätsraten oder die ökonomischen Vorteile von Einwanderung für die Gesellschaft; selbst die unteren sozialen Schichten geraten nicht in echte Konkurrenz mit Eingewanderten, da sie in der Regel aufgrund der Sprachkenntnisse und den Erfahrungen im eigenen Land den Neuankömmlingen überlegen sind (Jean et al. 2011).

Wenn sich Menschen persönlich oder kollektiv bedroht fühlen, können sie nach Erkenntnissen der psychologischen Forschung zwei Verhaltensmuster zeigen: fliehen oder angreifen; die erste Reaktion ist begleitet von Angst, die zweite von Emotionen wie Ärger und Wut (siehe u. a. Wahl 2009).[14] Wenn das Gefühl der Bedrohung länger andauert, löst es Stresssymptome aus. Die psychologische Forschung hat mit Blick auf die Reaktionen auch gezeigt: Angst ist nützlich, wenn es um echte Gefahren geht, aber sie kann auch dysfunktional und wenig angemessen sein. Sie entwickelt dann ein Eigenleben und blockiert ein lösungsorientiertes Handeln (u. a. Krohne 2010), denn Emotionen wie Angst, Ärger oder Wut, Trauer, aber auch Freude sind in aller Regel mit bestimmten Handlungstendenzen verknüpft. Wut ist zum Beispiel mit aggressiver Hinwendung verknüpft. Wenn uns etwas oder jemand wütend macht, dann wollen wir der Sache oder Person gegenüber aggressiv sein. Das muss nicht immer destruktive Aggression sein. Ganz im Gegenteil können Wut oder Ärger, beispielsweise über gesellschaftliche Ungerechtigkeit, zu gemeinschaftlichem Protest gegen solche Ungerechtigkeit führen und damit den friedlichen, demokratischen Diskurs in Gesellschaften in konstruktiver Weise vorantreiben. Die Forschung über soziale Proteste hat gezeigt, dass insbesondere Wut und Ärger die treibenden Emotionen von Protestbewegungen sind (vgl. Van Zomeren, Postmes, & Spears 2008). Sie sind damit nicht grundsätzlich »gute« oder »schlechte« Emotionen. Entscheidend für die Frage aggressiver Verhaltenstendenzen ist, auf wen sich die Wut jeweils richtet. Dies wird im Folgenden näher analysiert.

14 Daneben gibt es weitere weniger dominante Reaktionen, wie das »Totstellen« (Einfrieren oder Freezing) oder das Sich-um-andere-kümmern bzw. das Sich-Befreunden.

Emotionen angesichts der Flüchtlingsbewegung
(Angaben in Prozent) **Tabelle 4.3**

Ich stimme ... →
Ich mache mir große Sorgen darüber, wie sich unsere Gesellschaft gerade verändert.
Ich habe große Hoffnung, dass wir die Situation als Gesellschaft bewältigen werden.
Ich schäme mich für die teilweise gewalttätigen Übergriffe und Proteste gegen Flüchtlinge.
Wenn ich daran denke, wie mit Flüchtlingen in Deutschland umgegangen wird, werde ich wütend auf die Politiker.
Wenn ich daran denke, wie mit Flüchtlingen in Deutschland umgegangen wird, werde ich wütend auf die Menschen, die gegen die Flüchtlinge demonstrieren.
Wenn ich daran denke, wie mit Flüchtlingen in Deutschland umgegangen wird, werde ich wütend auf die Flüchtlinge selbst.
Wenn ich daran denke, wie mit Flüchtlingen in Deutschland umgegangen wird, werde ich wütend auf die Menschen, die sich für Flüchtlinge einsetzen.

Anmerkung Die Emotionen wurden aus Kapazitätsgründen nur in einer zufällig ausgewählten, repräsentativen Hälfte der Befragten erhoben.

Sorge und Hoffnung angesichts der Flüchtlingssituation

Der Hoffnung, die beispielhaft in der Äußerung der Bundeskanzlerin »Wir schaffen das« zum Ausdruck kam, wird in der Diskussion um die Aufnahme von Flüchtlingen zunehmend eine abstrakte Sorge entgegengestellt. Doch die Ergebnisse machen deutlich: Die große Mehrheit der Befragten hat eine hoffnungsvolle Grundstimmung mit Blick auf die Flüchtlingssituation. So stimmten 49 % der Aussage »Ich habe große Hoffnung, dass wir die Situation als Gesellschaft bewältigen werden« voll und ganz zu, weitere 27 % stimmen eher zu. Lediglich 12 % sind eher nicht oder gar nicht dieser Ansicht. Hingegen sind die Befragten in ihrer Sorge über mögliche Veränderungen in der Gesellschaft gespalten und deutlich polarisiert. Während 48 % eher oder sogar voll und ganz der Aussage »Ich mache mir große Sorgen darüber, wie sich unsere Gesellschaft gerade verändert« zustimmen, teilen zugleich 36 % diese Sorge eher nicht oder überhaupt nicht mit jeweils besonders vielen Befragten, die »voll und ganz« beziehungsweise »überhaupt nicht« zustimmen, 16 % antworten hier mit »teilteils«. Zugleich schämt sich eine große Mehrheit der Befragten für die gewalttätigen Angriffe und Proteste gegen Geflüchtete. Hier stimmen 63 % voll und ganz, weitere 18 % eher zu, zusammengenommen äußern also 81 % Scham. In

Tabelle 4.3

n =	überhaupt nicht zu	eher nicht zu	teils zu/teils nicht zu	eher zu	voll und ganz zu
956	23,9	12,1	16,3	18,2	29,5
960	4,7	7,5	11,3	27,1	49,4
951	5,1	4,2	9,4	17,9	63,4
924	18,8	16,1	28,3	20,2	16,6
938	11,6	10,8	16,0	20,9	40,6
935	58,9	18,7	15,4	4,8	2,3
943	75,9	12,2	7,9	2,4	1,5

Tabelle 4.3 (s. o.) finden sich die differenzierten Zustimmungswerte zu den Emotionen angesichts der Flüchtlingsbewegung:

Die Auswertungen machen deutlich: Wer große Sorgen angesichts der Flüchtlingsbewegung und wenig Hoffnung hat, dass Deutschland die Situation bewältigen wird, neigt eher zu einer negativen Haltung gegenüber Geflüchteten und ist auch eher dazu bereit, gegen Zuwanderung zu demonstrieren (➠ Tab. 4.4, S. 102 f.). Fällt beides zusammen, große Sorge und gleichzeitig geringe Hoffnung – also genau die Bedingung, die nach dem oben genannten Modell der Stressforschung (vgl. Lazarus 1991) Angst und Stress erzeugt –, ist die negative Haltung gegenüber Geflüchteten besonders ausgeprägt, hingegen das Engagement für Geflüchtete in der Tendenz vergleichsweise gering (➠ Grafik 4.1, S. 100). Allerdings wird Sorge nicht automatisch von Wut begleitet. Beide Emotionen hängen gering zusammen. Dies deutet darauf hin, dass bei etlichen Befragten die Sorge tatsächlich eine echte Sorge ist, während bei anderen die Sorge eher vorgeschoben ist, sie eigentlich aber eher Wut empfinden.[15]

---

15 Korrelation Sorge mit Hoffnung: $r = -.14$, $p < .001$ (953); mit Scham: $r = -.12$, $p < .001$ (944); mit Wut auf Politiker: $r = .12$, $p < .001$ (918); mit Wut auf Menschen, die gegen Flüchtlinge demonstrieren: $r = -.09$, $p < .01$(932); mit Wut auf die Flüchtlinge selbst: $r = .15$ (930); mit Wut auf die Menschen, die sich für Flüchtlinge einsetzen: $r = .07$, $p < .05$ (938).

Negative Haltung zu und Engagement für Geflüchtete(n) in Abhängigkeit von Sorge und Hoffnung (Mittelwerte)[16] **Grafik 4.1**

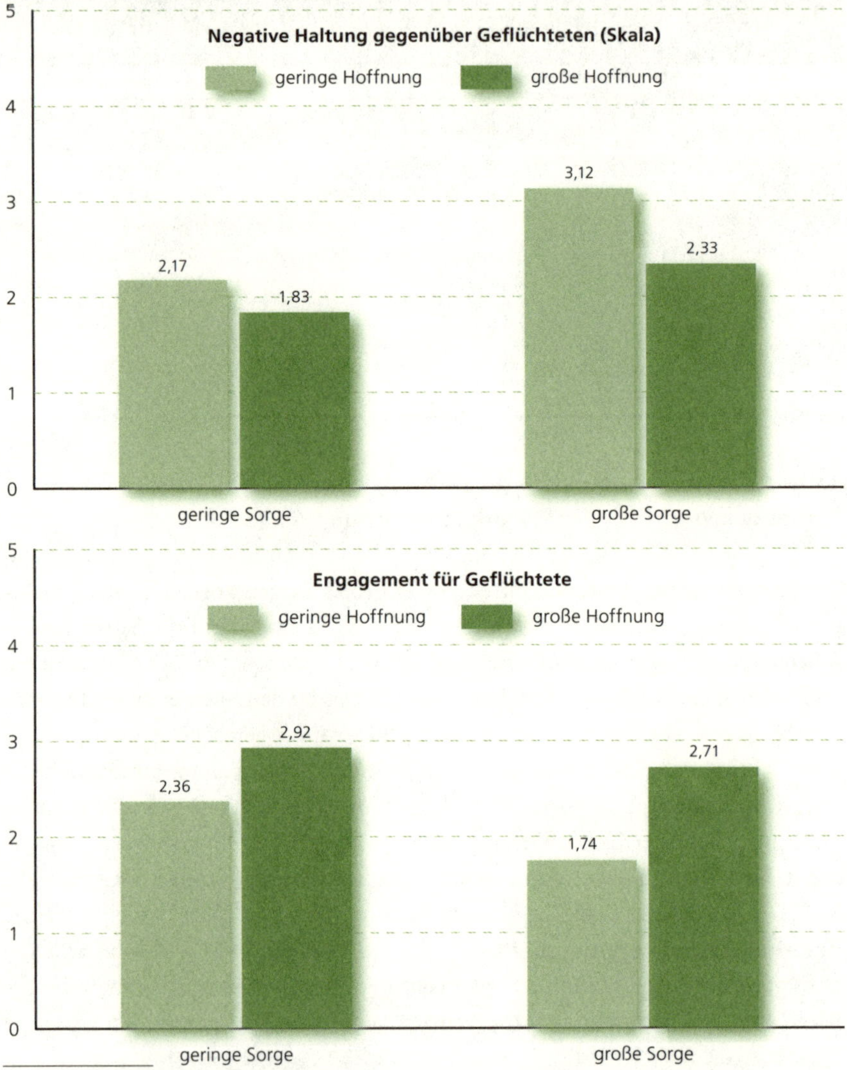

16 Die Befragten wurden jeweils in zwei Gruppen eingeteilt: jene mit deutlich geringer bzw. mindestens teils-teils-Sorge (Werte < 3 bzw. ≥ 3) und jene mit deutlicher Hoffnung bzw. mindestens teils-teils geringer Hoffnung (Werte ≤ 3 bzw. > 3), d. h. eine teils-teils-Antwort wurde hier konservativ als Ausdruck einer skeptischen Haltung gewertet. Varianzanalyse über die negative Haltung

Wut angesichts der Flüchtlingssituation

Der »Wutbürger« (Kurbjuweit 2010) ist zum prototypischen Bild für diejenigen Bürgerinnen und Bürger aus der Mitte der Gesellschaft geworden, die mit Aggression auf einen drohenden Statusverlust oder politische Entscheidungen reagieren. Ganz offensichtlich sind viele Menschen in Deutschland wütend über die gesellschaftliche Situation im Allgemeinen, auf Repräsentanten der »Eliten« und den Umgang mit Geflüchteten im Speziellen (zum Thema kollektive Wut siehe auch ➠ Kap. 5). Das Stereotyp des »Wutbürgers« ist mit Blick auf die Flüchtlingsbewegung allerdings wenig hilfreich, denn es betrachtet nicht differenziert, auf wen genau die Menschen eigentlich wütend sind.

Für die aktuelle Studie interessierte uns daher, auf wen sich die Wut der Befragten richtet, wenn sie daran denken, wie mit Flüchtlingen in Deutschland umgegangen wird. Die offensichtlichen Ziele, auf die sich Wut in diesem Kontext beziehen könnte, sind »die Politiker«, Menschen, die gegen Flüchtlinge demonstrieren, die Flüchtlinge selbst und womöglich auch Menschen, die sich für Flüchtlinge einsetzen. »Die Politik« scheint im Kontext der Flüchtlingssituation in Deutschland in der öffentlichen Diskussion ein pauschales Ziel der Wut zu sein. Die von uns befragte Stichprobe spaltet sich tatsächlich zu etwa gleichen Teilen in jene, die der Aussage »Wenn ich daran denke, wie mit Flüchtlingen in Deutschland umgegangen wird, werde ich wütend auf die Politiker« zustimmen (37 %), und jene, die sie ablehnen (ca. 35 %). Interessanterweise scheint es sich bei der Wut auf Politiker generell um eine eher undifferenzierte Wut zu handeln, die nur geringfügig mit den anderen Emotionen zusammenhängt.[17] Die Wut auf die Flüchtlinge selbst ist mit 7 % Zustimmung eher gering ausgeprägt. Auch die Wut auf diejenigen, die sich für Flüchtlinge einsetzen, ist mit 4 % Zustimmung gering. Hingegen äußern 62 % Wut auf diejenigen, die gegen Flüchtlinge demonstrieren.

---

zu Geflüchteten in Abhängigkeit von Sorge und Hoffnung: Haupteffekt Sorge $F (1, 929) = 88.91$, $p < .001$; Haupteffekt Hoffnung $F (1, 929) = 57.12$, $p < .001$; Interaktion Sorge × Hoffnung $F (1, 929) = 6.88$, $p < .001$. Varianzanalyse über das Engagement für Geflüchteten in Abhängigkeit von Sorge und Hoffnung: Haupteffekt Sorge $F (1, 920) = 5.70$, $p < .001$; Haupteffekt Hoffnung $F (1, 920) = 14.89$, $p < .001$; Interaktion Sorge × Hoffnung $F (1, 920) = 2.94$, $p < .01$.

17 Die Korrelationen der Wut gegen Politiker mit Sorge, Hoffnung, Scham und Wut auf andere sind nur schwach ausgeprägt: $r = .16^{***}$ bis –.02 n. s.

Zusammenhänge zwischen Emotionen, Einstellungen und Handlung mit Blick auf Geflüchtete (Korrelationskoeffizient) **Tabelle 4.4**

Emotionen
Sorge
Hoffnung
Scham
Wut auf Politiker
Wut auf die Menschen, die gegen die Flüchtlinge demonstrieren
Wut auf die Flüchtlinge selbst
Wut auf die Menschen, die sich für Flüchtlinge einsetzen

Anmerkung Angegeben sind Korrelationskoeffizienten. Je höher der Wert, desto enger der Zusammenhang zwischen den jeweiligen Variablen (minimaler Wert = 0, maximal negativer Zusammenhang = –1, maximal positiver Zusammenhang = +1).

Diese Emotionen haben Folgen für die berichteten Einstellungen gegenüber Geflüchteten, und sie haben konkrete Folgen für mögliches Verhalten. So geht eine negative Haltung gegenüber Geflüchteten mit der Wut auf die Flüchtlinge oder die Menschen, die sich für Flüchtlinge einsetzen, einher. Ebenso lässt sich die Bereitschaft der Befragten, sich an einer Demonstration gegen Zuwanderung oder gegen Rassismus zu beteiligen (➠ Kap. 8), zuverlässig daran ablesen, auf wen sich ihre Wut richtet. Je stärker die Wut auf die Flüchtlinge oder die Menschen, die sich für Flüchtlinge einsetzen, desto eher sind die Befragten bereit, an einer Demonstration gegen Zuwanderung teilzunehmen. Umgekehrt steigt die Bereitschaft, sich an einer Demonstration gegen Rassismus zu beteiligen, mit der Wut auf diejenigen, die gegen Flüchtlinge demonstrieren. Auch hier weist die undifferenzierte Wut auf »die Politiker« in eine klare Richtung: Sie ist ein schwacher, aber zuverlässiger Prädiktor für die Bereitschaft, gegen Zuwanderung zu demonstrieren. Die Zusammenhänge finden sich in Tabelle 4.4.

Tabelle 4.4

Negative Haltung gegenüber Geflüchteten	Teilnahmebereitschaft an einer Demonstration gegen Zuwanderung	Teilnahmebereitschaft an einer Demonstration gegen Rassismus
.37*** (n = 956)	.17*** (n = 955)	.01 (n = 953)
–.34*** (n = 960)	–.22*** (n = 960)	.13*** (n = 958)
–.41*** (n = 951)	–.38*** (n = 951)	.21*** (n = 950)
.15*** (n = 924)	.12*** (n = 923)	.02 (n = 922)
–.45*** (n = 938)	–.29*** (n = 938)	.38*** (n = 936)
.46*** (n = 935)	.30*** (n = 935)	–.13*** (n = 933)
.47*** (n = 943)	.29*** (n = 943)	–.15*** (n = 942)

Emotionen angesichts der Flüchtlingsbewegung in verschiedenen Bevölkerungsgruppen

Auch für das Ausmaß von Sorge, Hoffnung, Scham und Wut spielen soziodemografische Merkmale nur eine geringe Rolle. Das Ergebnismuster ist ähnlich dem, das für die negativen Haltungen gegenüber Geflüchteten berichtet wurde. Wieder fallen die Befragten mittleren Alters durch ein vergleichsweise hohes Ausmaß an Sorge und auch an Wut auf Politiker auf, während die Älteren die Situation relativ entspannt betrachten. Frauen äußern in jeder Hinsicht mehr Emotionen angesichts der Flüchtlingssituation, richten ihre Wut aber weniger als Männer, die dies tun, auf die Geflüchteten selbst beziehungsweise diejenigen, die sich für sie einsetzen. Die Schulbildung spielt für die Emotionen nur eine geringe Rolle. Besser Gebildete neigen etwas mehr dazu, sich angesichts der gewalttätigen Übergriffe und Proteste zu schämen und sind etwas häufiger wütend auf jene, die gegen Flüchtlinge demonstrieren, dafür seltener wütend auf die Flüchtlinge selbst beziehungsweise jene, die sich für sie engagieren. Noch geringer ist der Einfluss des Einkommens. Hier ist das Ergebnismuster ähnlich dem zur Bildung: Wohlhabendere äußern in der Tendenz etwas mehr Hoffnung, dass die Situation bewältigt wird, aber auch etwas mehr Scham, und sind eher wütend auf jene, die gegen Geflüchtete demonstrieren, während Ärmere in der Tendenz etwas eher wütend auf die Flüchtlinge selbst sind.

Das Ausmaß der Sorge hängt weder von der Bildung noch vom Einkommen ab. Etwas eher schon bestimmt die politische Orientierung die Emotionen angesichts der Flüchtlingssituation[18]: Wer sich politisch »eher rechts« oder eindeutig »rechts« verortet, gibt an, mehr Sorge und weniger Hoffnung zu haben. Dagegen sehen Befragte, die sich der politischen Mitte und insbesondere jene, die sich links der Mitte verorten, die Flüchtlingssituation mit mehr Hoffnung und empfinden deutlich mehr Scham angesichts der Übergriffe und Proteste. Wenig überraschend ist: Während die politisch rechts Stehenden mehr Wut auf die Geflüchteten und ihre Unterstützer äußern, sind die politisch links Stehenden eher wütend auf jene, die gegen sie demonstrieren, diejenigen in der politischen Mitte stehen dazwischen, ähneln in ihrer Haltung aber eher jenen links der Mitte. Bemerkenswert ist hingegen, wie deutlich die Wut auf Politiker ist, sowohl bei Befragten, die sich eindeutig als »links« als auch jenen, die sich als »rechts« oder als Mitte verorten (➠ Grafik 4.2). Wut ist also nicht gleich Wut – es gilt zu differenzieren, auf wen sich aufgrund welcher Einstellungen und welcher Einschätzung der Flüchtlingssituation die Wut richtet, und die Wut gegen Politiker ist keineswegs allein aus einer ablehnenden Haltung, sondern auch aus einer grundsätzlich positiven Haltung gegenüber Geflüchteten gespeist.

4.4 Zusammenhänge der Haltung zu den Geflüchteten mit Gruppenbezogener Menschenfeindlichkeit und rechtsextremen Einstellungen

Eine Analyse der Zusammenhänge zwischen den Einstellungen zu Flüchtlingen und den Elementen Gruppenbezogener Menschenfeindlichkeit (➠ Kap. 3) ergibt ein eindeutiges und klares Bild: Befragte, die eine positive Haltung zu Geflüchteten haben, neigen deutlich seltener zu GMF, wie sie sich in den bisherigen zwölf Elementen ausdrückt, während umgekehrt jene, die eine negative Haltung gegenüber Geflüchteten haben, auch häufiger andere soziale Gruppen ablehnen (➠ Tab. 4.5, S. 106 f.). Besonders eindrücklich ist der Unterschied zwischen Befragten mit positiver oder negativer Haltung gegenüber Geflüchteten in Bezug auf das Ausmaß von Fremdenfeindlichkeit, der Muslimfeindlichkeit, der Ab-

18 Varianzanalyse über die Emotionen in Abhängigkeit der politischen Selbstverortung: Sorge $F(4, 894) = 5.65$, $p < .001$; Hoffnung $F(4, 897) = 5.13$, $p < .001$; Scham $F(4, 890) = 5.13$, $p < .001$.

Emotionen gegenüber Geflüchteten in Abhängigkeit der politischen Selbstverortung (Mittelwerte)[19] **Grafik 4.2**

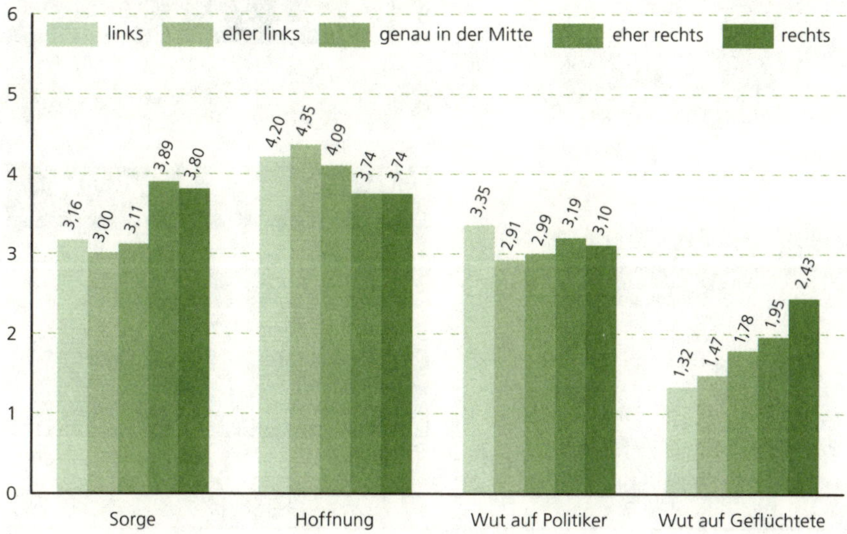

wertung von Sinti und Roma sowie von Asylsuchenden und der Forderung von Etabliertenvorrechten. Aber auch bei allen anderen GMF-Elementen stimmen Befragte, die Geflüchtete abwerten, signifikant häufiger zu.

Befragte mit einer positiven Haltung zu Geflüchteten neigen auch deutlich seltener zu rechtsextremen Einstellungen als Befragte mit einer negativen Haltung gegenüber Geflüchteten (➠ Tab. 4.6, S. 107). Die Unterschiede zwischen beiden Gruppen sind mit Blick auf alle sechs Dimensionen rechtsextremer Einstellungen signifikant und insbesondere bei der Ausländerfeindlichkeit und dem nationalen Chauvinismus besonders groß.

19 Varianzanalyse über die Emotionen in Abhängigkeit der politischen Selbstverortung: Sorge $F (4, 894) = 5.65, p < .001$; Hoffnung $F (4, 897) = 5.13, p < .001$; Scham $F (4, 890) = 30.88, p < .001$; Wut auf Politiker $F (4, 868) = 1.43, p < .001$; Wut auf Menschen, die gegen Flüchtlinge demonstrieren $F (4, 883) = 14.52, p < .001$; Wut auf die Flüchtlinge selbst $F (4, 890) = 9.32, p < .001$; Wut auf Menschen, die sich für Flüchtlinge einsetzen $F (4, 886) = 10.86, p < .001$.

Zustimmung zu den GMF-Elementen in Abhängigkeit der Haltung zu Geflüchteten (Angaben in Prozent)[20] **Tabelle 4.5**

		Rassismus	Sexismus
Einstellung zu Geflüchteten	positiv	6,3	6,5
	negativ	19,1	18,0

		Abwertung von Sinti und Roma	Abwertung asylsuchender Menschen
Einstellung zu Geflüchteten	positiv	20,0	42,6
	negativ	45,7	78,3

		Abwertung wohnungsloser Menschen[a]	Abwertung von Menschen mit Behinderung[a]
Einstellung zu Geflüchteten	positiv	15,5	1,0
	negativ	28,2	4,9

Anmerkung [a] Dieses Element wurde in einer zufälligen Hälfte aller Befragten erhoben. Der Stichprobenumfang liegt bei n = 950 bzw. 960.

Darüber hinaus wird deutlich: Je stärker Befragte zum Autoritarismus neigen, also eine Law-and-Order-Haltung vertreten, je eher sie misstrauisch gegenüber der Demokratie sind – also weiteren Indikatoren rechtspopulistischer Einstellungen, wie sie in Kapitel 4 in diesem Band beschrieben sind, zustimmen –, und je stärker sie sozial dominanzorientiert sind, das heißt soziale Hierarchien zwischen »oben« und »unten« gutheißen, desto negativer ist ihre Haltung gegenüber Geflüchteten. Ebenso folgen Befragte mit einer negativen Haltung gegenüber

20 Alle Unterschiede sind hoch signifikant. Rassismus: Chi^2 (1, 1880) = 60.04, p < .001; Sexismus: Chi^2 (1, 1888) = 48.05, p < .001; Fremdenfeindlichkeit: Chi^2 (1, 1889) = 393.39, p < .001; Antisemitismus: Chi^2 (1, 1790) = 85.69, p < .001; Muslimfeindlichkeit: Chi^2 (1, 1857) = 382.15, p < .001; Abwertung von Sinti und Roma: Chi^2 (1, 1854) = 101.60, p < .001; Abwertung von asylsuchenden Menschen: Chi^2 (1, 1883) = 149.18, p < .001; Abwertung homosexueller Menschen: Chi^2 (1, 1887) = 61.69, p < .001; Abwertung von Trans*Menschen: Chi^2 (1, 1869) = 33.50, p < .001; Abwertung wohnungsloser Menschen: Chi^2 (1, 951) = 16.56, p < .001; Abwertung von Menschen mit Behinderung: Chi^2 (1, 959) = 11.71, p < .01; Abwertung arbeitsloser Menschen: Chi^2 (1, 1877) = 116.97, p < .001; Etabliertenvorrechte: Chi^2 (1, 1894) = 245.74, p < .001.

Tabelle 4.5

Fremdenfeindlichkeit	Antisemitismus	Muslimfeindlichkeit
10,2	3,4	9,7
55,7	16,6	53,8

Abwertung homosexueller Menschen	Abwertung von Trans*Personen
7,1	10,3
20,6	21,6

Abwertung langzeitarbeitsloser Menschen	Etabliertenvorrechte
43,2	30,3
74,7	74,8

Zustimmung zu den Dimensionen einer rechtsextremen Einstellung in Abhängigkeit der Einstellung zu Geflüchteten (Angaben in Prozent)[21] **Tabelle 4.6**

		Befürwortung Diktatur	Chauvinismus	Ausländer-feindlichkeit
Einstellung zu Geflüchteten	positiv	1,2	6,2	1,4
	negativ	13,8	40,4	34,6

		Antisemitismus	Sozial-darwinismus	Verharmlosung des Nationalsozialismus
Einstellung zu Geflüchteten	positiv	1,3	0,7	0,3
	negativ	8	7,8	11,2

21 Alle Unterschiede sind hoch signifikant: Befürwortung Diktatur: Chi^2 (1, 1.812) = 126.03, p < .001; Chauvinismus: Chi^2 (1, 1.756) = 281.19, p < .001; Ausländerfeindlichkeit Chi^2 (1, 1.820) = 433.98, p < .001; p < .001; Antisemitismus Chi^2 (1, 1.517) = 41.18, p < .001; Sozialdarwinismus Chi^2 (1, 1.813) = 70.43, p < .001; Verharmlosung des Nationalsozialismus Chi^2 (1, 1.633) = 131,00, p < .001.

Geflüchteten eher Verschwörungstheorien mit Blick auf die Politik und fordern »Widerstand« gegen die aktuelle Politik – also Indikatoren, wie sie für neurechte Einstellungen typisch sind (➠ Kap. 6).[22]

4.5 Diskussion

Zerreißt die Flüchtlingsdebatte die Gesellschaft oder macht sich daran eine ohnehin vorhandene Spaltung der Gesellschaft nur abermals deutlich? Für den Zusammenhalt und die Stabilität der Gesellschaft ist das eine wichtige Frage. Die hier berichteten Daten geben dazu erste Antworten. Die große Mehrheit der Befragten findet es gut, dass Deutschland so viele Flüchtlinge aufgenommen hat und ist optimistisch, dass es der Gesellschaft gelingt, die aktuelle Situation zu bewältigen. Einige wenige fühlen sich persönlich durch Geflüchtete bedroht. Allerdings befürchten deutlich mehr Befragte, der generelle Lebensstandard in Deutschland könne durch die vielen Geflüchteten sinken. In Bezug auf die Meinungen über Geflüchtete und politische Maßnahmen ist die Gesellschaft gespalten. Es gibt eine kleine harte Minderheit, die die Deutschen gegenüber Geflüchteten benachteiligt sieht und eine Obergrenze fordert. Während sich eine sehr große Mehrheit für die Aufnahme von Menschen ausspricht, die vor Kriegen fliehen, zeigt sich das Meinungsbild auch gespalten, wenn es um die Aufnahme von Menschen geht, die aus wirtschaftlichen Gründen fliehen. Hier scheint sich ein Trend fortzuführen, den wir schon rund ein halbes Jahr vorher in der ZuGleich-Studie beobachtet haben (Zick & Preuss 2016).

Die FES-Mitte-Studie 2016 macht darüber hinaus deutlich, dass die Haltungen und Emotionen gegenüber Geflüchteten weniger von soziodemografischen Merkmalen abhängen, auch nur geringfügig durch Bildung und Einkommen zu erklären sind, sondern primär von der politischen Grundhaltung der Befragten. Im linken politischen Spektrum und auch in der politischen Mitte ist die

---

Korrelation der negativen Haltung gegenüber Geflüchteten mit Befürwortung Diktatur r = .58; Chauvinismus r = .61; Ausländerfeindlichkeit r = .78; Antisemitismus r = .50; Sozialdarwinismus r = .46; Verharmlosung des Nationalsozialismus r = .53. Alle Korrelationen sind hoch signifikant.

22 Korrelationen zwischen der negativen Haltung gegenüber Geflüchteten mit aggressivem Autoritarismus: r = .47, p < 001 (1879), mit Demokratiemisstrauen: r = .49, p < .001 (1892), mit sozialer Dominanzorientierung: r = .34, (1892), mit neurechten Einstellungen: r = .61, p < .001 (930; nur in der Hälfte der Stichprobe erhoben).

Haltung deutlich positiver und das Engagement für Geflüchtete höher, während Befragte, die ihre politischen Ansichten als »rechts« bezeichnen, deutlich negativere Meinungen haben. Beim Ausmaß von Sorge und Hoffnung zeichnet sich ein ähnliches Muster ab, wenngleich absolut gesehen die Unterschiede zwischen verschiedenen Bevölkerungsgruppen nicht sehr hoch sind. Insbesondere unter den potenziellen Wählerinnen und Wählern der AfD sind ablehnende Einstellungen gegenüber Geflüchteten weit verbreitet, während bei den Wählerinnen und Wählern aller anderen etablierten Parteien eine positive Grundhaltung zur Aufnahme von Geflüchteten überwiegt.

Die vielgehörte Aufforderung, »Ängste und Sorgen der Bürger ernst nehmen«, verlangt im Kontext der hier berichteten Studie danach, sie zwar ernst zu nehmen, aber nicht mit Fakten zu verwechseln und erst recht nicht, sie weiter anzustacheln. Es sei an ein wirksames Mittel gegen Angst erinnert, nämlich sich mit der Angst auseinanderzusetzen, sie zu dekonstruieren und sich dem Objekt der eigenen Angst anzunähern. Viele Bundesbürgerinnen und Bundesbürgern tun dies, indem sie den Kontakt zu Geflüchteten suchen, an konstruktiven Lösungswegen für ausreichenden Wohnraum arbeiten und ihren Teil zur Integration beitragen. Ein anderer Teil reagiert hingegen mit Hass und Wut. Auch hier mögen diffuse Ängste die Wut begleiten, wobei es sich offenbar eher um eine Angst vor Statusverlust in einer Gesellschaft handelt, in der etliche der alteingesessenen Mehrheitsbevölkerung Vormacht und Dominanz erwarten beziehungsweise einfordern. Darauf verweisen die oben zitierten Ergebnisse der Korrelationsanalysen. Bei der angesichts der Flüchtlingsbewegung geäußerten Angst und Sorge gilt es genau auseinanderzuhalten, welcher Anteil echte Angst und Sorge ist und welcher Anteil nur vordergründig so bezeichnet wird, also eher Teil einer Rhetorik ist. Aus der Sicht von rechtsradikalen Akteuren ist es durchaus vorteilhaft, die Angst diffus zu halten, um Ideologien von Ungleichwertigkeit zu vermitteln. Aus Sicht der politischen Bildung ist es das nicht. Echte Angst und Sorge reduziert man nicht mit Angstrhetorik, sondern mit sachlicher Einordnung, der behutsamen Annäherung an diejenigen, vor denen man Angst hat, und tatkräftigem Mitanpacken, um vor Ort und im Alltag die Integration der Neuangekommenen zu unterstützen – ganz so wie es das professionelle und ehrenamtliche Engagement vieler Menschen momentan vorlebt.

Unabhängig davon, ob Sorgen und Ängste diffus, real oder suggeriert sind: Wenn sie zur Rechtfertigung von Abwertung, Ausgrenzung, Hass und Gewalt ausgenutzt werden, widerspricht dies fundamental dem Anspruch einer zivilisierten und demokratischen Gesellschaft, die auf der Grundprämisse von Gleichwertigkeit basiert. Wird die Sorgenrhetorik in der Politik weiterhin unkritisch eng in den Kontext einer »Flüchtlingskrise« gestellt, verliert die etablierte Politik an Vertrauen. Dazu gehört auch, Kritik an der Flüchtlingspolitik nicht automatisch gleichzusetzen mit einer Ablehnung der Aufnahme von Geflüchteten. Umgekehrt gewinnen jene weiter an Boden, die die Rhetorik von »Angst und Sorge« zur Rechtfertigung der Abwertung und Ausgrenzung von Geflüchteten – aber auch von Eingewanderten generell – nutzen wollen. Die Daten verstärken den Eindruck, dass die Meinungen in der Zivilgesellschaft über Geflüchtete in weiten Teilen offenbar positiver sind als von einigen politischen Akteuren unterstellt, und dass die Bevölkerung in ihrer grundsätzlichen positiven Grundhaltung, ihrer Gelassenheit und auch ihrer Bereitschaft zum Engagement für Geflüchtete unterschätzt wird. Sie gilt es zu unterstützen und nicht durch zu viel Aufmerksamkeit für eine laute, negativ eingestellte Minderheit vor den Kopf zu stoßen.

5 Rechtspopulistische und rechtsextreme Einstellungen in Deutschland

Andreas Zick · Daniela Krause · Beate Küpper

Einleitung

Zwischen der letzten FES-Mitte-Studie im Jahr 2014 und der vorliegenden Studie im Jahr 2016 scheint sich die Stimmung im Land in Teilen immens aufgeheizt zu haben. 2014 hatten wir den Zustand der Gesellschaft als fragil bezeichnet, nun müssen wir eine Spaltung konstatieren, die deshalb schwer überbrückbar erscheint, weil auf der einen Seite des Spaltes Wut, Hass und Aggression regiert, auf der anderen eine gewisse Ratlosigkeit. Seit 2014 häufen sich die Hasskampagnen, die sich inzwischen zunehmend auch ganz gezielt gegen jene Personen richten, die sich gegen Fremdenfeindlichkeit und für Geflüchtete oder ganz allgemein für die Werte einer liberalen, toleranten, gleichwertigen Gesellschaft stark machen – Politikerinnen und Politiker, Journalistinnen und Journalisten und auch gegen ehrenamtliche Helferinnen und Helfer in der Flüchtlingsarbeit. Die Debatten über Fragen der Zuwanderung und Integration wurden hitziger und radikaler, und nicht zuletzt wurden mehrere tausend rechtsextreme und menschenfeindliche Straftaten begangen. Mit Blick auf rechtspopulistische Wutkampagnen und rechtsextreme Straftaten ist das Niveau von einem Besorgnis erregendem Ausmaß. Man gewinnt sogar den Eindruck, als habe der Rechtsextremismus die Folgen der Aufdeckung des NSU-Terrors gut überstanden und lebe nun neu auf. Von 2014 auf 2015 stieg die Zahl der Straftaten mit rechtsextremistischem Hintergrund um über 30 % von 16.559 auf 21.933 (BMI: Verfassungsschutzbericht 2015). Besonders häufig wurden Propagandadelikte und Volksverhetzung verzeichnet, aber auch die Anzahl der Gewalttaten hat sehr deutlich um 42 % von 990 auf 1.408 zugenommen. Im gesamten Jahr 2015 wurden 1.116 Personen verletzt. Dabei spielte die Konzentration rechtsextremer Übergriffe auf geflüchtete Menschen eine zentrale Rolle. Im Jahr 2015 registrierte das BKA 894 Straf- und Gewalttaten gegen Asylunterkünfte; mehr als fünf Mal so viele wie 2014 (170). Auch 2016 ist die Zahl der Straftaten nach wie vor hoch. Im ersten Halbjahr 2016 wurden von 665 Taten insgesamt 613 rechtsmotivierte Angriffe auf Asylunterkünfte verübt (ZEIT Online 2016). Dies sind nur einige der registrierten Zahlen des Bundeskriminalamtes. Die Dunkelziffer liegt weit höher.

Wie bereits 2014 von uns befürchtet, haben sich Teile der Bevölkerung radikalisiert, und dies nicht nur in rechtsextremen Milieus und Parteien. Orte wie Tröglitz, Heidenau oder Freital avancierten neben anderen Orten zu medialen Prototypen einer feindseligen, lokalen Radikalität, an der sich neben rechtsextrem Organisierten auch »ganz normale Bürgerinnen und Bürger« beteiligten. Selbst Gewalttaten wurden an einigen Orten von Bürgerinnen und Bürgern, die sich selbst zur Mitte zählen, verübt und unterstützt. Nicht selten reklamierten einige für sich, Repräsentanten, Sprecher und Akteure des »Volkes« zu sein, womit sie für sich selbst das Siegel des »Normalen« und »Eigentlichen« beanspruchen und regelmäßig ignorieren, dass sie keineswegs für die Mehrheit sprechen, auch nicht in Bezug auf die Ablehnung von Geflüchteten, wie in Kapitel 4 deutlich wird. Diese rechtspopulistisch orientierten Gruppen liebäugelten an den Kampfplätzen um Asylunterkünfte nachweislich mit rechtsextremen Gruppen, und bei den Landtagswahlen wechselten zahlreiche Wählerinnen und Wähler der NPD in das Lager der AfD. Menschenfeindlich gesinnte Bürgerinnen und Bürger, rechtspopulistische Ideologien und rechtsextreme Akteure gingen Allianzen ein – längst nicht alle, aber viele von ihnen. Parallel dazu füllte sich die Landkarte der Anschlagsorte in ganz Deutschland.

Die Mitte-Studien der Friedrich-Ebert-Stiftung untersuchen seit 2006 das Ausmaß und die Facetten rechtsextremer Einstellungen in Deutschland. Der Rechtsextremismusfragebogen wird bereits seit 2002 verwendet. Die Studien richten dabei das Augenmerk auf den Zuspruch, den rechtsextreme Einstellungen, Überzeugungen, Ideologien und Argumente unter Bürgerinnen und Bürgern finden, die nicht rechtsextrem organisiert sind und die sich selbst in der großen Mehrzahl auch nicht als rechtsextrem verstehen. Diese Beobachtung ist deshalb so bedeutsam, weil der organisierte Rechtsextremismus sich dann besonders entwickelt, verankert und zu Aktionen bereit ist, wenn er Zustimmung in der Gesellschaft findet. Dies funktioniert umso besser, wenn es ihm gelingt, diese rechtsextremen Einstellungen in der Bevölkerung salonfähig zu machen (Borstel & Heitmeyer 2012). Hier nimmt der Rechtspopulismus eine Scharnierfunktion zwischen menschenfeindlichen Vorurteilen und ihren rechtsextremen Zuspitzungen und Orientierungen bis hin zu Gewalt ein. Ein Anschlag auf eine Asylunterkunft ist dann wahrscheinlicher, wenn vor Ort viele Leute Menschenfeindlichkeit teilen, sich damit als einander zugehörig identifizieren, rechtspopulistische Orientierungen die Menschenfeindlichkeit rechtfertigen und in einen Ungerechtigkeitsdiskurs mit Misstrauen und Kritik an Eliten – Parteien, Politiker und Journalisten betrügen und verraten – überführen. Er ist auch wahrscheinlicher, wenn zur Abwehr von lokalen Asylunterkünften von ortsansässigen Bürgern und Bürgerinnen Allianzen mit rechtsextremen Gruppen eingegangen werden, die die Tat alleine oder mit Akteuren des kommunalen Protests begehen.

Das Konzept der Gruppenbezogenen Menschenfeindlichkeit (GMF), seine Elemente und Verbreitungen zwischen 2002 und 2016 wurden in Kapitel 3 bereits dargestellt. Dabei haben wir empirisch zeigen können, wie eng menschenfeindliche Einstellungen mit Gewaltorientierungen einhergehen. In diesem Kapitel schließen wir daran an und analysieren Ausmaß und Verbreitung rechtspopulistischer und rechtsextremer Einstellungen, zu deren wesentlichen Kernbestandteilen auch Elemente der GMF gehören. Wir schreiben die entsprechende Berichterstattung seit 2002 fort und ermitteln empirisch, wie weit rechtspopulistische und rechtsextreme Einstellungen in der Bevölkerung verbreitet sind und in welchen Bevölkerungsgruppen sie besonders stark oder schwach vertreten sind. Wir beginnen mit der Darstellung rechtspopulistischer Einstellungen, die wir auch schon mit den Daten der FES-Mitte-Studie 2014 empirisch zuverlässig erfassen konnten (vgl. auch Zick & Küpper 2015). Dabei grenzen wir die Konzepte Rechtspopulismus und Rechtsextremismus voneinander ab, auch wenn diese zunehmend ineinander zu fließen scheinen.

5.1 Rechtspopulistische Einstellungen

Zum Rechtspopulismus gibt es sehr unterschiedliche Theorien, Definitionen und Konzeptionen. Je nach Disziplin und Erkenntnisinteresse wird Rechtspopulismus als Bewegung, Parteienausrichtung, Einstellungsmuster, Mentalität oder auch als Propaganda und Diskursphänomen verstanden. Wesentlich für unser sozialwissenschaftliches Verständnis, welches auf die empirische Erfassung rechtspopulistischer Überzeugungen im Querschnitt ausgerichtet ist, ist die

Abgrenzung zwischen menschenfeindlichen und rechtsextremen Einstellungen. Rechtspopulismus ist eine Überzeugung, das heißt eine Konstellation von Einstellungen, zu denen neben menschenfeindlichen auch aggressiv autoritäre und demokratiefeindliche Einstellungen zählen. Als Trennlinie zwischen Rechtspopulismus und Rechtsextremismus galt einigen Autoren die Akzeptanz von Gewalt zur Durchsetzung eines anderen, eben antidemokratischen und antipluralistischen Gesellschaftssystems (u. a. Heitmeyer 1987). Während GMF und rechtsextreme Einstellungen an Vorurteilen, negativen Stereotypen und Diskriminierungen im Zusammenhang mit Ideologien der Ungleichwertigkeit gut bestimmt werden können (vgl. Zick & Küpper 2016), sind rechtspopulistische Orientierungen weniger einfach trennscharf zu bestimmen. Sie sind aus einer politikwissenschaftlichen und soziologischen Sicht durch Sympathien für beziehungsweise durch die Mitgliedschaft in Parteien und Gruppierungen wie der AfD oder PEGIDA bestimmbar (vgl. Decker & Miliopoulos 2007). Personen können aber auch ohne rechtspopulistische Orientierungen mit der AfD und anderen Parteien sympathisieren, auch aus rein demokratiekritischen oder rechtsextrem motivierten Gründen. Rechtspopulismus ist organisatorisch wie auch auf der Überzeugungsebene ein Sammelbecken. Priester (2012) spricht von einem relationalen Phänomen, das seine inhaltliche Ausgestaltung erst durch die Kontrastierung zur Elite und zum »Zeitgeist« erfährt. Unser sozialwissenschaftliches Verständnis von Rechtspopulismus setzt hier an, weil wir das Augenmerk auf rechtspopulistische Einstellungen richten und die Frage nach ihrer Verbreitung in der Gesellschaft (und eben nicht auf Organisationen).

Im Rechtspopulismus zeichnen sich zwei rhetorische Dimensionen ab: die vertikale von »die da oben« und »wir hier unten« (das »gemeine Volk« bzw. der »einfache Mann«) und die horizontale von »wir« gegen »die Anderen« (soziale Gruppen, die abgewertet werden). Als ideologisches Sammelbecken ist der Rechtspopulismus für unterschiedliche Strömungen und Gruppierungen anschlussfähig (Zick & Küpper 2015). Mit Blick auf die Erfassung rechtspopulistischer Einstellungen bemessen wir eine rechtspopulistische Orientierung insbesondere an 1. menschenfeindlichen Einstellungen, insbesondere fremden- und muslimfeindlichen Meinungen sowie Abwertungen von Sinti und Roma und Asylsuchenden, 2. einer aggressiven Straforientierung, die sich in einem Law-and-Order-Autoritarismus zeigt, sowie 3. einem Misstrauen in die Demokratie:

- Auf der Grundlage identitätsstiftender Vorstellungen eines eng definierten »Volkes« sind Zustimmungen zu Elementen der *Gruppenbezogenen Menschenfeindlichkeit* prägend für rechtspopulistische Orientierungen. Die Eigengruppe wird von Fremdgruppen distanziert, insbesondere von Gruppen, die eine Migrationsgeschichte aufweisen beziehungsweise die zum vermeintlich homogenen »Volk« als nicht dazugehörig betrachtet werden. Diese drückt sich derzeit insbesondere in Fremdenfeindlichkeit, der Abwertung von Muslimen, Sinti und Roma sowie Asylsuchenden aus; diese Elemente werden im Folgenden als besonders virulente Indikatoren des derzeitigen Rechtspopulismus in die engere Definition aufgenommen. Auch wenn Antisemitismus im aktuellen Rechtspopulismus nicht im Vordergrund steht, so schwingt er doch stets mit und ist jederzeit ebenfalls aktivierbar, wie nicht zuletzt auch die antisemitischen Untertöne und offenen Ausfälle auf den PEGIDA-Demonstrationen und in der AfD deutlich machen. Geprüft werden daher ebenfalls die Zusammenhänge mit weiteren möglichen Elementen, insbesondere Antisemitismus, Abwertung von homosexuellen Menschen und Sexismus (hier gefasst als traditionelle Geschlechterrollenorientierung zu Lasten von Frauen und die Abwertung von Frauen, die sich nicht an traditionelle Rollenmuster halten).
- Zweitens spielen konservative und aggressive Strafvorstellungen eine Rolle, die sich in einem *rechtsgerichteten Autoritarismus* manifestieren. Er fordert Strafen für Abweichungen und Verschärfungen von Sicherheitsmaßnahmen vor allem gegen jene, die tatsächlich oder vermeintlich gegen eine gesetzte »Norm« verstoßen, die von der vermeintlichen Mehrheit definiert wird. Im aktuellen Rechtspopulismus geht es hier vorrangig um jene, die vermeintlich nicht in die dominante Ordnung der eigenen Kulturgeschichte passen, zu der einige als dazugehörig, andere als nicht dazugehörig betrachtet werden.
- Drittens gehören antidemokratische Haltungen zum Rechtspopulismus, da er mit einem charakteristischen *Demokratiemisstrauen* verbunden ist. Dieses wiederum ist eng verbunden und beflügelt durch eine Abgrenzung von »Eliten«, die je nach Situation definiert werden. Alle, die der eigenen Ordnung widersprechen und Positionen haben, die dem Einfluss der eigenen Orientierungen gegenüberstehen, können zu den Eliten gehören. Im Demokratiemisstrauen werden politische Eliten in den Fokus gerückt.

Darüber hinaus ist Rechtspopulismus auch durch Nationalismus und eine ablehnende Haltung gegenüber der EU gekennzeichnet. Wir konnten die enge Verknüpfung einer negativen Haltung zur EU und rechtspopulistischer Orientierung bereits in der FES-Mitte-Studie 2014 nachweisen (Küpper, Zick & Krause 2015). In Kapitel 6 diskutieren wir Nationalismus und die Forderung nach nationaler Rückbesinnung gegen die EU als Scharnier zwischen Rechtspopulismus und neurechten Einstellungen.

Rechtspopulismus wird in seiner Form auch durch eine kollektive Wut erkennbar, die sich derzeit vor allem an der Zuwanderung von Geflüchteten festmacht, aber auch an anderen Themen wie der Gleichstellung von Frauen und von nichtheterosexuellen Menschen – unter den Kampfbegriffen »Genderwahn« und »Regenbogenideologie«/«Homo-Lobby«. Der enge Zusammenhang zwischen rechtspopulistischen Einstellungen und kollektiver Wut ließ sich bereits in der FES-Mitte-Studie 2014 nachweisen und wird hier noch einmal geprüft.

In Abgrenzung zum Rechtspopulismus gilt Rechtsextremismus als Haltung, die durch einen starken ideologischen Überbau gekennzeichnet ist, der beim Rechtspopulismus fehlt. Nach Stöss (2010) besteht Rechtsextremismus aus zwei Komponenten: Einstellungen und Verhalten. Für unsere sozialwissenschaftliche Perspektive konzentrieren wir uns auf die Einstellungsebene, da wir versuchen, politische Mentalitäten innerhalb der Bevölkerung analog zu den zentralen Ideologien des Rechtsextremismus zu beschreiben. Entsprechend dieser Herangehensweise grenzen wir – wie andere Autoren auch – rechtspopulistische von rechtsextremen Einstellungen theoretisch ab. Allerdings prüfen wir, inwieweit sich diese theoretische Trennung auch empirisch bestätigt oder beide Konzepte in den Mentalitäten der breiten Bevölkerung zum Teil auch ineinanderfließen (Zick & Küpper 2015).

5.2 Verbreitung rechtspopulistischer Einstellungen 2014–2016

In Tabelle 5.1 sind die Zustimmungen zu den Facetten einer rechtspopulistischen Einstellung und ihren Aussagen aufgeführt. In seiner Kernkonzeption werden drei Konstrukte einer rechtspopulistischen Orientierung ausgemacht: menschenfeindliche Einstellungen in Form von Fremden- und Muslimfeindlichkeit sowie Abwertungen von Sinti und Roma und Asylsuchenden, darüber hinaus Autoritarismus und Demokratiemisstrauen. [1] Für einen Überblick über die gesamte Verbreitung menschenfeindlicher Einstellungen sei auf Kapitel 3 verwiesen.

Rechtspopulistische Orientierungen 2016 (Angaben in Prozent) **Tabelle 5.1**

Ich stimme … →	**überhaupt nicht zu**	**eher nicht zu**	**eher zu**	**voll und ganz zu**
Rechtsgerichteter Autoritarismus (M = 2.98; SD = 94; n = 1.880; α = .73)				
Verbrechen sollten härter bestraft werden.	9,8	12,6	27,4	50,2
Um Recht und Ordnung zu bewahren, sollte man härter gegen Außenseiter und Unruhestifter vorgehen.	19,0	17,4	29,2	34,4
Trifft … →	**überhaupt nicht zu**	**eher nicht zu**	**eher zu**	**voll und ganz zu**
Demokratiemisstrauen (M = 2.79; SD = .87; n = 1.892; α = .79)				
Die demokratischen Parteien zerreden alles und lösen die Probleme nicht.	15,2	26,5	32,6	25,7
Politiker umgehen die bestehenden Gesetze, wenn es um ihre eigenen Vorteile geht.	11,9	24,7	30,0	33,5
Politiker nehmen sich mehr Rechte heraus als normale Bürger.	15,2	21,5	27,3	36,0
Ausgewählte Elemente Gruppenbezogener Menschenfeindlichkeit: Fremden- und Muslimfeindlichkeit, Abwertung von Sinti und Roma sowie von Asylsuchenden	Die Zustimmungswerte sind in Kapitel 3 dargestellt.			

Autoritäre Überzeugungen finden 2016 breite Zustimmung. Mehr als drei Viertel sind der Ansicht, Verbrechen sollten härter bestraft werden. Knapp zwei Drittel (63 %) sind darüber hinaus der Meinung, man sollte härter gegen Störende vorgehen, um Recht und Ordnung zu bewahren. Law-and-order-Men-

1 Alle Items zur Erfassung einer rechtspopulistischen Einstellung sind bereits im Projekt Gruppenbezogene Menschenfeindlichkeit eingesetzt worden (Heitmeyer 2002–2012).

talitäten werden somit von einem großen Teil der Bevölkerung geteilt. Ähnlich stark verbreitet ist Demokratiemisstrauen, das je nach Aussage gut 60 % Zustimmung findet. So ist mehr als jeder und jede Zweite der Ansicht (58 %), die demokratischen Parteien würden Probleme nicht lösen. Dieses Misstrauen drückt keine grundsätzliche Kritik an der Demokratie als politischem System aus, sehr wohl jedoch an der konkreten Umsetzung.

Anhand eines Mittelwertindex (➠ Glossar, S. 220 ff.) werden diese Konstrukte herangezogen, um den Rechtspopulismus in der Bevölkerung empirisch bestimmen zu können.[2] Hierfür werden anhand der Zustimmung in dem gebildeten Index Werte über 2,5 (auf der zugrundeliegenden vierstufigen Antwortskala) als rechtspopulistische Orientierung definiert. Werte bis 2,5 entsprechen keiner eindeutigen rechtspopulistischen Einstellung. Zwar können auch hier Zustimmungen zu einzelnen Aspekten beobachtet werden, aber in der Summe ist das Meinungsbild nicht eindeutig rechtspopulistisch. Ein strengeres Kriterium zur Bestimmung des Potenzials setzt im Mittel mindestens teilweise Zustimmung voraus, das heißt Werte ab 3.

Verbreitung von Rechtspopulismus in der Bevölkerung 2014 und 2016 **Grafik 5.1**

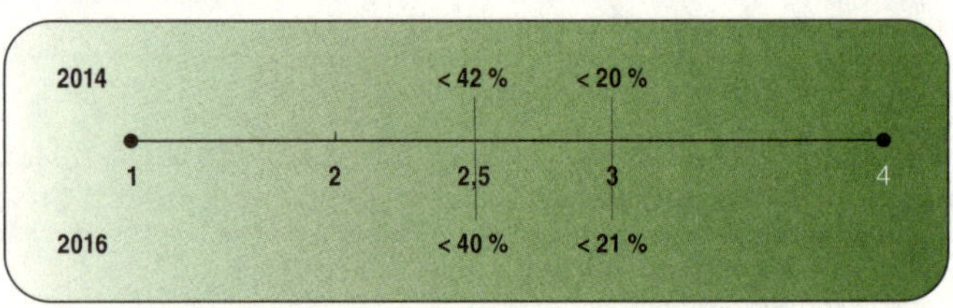

Trotz der politischen Ereignisse 2015 ist im Jahr 2016 – anders als vielleicht erwartet – kein Anstieg des rechtspopulistischen Potenzials in der deutschen Gesellschaft im Vergleich zu 2014 festzustellen: Der Anteil jener Befragten, die zu rechtspopulistischen Einstellungen tendieren, sank über die Bevölkerung hinweg sogar ganz leicht von 42 % im Jahr 2014 auf 40 % im Jahr 2016, wobei dieser Rückgang so geringfügig ist, dass hier eher von einer Konstanz gesprochen

2 Der Index Rechtspopulismus erweist sich auch 2016 als zuverlässig (Cronbach's Alpha = .82).

werden muss (➠ Grafik 5.1). Auch wenn das strengere Kriterium angesetzt wird, das eine eindeutigere Zustimmung voraussetzt, lassen sich keine Veränderungen beobachten. Sowohl 2014 als auch 2016 beträgt der Anteil einer stärkeren rechtspopulistischen Orientierung ein Fünftel. Nach wie vor sind rechtspopulistische Einstellungen unter Ostdeutschen weiter verbreitet als unter Westdeutschen, im Ausmaß aber jeweils unverändert (rechtspopulistische Tendenz unter Ostdeutschen 2014: 51 %; 2016: 52 %; unter Westdeutschen 2014: 39 %; 2016: 37 %). Auch unter Berücksichtigung des strengen Kriteriums weisen Ostdeutsche ein höheres Ausmaß an rechtspopulistischer Orientierung auf als Westdeutsche (Ost: 2014: 26 %, 2016: 30 %; West: 2014: 18 %, 2016: 19 %). Während es im Zeitvergleich bei Westdeutschen keine Veränderung gibt, hat der Anteil Ostdeutscher mit einer strengen rechtspopulistischen Orientierung zugenommen.

Es wurde darüber hinaus auch die These überprüft, ob es Polarisierungen in den Ausprägungen gegeben hat. Also ob sich die Anteile mit einer sehr geringen oder sehr starken rechtspopulistischen Orientierung, von 2014 auf 2016 verändert haben. So können bei einer dreiteiligen Aufteilung der Rechtspopulismusskala anhand des Mittelwertes keine Verschärfungen festgestellt werden. Die Anteile der Befragten, die maximal Werte zwischen 1 und 2 erreichen beziehungsweise Werte zwischen 3 und 4, sind stabil geblieben. In diesem Sinne haben sich rechtspopulistische Einstellungen nicht verschärft.

Rechtspopulistische Einstellungen haben sich somit in der Bevölkerung zwar nicht verstärkt, jedoch sind jene, die sie teilen, lauter geworden. Indem sie sich und ihren Meinungen lautstark Gehör verschafft haben, sind sie einflussreicher geworden – während gleichzeitig die tolerante und menschenfreundliche andere Hälfte der Bevölkerung leiser und weniger sichtbar geworden ist.

Rechtspopulistische Orientierungen stehen nicht für sich allein, sondern sind mit anderen sozialen oder politischen Einstellungen verbunden. Insbesondere die aktuelle gesellschaftliche Auseinandersetzung mit den Themen Flucht, Asyl und Migration und deren Entsprechung in den Einstellungen der Bürgerinnen und Bürger ist für den Rechtspopulismus relevant. Nicht nur, aber gerade bei diesem Thema offenbarte sich ein irritierender Furor auch aus den Reihen der gesellschaftlichen Mitte – symbolhaft steht hierfür der Galgen für die Bundeskanzlerin und den Vizekanzler, hinter dem die Demonstranten von PEGIDA her spazierten. Bereits 2014 hatten wir diese emotionale Aufladung um die Themen Zuwanderung, Flüchtlinge und gefühlte Meinungsunfreiheit mit einer neu entwickelten Skala »kollektive Wut« abzubilden versucht (Küpper, Zick & Krause 2015). In Tabelle 5.2 sind Zustimmungen und Ablehnungen zu Aussagen der »kollektiven Wut« 2016 abgebildet.

Kollektive Wut 2016 (Angaben in Prozent) **Tabelle 5.2**

Trifft … →	überhaupt nicht zu (1)	(2)	(3)	(4)	voll und ganz zu (5)
Kollektive Wut (M = 2.52; SD = .98; n = 1.896; α = 83)					
Dass Bürger sich auch mit Gewalt gegen Asylantenheime zur Wehr setzen, finde ich verständlich.	78,5	8,4	7,0	3,1	2,9
Wir sollten keine Ausländer hier integrieren, sondern sie in ihre Heimatländer zurückbringen und dort unterstützen.	30,9	14,9	23,8	14,3	16,2
Die Wut der Bürger auf die Zuwanderung ist absolut verständlich.	34,7	18,2	22,4	11,6	13,2
Man kann mir nicht zumuten, neben einem Asylantenheim zu wohnen.	55,9	16,8	12,5	6,9	8,0
In Deutschland darf man nichts Schlechtes über Ausländer sagen, ohne gleich als Rassist beschimpft zu werden.	16,9	11,6	16,6	19,3	35,6
In Deutschland kann man nicht mehr frei seine Meinung äußern, ohne Ärger zu bekommen.	40,8	17,3	13,9	11,9	16,1

In der Erhebung 2014 teilten 16 % der Bevölkerung dieses kollektive Wutempfinden, so wie wir es mit den oben angeführten Aussagen erfasst haben.[3] In

3 Dies ist der Anteil der Befragten, die auf der Mittelwertskala »Kollektive Wut«, in die sechs Items eingegangen sind und für die eine fünfstufigen Antwortskala zur Verfügung stand, Zustimmungswerte > 3.5 erzielt haben.

2016 sinkt die kollektive Wut minimal auf 15 % der Bevölkerung. Mehr als jeder und jede Dritte (40 %) mit rechtspopulistischer Orientierung neigt 2016 auch zu dieser Form der kollektiven Wut, unter den Befragten ohne rechtspopulistische Orientierung sind dies lediglich etwas über 2 %.[4]

Die Gewaltaffinität galt lange als ein Kriterium der Abgrenzung zwischen Rechtsextremismus, der sich auch durch die Affinität zu Gewalt auszeichnet, und Rechtspopulismus, der nicht gewalttätig ist (Heitmeyer 1987). Bereits für die FES-Mitte-Studie 2014 und zuvor in den Erhebungen zur Gruppenbezogenen Menschenfeindlichkeit (Heitmeyer 2002–2012) haben wir die Gewaltaffinität (zum einen über die Billigung von Gewalt, zum anderen über die eigene Bereitschaft zu Gewalt) untersucht. Eine gewaltbilligende Einstellung drückt sich unter anderem in der Befürwortung von Gewalt zur Demonstration von Herrschaft und zur Durchsetzung politischer Ziele aus. Die eigene Bereitschaft zur Anwendung von Gewalt wurde in Bezug auf die Verteidigung der eigenen Vormachtstellung erfasst. In Tabelle 5.3 (➠ S. 122) sind die Zustimmungen zu den Aussagen dargestellt.

Gemittelt über die Aussagen, die jeweils zu einer reliablen Skala Gewaltbilligung beziehungsweise Gewaltbereitschaft zusammengefasst wurden, billigen 6 % der Befragten Gewalt und 19 % sind nach eigenen Angaben selbst zu Gewalt bereit (die Aussagen zur Gewaltbilligung sind härter formuliert, sodass hier eine Zustimmung schwerer fällt). Dies geht vor allem auf die Zustimmung zu der Aussage zurück »Wenn es wirklich darauf ankommt, bin ich auch bereit, Gewalt anzuwenden« zurück. Allerdings gibt auch jeder siebte Befragte an, bereit zu sein, sich mit körperlicher Gewalt gegen Fremde durchzusetzen. Im Zeitvergleich mit 2014 zeigen sich keine Veränderungen bei der Gewaltbilligung. Allerdings zeigt sich bei der Zustimmung zu einer Aussage der Gewaltbereitschaft ein Anstieg. 2014 stimmten 30 % der Aussage zu, sie würden Gewalt anwenden, wenn es wirklich darauf ankäme. Dieser Anteil lag 2016 mit 42 % deutlich höher.

---

4 Unterschiede zwischen Befragten mit schwacher und starker rechtspopulistischer Einstellung im Ausmaß kollektiver Wut: Chi^2 (1, 1.852) = 440.76, $p < .001$.

Zustimmungen zu Gewaltbilligung und -bereitschaft 2016
(Angaben in Prozent) **Tabelle 5.3**

Ich stimme ... →	überhaupt nicht zu	eher nicht zu	eher zu	voll und ganz zu
Gewaltbilligung (M = 1.39; SD = .68; n = 1.891; α = .68)				
Wenn sich andere bei uns breitmachen, muss man ihnen unter Umständen unter Anwendung von Gewalt zeigen, wer Herr im Hause ist.	75,5	14,2	6,2	4,1
Gewalt kann zur Erreichung politischer Ziele moralisch gerechtfertigt sein.	75,1	14,3	6,8	3,8
Gewaltbereitschaft (M = 1.74; SD = .80; n = 1.891; α = .72)				
Manchmal muss ich Gewalt einsetzen, um nicht den Kürzeren zu ziehen.	66,9	17,7	10,2	5,1
Ich bin bereit, mich mit körperlicher Gewalt gegen Fremde durchzusetzen.	70,2	15,7	7,5	6,6
Wenn es wirklich darauf ankommt, bin ich auch bereit, Gewalt anzuwenden.	44,2	13,8	21,9	20,0

Befragte mit rechtspopulistischer Orientierung neigen deutlich häufiger zur Gewaltbilligung und Gewaltbereitschaft als Befragte ohne diese Orientierung (Gewaltbilligung 11 % versus 2 %; Gewaltbereitschaft 32% versus 10 %).[5] Fast jede dritte rechtspopulistisch eingestellte Person ist somit zu gewalttätigem Handeln bereit, um die eigene Position zu behaupten oder zu verteidigen. Hierin zeigt sich ein gefährliches Potenzial für eine Gesellschaft, die die Anwendung von Gewalt eigentlich dem Staat überantwortet hat.

Prägend für rechtspopulistische Einstellungen ist – wie oben bereits angesprochen – die Konfliktlinie zwischen »denen da oben« und »wir hier unten« (But-

5 Unterschiede zwischen schwacher und starker rechtspopulistischer Einstellung im Ausmaß der Gewaltbilligung: Chi^2 (1, 1.892) = 61.65, $p < .001$ und der Gewaltbereitschaft: Chi^2 (1, 1.891) = 134.61, $p < .001$.

terwegge 2008). Hierin lässt sich auch das Misstrauen gegenüber der repräsentativen Demokratie einordnen, das als wesentliches Element rechtspopulistischer Einstellungen berücksichtigt wird. Die Frage ist, inwieweit sich der rechtspopulistische Teil der Bevölkerung zugleich auch von der Demokratie und der Verfassung distanziert. Eine solche positive oder negative Grundhaltung lässt sich als »Verfassungspatriotismus« beschreiben. In der FES-Mitte-Studie 2016 haben wir diese Haltung über den Stolz auf die deutsche Demokratie (Heyder und Schmidt 2002) und Verfassung erhoben. Deutlich wird: Die große Mehrheit der Deutschen ist stolz auf ihre Demokratie und Verfassung (➡ Tab. 5.4).

Verfassungspatriotismus (Angaben in Prozent) **Tabelle 5.4**

Ich bin … ➝	sehr stolz	ziemlich stolz	nicht sehr stolz	überhaupt nicht stolz
Verfassungspatriotismus (M = 3.04; SD = .82; n = 1.858; α = .75)				
Wie stolz sind Sie auf die Demokratie in Deutschland?	36,0	36,2	18,7	9,1
Wie stolz sind Sie auf die Verfassung in Deutschland?	37,2	40,2	16,9	5,7

Allerdings ist der Verfassungspatriotismus bei Befragten mit rechtspopulistischer Orientierung deutlich geringer ausgeprägt (68 % versus 90 %).[6] Insbesondere in Bezug auf die gesellschaftlichen und politischen Debatten über die Integration von Geflüchteten, denen gerade von rechtspopulistischer Seite mit der Forderung begegnet wird, die Demokratie und das Grundgesetz zu respektieren, ist diese Verbreitung bemerkenswert. Gleichzeitig scheinen aber gerade solche Personen von der gelungenen Umsetzung der Demokratie und Verfassung in Deutschland häufig nicht sonderlich überzeugt zu sein.

6 Unterschiede zwischen schwacher und starker rechtspopulistischer Einstellung im Ausmaß von Verfassungspatriotismus: Chi^2 (1, 1.858) = 145.45, < .001.

Rechtsextreme Einstellungen 2016
(Angaben in Prozent)

Tabelle 5.5

Ich …
Befürwortung einer rechtsgerichteten Diktatur (M = 5.11; SD = 2.86; n = 1.813; α = .67)
Im nationalen Interesse ist unter bestimmten Umständen eine Diktatur die bessere Staatsform.
Was Deutschland jetzt braucht, ist eine einzige starke Partei, die die Volksgemeinschaft insgesamt verkörpert.
Wir sollten einen Führer haben, der Deutschland zum Wohle aller mit starker Hand regiert.
Chauvinismus (M = 7.06; SD = 3.53; n = 1.756; α = .77)
Wir sollten endlich wieder Mut zu einem starken Nationalgefühl haben.
Was unser Land heute braucht, ist ein hartes und energisches Durchsetzen deutscher Interessen gegenüber dem Ausland.
Das oberste Ziel der deutschen Politik sollte es sein, Deutschland die Macht und Geltung zu verschaffen, die ihm zusteht.
Ausländerfeindlichkeit (M = 5.90; SD = 3.20; n = 1.820; α = .80)
Die Ausländer kommen nur hierher, um unseren Sozialstaat auszunutzen.
Wenn Arbeitsplätze knapp werden, sollte man die Ausländer wieder in ihre Heimat zurückschicken.
Die Bundesrepublik ist durch die vielen Ausländer in einem gefährlichen Maß überfremdet.
Antisemitismus (M = 4.27; SD = 2.45; n = 1.517; α = .87)
Auch heute noch ist der Einfluss der Juden zu groß.
Die Juden arbeiten mehr als andere Menschen mit üblen Tricks, um das zu erreichen, was sie wollen.
Die Juden haben einfach etwas Besonderes und Eigentümliches an sich und passen nicht so recht zu uns.
Sozialdarwinismus (M = 4.51; SD = 2.42; n = 1.813; α = .67)
Wie in der Natur sollte sich in der Gesellschaft immer der Stärkere durchsetzen.
Eigentlich sind die Deutschen anderen Völkern von Natur aus überlegen.
Es gibt wertvolles und unwertes Leben.
Verharmlosung des Nationalsozialismus (M = 4.73; SD = 2.54; n = 1.634; α = .68)
Ohne Judenvernichtung würde man Hitler heute als großen Staatsmann ansehen.
Die Verbrechen des Nationalsozialismus sind in der Geschichtsschreibung weit übertrieben worden.
Der Nationalsozialismus hatte auch seine guten Seiten.

Tabelle 5.5

lehne völlig ab	lehne überwiegend ab	stimme teils zu/stimme teils nicht zu	stimme überwiegend zu	stimme voll und ganz zu
80,6	7,7	7,3	2,5	1,9
55,7	10,1	11,0	9,3	13,9
76,3	6,9	4,5	4,5	7,7
32,8	11,5	16,3	17,9	21,4
47,2	13,8	19,2	10,1	9,6
51,7	14,8	17,0	7,8	8,6
41,6	17,3	25,9	8,0	7,3
68,3	11,2	10,0	4,6	5,8
54,3	14,6	13,0	8,9	9,2
73,8	12,0	6,9	3,5	3,8
76,1	11,0	7,5	2,5	2,8
77,8	9,7	7,3	3,0	2,2
70,9	11,9	9,0	4,6	3,6
74,8	9,7	7,9	3,6	4,0
82,0	4,9	5,7	2,6	4,7
74,5	9,4	8,1	4,6	3,5
73,4	10,0	8,0	4,9	3,7
66,8	9,9	12,3	5,7	5,3

5.3 Beschreibung rechtsextremer Einstellungen

Seit 2002 werden kontinuierlich rechtsextreme Einstellungen in identischer Weise erfasst.[7] Die Konzeption, Erfassung und Verbreitung rechtsextremer Einstellungen in den FES-Mitte-Studien wird in den folgenden Abschnitten beschrieben.

Eine rechtsextreme Einstellung setzt sich nach Decker/Brähler (2006), die einer Konsensdefinition von Wissenschaftlern folgen, aus sechs Dimensionen zusammen: die Befürwortung einer rechtsgerichteten Diktatur, Chauvinismus, Ausländerfeindlichkeit, Antisemitismus, Sozialdarwinismus und Verharmlosung des Nationalsozialismus (ebd.: 20 f.). Die Befürwortung einer rechtsgerichteten Diktatur meint demzufolge Vorstellungen, die von einer homogenen Gesellschaft ausgehen, deren Interessen mit diktatorischer Führung durchgesetzt werden sollten.

Chauvinismus bezieht sich auf einen übersteigerten Nationalismus, der mit der Forderung nach einem starken Durchsetzen deutscher Interessen verbunden ist. Vorurteile gegenüber ausländischen Menschen drücken sich in der Ausländerfeindlichkeit aus. Antisemitismus bezieht sich auf abwertende und stereotype Einstellungen gegenüber Jüdinnen und Juden. Die Anwendung biologischer Theorien vom Durchsetzen des Stärkeren auf das soziale Leben drückt sich im Sozialdarwinismus aus (ebd.: 36 ff.). Schließlich meint die Verharmlosung des Nationalsozialismus die Relativierung der Verbrechen der Nationalsozialisten, verbunden mit der Ansicht von auch positiven Aspekten dieser Zeit.

Seit 2002 sind rechtsextreme Einstellungen mit diesen sechs Dimensionen in einem zweijährigen Rhythmus beobachtet worden. Diese können somit über einen Zeitraum von 14 Jahren in der deutschen Bevölkerung beschrieben werden. Wir setzen die Erhebung rechtsextremer Orientierungen, wie sie bei Decker/Brähler (2006) beschrieben und als Messinstrument eingesetzt wurden, fort.

---

7 Zwischen 2006 und 2012 erschienen Mitte-Studien in Kooperation zwischen der Universität Leipzig und der Friedrich-Ebert-Stiftung. Seit 2014 arbeitet die Friedrich-Ebert-Stiftung für ihre Mitte-Studien mit dem Institut für Interdisziplinäre Konflikt- und Gewaltforschung der Universität Bielefeld zusammen. Die Universität Leipzig führt seitdem ihre Mitte-Studien als »Leipziger Mitte-Studien« eigenständig weiter.

Nachfolgend berichten wir über die Zustimmung beziehungsweise Ablehnung der vorgelegten rechtsextremen Aussagen in 2016, die in Tabelle 5.5 (➠ S. 124 f.) dargestellt sind.

Während die Gruppenbezogene Menschenfeindlichkeit und der Rechtspopulismus zum Teil mit eher weich formulierten Aussagen, die auch subtilere oder indirekte Formen der Abwertung beziehungsweise der politischen Haltung spiegeln, erfasst wurden, dienen zur Erfassung rechtsextremer Einstellungen hart und eindeutig formulierte Aussagen. Ihnen zuzustimmen fällt nicht leicht, und sie lassen sich auch nicht irgendwie »uminterpretieren«. Entsprechend sind die Zustimmungswerte eher niedrig. Wer hier allerdings zustimmt, äußert eine klar rechtsextreme Haltung.

Zunächst fallen einzelne Aussagen auf, zu denen die Zustimmung vergleichsweise hoch ist. So stimmen 39 % der Befragten der Aussage »Wir sollten endlich wieder Mut zu einem starken Nationalgefühl haben« zu. Knapp ein Viertel meint: »Was Deutschland jetzt braucht, ist eine einzige starke Partei, die die Volksgemeinschaft insgesamt verkörpert.« Gut 15 % stimmen der Aussage zu »Die Ausländer kommen nur hierher, um den Sozialstaat auszunutzen«. Auffällig ist der verhältnismäßig hohe Anteil mit einem Viertel Unentschlossener, die zwischen Zustimmung und Ablehnung schwanken und die mittlere Antwortkategorie wählen. Die Relativierung des Nationalismus drückt sich in der Zustimmung von 11 % der Befragten zu der Meinung aus: »Der Nationalsozialismus hatte auch seine guten Seiten.« Die sozialdarwinistische Aussage »Wie in der Natur sollte sich in der Gesellschaft immer der Stärkere durchsetzen« findet mit 8 % wenig Zustimmung. Insgesamt werden rechtsextreme Aussagen von der großen Mehrheit der deutschen Bevölkerung zwar abgelehnt, jedoch erfahren einzelne Aspekte rechtsextremer Orientierungen insbesondere angesichts der harten und klaren Formulierung der Aussagen doch bemerkenswert hohe Zustimmungswerte, zumindest wenn man die teilweise Zustimmung mit betrachtet.

Die einzelnen Aussagen jeder Dimension rechtsextremer Einstellungen wurden zu Skalen zusammengefasst und die Zustimmung zu dieser zusammengefügten Skala ermittelt, die streng gefasst wurde und als nur dann gegeben gilt, wenn eine Person allen Aussagen, die eine Dimension messen, mindestens überwiegend zugestimmt hat.[8] Daher liegt die Zustimmung zu den zusammengefassten Skalen unter den Zustimmungen zu den einzelnen Aussagen. Insgesamt befürworten demnach knapp 4 % der Bevölkerung eine rechtsgerichtete Diktatur, knapp 13 % vertreten einen nationalen Chauvinismus, knapp 8 % stimmen ganz eindeutig der Ausländerfeindlichkeit zu. 2 % geben ihre Zustimmung zum Sozialdarwinismus, der offen rassistisch ist. Mehr als 2 % neigen ganz deutlich zum klassischen Antisemitismus, der anders als andere Facetten von Antisemitismus – wie der über den Umweg des Holocaust oder über eine antisemitisch aufgeladene Kritik an Israel transportierte – offizielle Ächtung erfährt. Ebenfalls 2 % verharmlosen offen den Nationalsozialismus (➠ hierzu Tab. 5.6, S. 130).

Bei den Fallzahlen in Tabelle 5.5 (➠ S. 124 f.) fällt auf, dass insbesondere beim Antisemitismus und bei der Verharmlosung des Nationalsozialismus viele Befragte die Kategorien »weiß nicht« und »keine Angabe« wählen. Dies sind Antwortkategorien, die es den Befragten ermöglichen sollen, bei Unwissenheit oder bewusster Zurückhaltung der Meinung, nicht zu einer Antwort gezwungen zu werden. Bei den Aussagen zur Messung von Antisemitismus werden von knapp 11 %, gut 15 % beziehungsweise 10 % der Befragten (Reihenfolge der Items aus der Tabelle) keine inhaltlichen Antworten gegeben. Von diesen wiederum wählen etwa 80 % die Kategorie »weiß nicht« und etwa 20 % »keine Angabe«. Bei genauerer Analyse erweisen sich die beiden Antwortkategorien aber nicht so zurückhaltend, wie man meinen könnte. Beispielhaft soll dies an der Aussage veranschaulicht werden: »Auch heute noch ist der Einfluss der Juden zu groß.« Bei den 198 Befragten, die hier keine inhaltliche Antwort gaben, zeigt sich eine deutlich erhöhte – teilweise doppelt so hohe – Zustimmung zu den anderen Aussagen einer rechtsextremen Einstellung im Vergleich zu allen Befragten. So beträgt die überwiegende und volle Zustimmung zur sozialdarwinistischen

---

8 In Fortführung der bisherigen FES-Mitte-Studien wählen wir Summenindizes, damit Vergleiche über die Zeit möglich sind. Die Zustimmung zu einer jeweiligen Dimension ergibt sich dabei aus der überwiegenden und vollständigen Zustimmung der Befragten zu den jeweiligen drei Aussagen der einzelnen Dimensionen. Die Zustimmung ist dann gegeben, wenn die Befragten jeweils mindestens »überwiegend zustimmen« und somit 12 Punkte erreichen. Die minimale Punktzahl beträgt dabei 3, die maximale 15. Dargestellt wird der Anteil der Befragten, die mindestens 12 Punkte in den Dimensionen erreichen.

Aussage »Es gibt wertvolles und unwertes Leben« bei allen Befragten gut 7 %. Bei Befragten, die die oben angeführte antisemitische Aussage nicht inhaltlich beantwortet haben, beträgt sie dagegen knapp 17 %. Dieses Beispiel verdeutlicht, dass eine unterlassene Antwort nicht unbedingt einer tatsächlichen Ahnungs- oder Meinungslosigkeit entspricht, sondern eher im Gegenteil auf den Faktor soziale Erwünschtheit hinweist. Das heißt, etliche Befragte wählen hier die Antwort »weiß nicht« oder machen keine Angabe, weil sie vermuten, dass ihre Meinung gesellschaftlichen Normen widerspricht. Insbesondere bei diesen beiden Facetten scheint die Zustimmung also eigentlich höher zu liegen.

5.4 Rechtsextreme Einstellungen in demografischen Gruppen

Rechtsextreme Einstellungen sind in verschiedenen Gesellschaftsgruppen unterschiedlich verteilt. Im Folgenden wird über die Verbreitung rechtsextremer Einstellungen in verschiedenen soziodemografischen Bevölkerungsgruppen berichtet.

Zunächst wird ein Blick auf Personen geworfen, die überwiegend in Ost- oder Westdeutschland aufgewachsen sind. Wir wählen hier dieses Kriterium zur Unterscheidung von Ost- und Westdeutschen, um möglichen Einflüssen der Sozialisation und der Wendeerfahrung gerecht zu werden, die auch jene noch prägen könnten, die inzwischen umgezogen sind.[9] Diese bezieht sich zum Beispiel auf die Erfahrung der demokratischen Mitgestaltungsmöglichkeit, dem Selbstverständnis als Individuum oder als Teil eines Kollektivs, dem man sich unterzuordnen hat, oder auch auf Vorstellungen von Geschlechterrollen. Ebenso sind sicher die Erfahrungen der Wende von Bedeutung, die für Ostdeutsche einen ganz tiefgreifenden Einschnitt in vielerlei Hinsicht und oft auch den Verlust von Arbeit, Status und Sicherheit mit sich gebracht haben. Auch Personen, die aufgrund ihres Alters kaum eigene Lebenserfahrungen in der ehemaligen DDR

---

9 99 % der Befragten, die überwiegend in Westdeutschland aufgewachsen sind, leben derzeit auch in einem westdeutschen Bundesland, von den überwiegend in Ostdeutschland aufgewachsenen leben derzeit nur knapp 69 % auch in einem ostdeutschen Bundesland. Hier bildet sich die starke Wanderung der vergangenen Jahrzehnte von Ost nach West ab. Allerdings ist Westdeutschland deutlich größer als Ostdeutschland, d. h. es sind viermal mehr Menschen in Westdeutschland aufgewachsen als in Ostdeutschland. So liegt in unserer Stichprobe der Anteil von im Westen Aufgewachsenen in ostdeutschen Bundesländern bei 9 %, der Anteil von im Osten Aufgewachsenen in den westdeutschen Bundesländern bei 6 %.

gemacht haben, sind dennoch oft von Werten, Normvorstellungen und Erfahrungen geprägt, die aus der DDR- und Wendezeit an sie weitergegeben wurden. In Tabelle 5.6 sind neben den Werten für Gesamtdeutschland die Werte anhand der angegebenen Herkunft aus Ost- oder Westdeutschland eingetragen.

Zustimmung zu den Dimensionen rechtsextremer Einstellungen bei Ost- und Westdeutschen 2016 (Angaben in Prozent) **Tabelle 5.6**

	Gesamt (n = 1.896)	West (n = 1.496)	Ost (n = 317)
Befürwortung Diktatur	3,6	3,1	4,9
Chauvinismus	12,5	11,6	14,9
Ausländerfeindlichkeit	7,7	7,2	9,6
Antisemitismus	2,4	2,3	3,1
Sozialdarwinismus	2,0	1,8	2,4
Verharmlosung des Nationalsozialismus**	2,0	1,6	4,3

Legende * $p \leq .05$; ** $p \leq .01$; *** $p < .001$.

Ost- und Westdeutsche unterscheiden sich im Ausmaß rechtsextremer Einstellungen kaum voneinander. Statistisch abgesicherte Unterschiede zwischen Ostdeutschland und Westdeutschland können lediglich bei der Verharmlosung des Nationalismus festgestellt werden.[10] Hierbei, wie bei den anderen Dimensionen einer rechtsextremen Einstellung, finden sich in der Tendenz jedoch etwas stärkere Zustimmungen bei im Osten aufgewachsenen Befragten, wenngleich nicht signifikant. Diese stärkere Verbreitung im Osten ist vielfach bestätigt. Dafür gibt es sehr verschiedene Erklärungen. Einige betonen den Einfluss der homogeneren Gesellschaftsstruktur im Osten und den Einfluss mangelnder interkultureller Kontakterfahrungen auf Vorurteile (Asbrock et al. 2012). Auch ein stärkeres Ausmaß an Desintegrationserfahrungen wird zur Erklärung der Unterschiede herangezogen (Babka von Gostomski, Küpper, Heitmeyer 2007). Grau, Groß und Reinecke (2012) dagegen weisen auf die Bedeutung struktu-

10 Unterschiede zwischen West und Ost: Verharmlosung des Nationalsozialismus: Chi^2 (1.573) = 8,41, $p < .01$. Alle weiteren Unterschiede sind nicht signifikant.

reller Unterschiede wie Jugendarbeitslosigkeit und ein sich daraus ergebendes Sozialklima von subjektiver Benachteiligung und Orientierungslosigkeit hin. Borstel (2012) betont die unterschiedlichen Demokratiegeschichten, wobei er nach wie vor Defizite in der demokratischen Bürgergesellschaft in Ostdeutschland ausmacht. Wir gehen davon aus, dass alle diese Faktoren eine Bedeutung haben und dazu beitragen, dass sich rechtsextreme Einstellungen zu Meinungskulturen verdichten.

Mit Blick auf das Geschlecht findet sich lediglich in einer Dimension rechtsextremen Denkens ein statistisch signifikanter Unterschied (➡ Tab. 5.7).[11] Männer verharmlosen im Jahr 2016 signifikant stärker den Nationalsozialismus als Frauen.

Zustimmung zu den Dimensionen rechtsextremer Einstellungen bei Männern und Frauen 2016 (Angaben in Prozent) **Tabelle 5.7**

	Männer (n = 880)	Frauen (n = 1.015)
Befürwortung Diktatur	3,8	3,3
Chauvinismus	13,4	11,7
Ausländerfeindlichkeit	8,0	7,4
Antisemitismus	2,4	2,4
Sozialdarwinismus	1,2	2,7
Verharmlosung des Nationalsozialismus**	3,0	1,1

Legende * p ≤ .05; ** p ≤ .01; *** p < .001.

Deutlichere Unterschiede rechtsextremer Einstellungen – insbesondere in den Dimensionen Chauvinismus, Ausländerfeindlichkeit und Antisemitismus – bestehen zwischen den Altersgruppen (➡ Tab. 5.8, S. 132).[12] Dabei steigt die Zustimmung zu den drei genannten Elementen linear mit dem Alter an. Bei

11 Unterschiede zwischen Männer und Frauen: Verharmlosung des Nationalsozialismus: Chi^2 (2, 1.634) = 7.71, p ≤ .05.

12 Unterschiede zwischen Altersgruppen: Chauvinismus: Chi^2 (2, 1.742) = 12.87, p ≤ .05, Ausländerfeindlichkeit: Chi^2 (2, 1.804) = 19.29, p < .001, Antisemitismus: Chi^2 (2, 1.506) = 13.82, p ≤ .01.

der Ausländerfeindlichkeit unterscheiden sich die mittlere und ältere Gruppe dabei nicht voneinander. Beim Antisemitismus dagegen heben sich die Ältesten von den jungen und mittelalten Befragten deutlich ab.

Zustimmung zu den Dimensionen rechtsextremer Einstellungen in verschiedenen Altersgruppen 2016 (Angaben in Prozent) **Tabelle 5.8**

	16–30 (n = 353)	31–60 (n = 918)	> 60 (n = 605)
Befürwortung Diktatur	5,1	3,2	3,2
Chauvinismus*	7,5	12,4	15,8
Ausländerfeindlichkeit***	2,2	8,2	9,8
Antisemitismus**	1,0	1,7	4,6
Sozialdarwinismus	2,1	1,5	2,7
Verharmlosung des Nationalsozialismus**	1,9	2,2	1,9

Legende * p ≤ .05; ** p ≤ .01; *** p < .001.

Noch stärker zeigen sich demografische Unterschiede in den rechtsextremen Einstellungen zwischen unterschiedlichen Bildungsgruppen. Befragte mit geringem oder mittlerem Bildungsniveau neigen eher zu rechtsextremen Einstellungen als Befragte mit höherer Schulbildung, und zwar in allen sechs Dimensionen; unter den am niedrigsten Gebildeten sind rechtsextreme Einstellungen am weitesten verbreitet.[13] Mittelwertevergleiche verweisen auf größere Ähnlichkeiten zwischen den Befragten mit mittlerer Bildung und jenen mit niedriger Bildung als jenen mit höherer Bildung hin. Für das Ausmaß von Antisemitismus, Sozialdarwinismus und der Verharmlosung des Nationalsozialismus spielt die Bildung eine geringere Rolle.

13 Unterschiede zwischen Bildungsgruppen: Befürwortung Diktatur: Chi^2 (2, 1.780) = 36.77, p < .001, Chauvinismus: Chi^2 (2, 1.730) = 65.75, p < .001, Ausländerfeindlichkeit: Chi^2 (2, 1.790) = 35.23, p < .001, Antisemitismus: Chi^2 (2, 1.497) = 21.43, p < .001, Sozialdarwinismus: Chi^2 (2, 1.785) = 21.06, p < .001, Verharmlosung des Nationalsozialismus: Chi^2 (2, 1.610) = 16.43, p < .001.

Zustimmung zu den Dimensionen rechtsextremer Einstellungen in verschiedenen Bildungsgruppen 2016 (Angaben in Prozent) **Tabelle 5.9**

	niedrig (n = 735)	mittel (n = 573)	hoch (n = 555)
Befürwortung Diktatur***	6,8	2,3	0,8
Chauvinismus***	19,6	12,1	3,9
Ausländerfeindlichkeit***	11,5	7,7	2,4
Antisemitismus***	4,6	2,1	0,3
Sozialdarwinismus***	3,8	1,3	0,4
Verharmlosung des Nationalsozialismus***	3,6	2,0	0,2

Legende * $p \leq .05$; ** $p \leq .01$; *** $p < .001$.
Einteilung der Bildungskategorien: **niedrig** = Schüler, Schülerinnen und Personen mit maximal einem Hauptschulabschluss; **mittel** = Personen mit mittlerer Reife/10. Kl. Polytechnikum, **hoch** = Personen mit (Fach-)Abitur.

Deutliche Unterschiede im Ausmaß rechtsextremer Einstellungen finden sich ebenso zwischen Personen unterschiedlichen Einkommens (gemessen am Äquivalenzeinkommen).[14] Befragte einkommensschwächerer Gruppen vertreten häufiger rechtsextreme Einstellungen aller Dimensionen, wobei der Unterschied bei der Verharmlosung des Nationalsozialismus nicht statistisch signifikant ist. Einkommensstärkere stimmen rechtsextremen Einstellungen kaum zu, mit Ausnahme des nationalen Chauvinismus, der von rund 5 % der Einkommensstärkeren, aber einem Fünftel der Einkommensschwachen vertreten wird (➠ Tab. 5.10, S. 134).

Abschließend soll die Verteilung rechtsextremer Einstellung in Abhängigkeit davon betrachtet werden, ob die Befragten einer Gewerkschaft angehören. In den prozentualen Anteilen zeigen sich hierbei keine signifikanten Unterschiede zwischen Gewerkschaftsmitgliedern und jenen, die keiner Gewerkschaft angehören (➠ Tab. 5.11, S. 134).

---

14 Unterschiede zwischen Einkommensgruppen: Befürwortung Diktatur: Chi^2 (2, 1.362) = 14.24, $p < .001$, Chauvinismus: Chi^2 (2, 1.320) = 24.88, $p < .001$, Ausländerfeindlichkeit: Chi^2 (2, 1.364) = 31.20, $p < .001$, Antisemitismus: Chi^2 (2, 1.141) = 10.29, $p \leq .01$, Sozialdarwinismus: Chi^2 (2, 1.357) = 15.08, $p \leq .01$.

Zustimmung zu den Dimensionen rechtsextremer Einstellungen in verschiedenen Einkommensgruppen 2016 (Angaben in Prozent) **Tabelle 5.10**

	Einkommens-schwache (n = 322)	Einkommens-mitte (n = 808)	Einkommens-starke (n = 277)
Befürwortung Diktatur***	5,9	3,2	0,5
Chauvinismus***	19,8	14,0	5,3
Ausländerfeindlichkeit***	15,2	8,2	2,0
Antisemitismus**	4,5	2,5	0,1
Sozialdarwinismus**	4,6	1,8	0,1
Verharmlosung des Nationalsozialismus	2,7	2,5	0,5

Legende * $p \leq .05$; ** $p \leq .01$; *** $p < .001$.
Einteilung der Einkommenskategorien (gebildet über das Nettoäquivalenzeinkommen): **Einkommensschwache:** < 70 %, **Einkommensmitte:** ≥ 70 % – < 150 %, **Einkommensstarke:** ≥ 150 % (gemessen am Einkommensmedian).

Zustimmungen zu den Dimensionen rechtsextremer Einstellungen nach Gewerkschaftsangehörigkeit 2016 (Angaben in Prozent) **Tabelle 5.11**

Gewerkschaftsangehörigkeit ... →	Ja (n = 358)	Nein (n = 1.529)
Befürwortung Diktatur	2,4	3,9
Chauvinismus	13,7	12,1
Ausländerfeindlichkeit	6,0	8,0
Antisemitismus	2,0	2,5
Sozialdarwinismus	1,1	2,2
Verharmlosung des Nationalsozialismus	1,9	2,1

Legende * $p \leq .05$; ** $p \leq .01$; *** $p < .001$.

5.5 Rechtsextreme Einstellungen und politische Orientierung

Rechtsextreme Einstellungen hängen mit weiteren politischen Orientierungen zusammen. Zentral ist dabei die generelle Orientierung am bestehenden politischen System. Hierzu haben wir zunächst die Selbstpositionierung der Befragten im politischen Linke-Mitte-Rechts-Spektrum erfasst. Eine überwiegende Mehrheit von 60 % der Befragten bezeichnet in der FES-Mitte-Studie 2016 ihre politische Orientierung als »genau in der Mitte«; das war auch in den Studien zuvor der Fall. Eine eindeutige Selbstzuordnung als ganz »links« (6%) oder »rechts« (3 %) wird nur von wenigen Befragten vorgenommen. Aus diesem Grund werden diese Befragten jeweils mit jenen zusammengefasst, die sich »eher links« (22 %) bzw. »eher rechts« (8 %) verorten. In Abhängigkeit der politischen Selbstverortung unterscheiden sich die Befragten deutlich und hoch signifikant in ihrer Zustimmung zu rechtsextremen Einstellungen (➠ Tab. 5.12, S. 136).[15] Deutlich wird – wie auch in den Jahren zuvor – ein weitgehend linearer Anstieg von links über die Mitte nach rechts: Unter Befragten, die sich selbst links verorten, sind rechtsextreme Einstellungen am wenigsten weit verbreitet, in der Mitte auf vergleichsweise mittlerem Niveau und unter Befragten, die sich selbst rechts verorten, am weitesten verbreitet. Die größten Unterschiede zwischen den verschiedenen politischen Orientierungen finden sich bei nationalem Chauvinismus und Ausländerfeindlichkeit. Diese beiden Dimensionen bilden damit am deutlichsten die ideologischen Differenzen zwischen rechter und linker Ausrichtung ab. Ein Pendant hierzu stellen Antisemitismus und Sozialdarwinismus dar. Die Unterschiede zwischen links und rechts sind zwar statistisch signifikant, in der Höhe aber nicht so ausgeprägt. Dies liegt vor allem daran, dass Befragte mit (eher) rechter Ausrichtung auch bei diesen beiden Dimensionen vergleichsweise wenig Zustimmung äußern.

Ein zweiter Indikator der politischen Orientierung ist die Parteipräferenz. Auch sie hat einen Einfluss auf rechtsextreme Einstellungen, und die Spannweite der

---

15 Unterschiede nach politischer Orientierung: Befürwortung Diktatur: Chi^2 (2, 1.708) = 89.69, $p < .001$, Chauvinismus: Chi^2 (2, 1.658) = 87.19, $p < .001$, Ausländerfeindlichkeit: Chi^2 (2, 1.717) = 73.88, $p < .001$, Antisemitismus: Chi^2 (2, 1.448) = 32,08, $p < .001$, Sozialdarwinismus: Chi^2 (2, 1.711) = 38.18, $p < .001$, Verharmlosung des Nationalsozialismus: Chi^2 (2, 1.554) = 75.79, $p < .001$.

Zustimmung zu den Dimensionen rechtsextremer Einstellungen nach politischer Orientierung 2016 (Angaben in Prozent) **Tabelle 5.12**

	links (links, eher links) (n = 503)	genau in der Mitte (n = 1.074)	rechts (rechts, eher rechts) (n = 203)
Befürwortung Diktatur***	0,5	3,0	15,2
Chauvinismus***	3,9	12,3	29,8
Ausländerfeindlichkeit***	1,4	7,9	20,5
Antisemitismus***	0,0	2,9	8,0
Sozialdarwinismus***	0,6	1,3	7,0
Verharmlosung des Nationalsozialismus***	0,0	1,5	10,9

Legende * p ≤ .05; ** p ≤ .01; *** p < .001.

Zustimmungen ist teilweise enorm (➠ Tab. 5.13).[16] Während eine rechtsautoritäre Diktatur von potenziellen Wählerinnen und Wählern der Partei Bündnis 90/Die Grünen vollständige Ablehnung erfährt, ist die Zustimmung bei potenziellen Wählern und Wählerinnen der AfD mit knapp 21 % ungleich höher. In allen Dimensionen einer rechtsextremen Einstellung zeigen AfD-Anhängerinnen und -Anhänger die mit Abstand höchsten Zustimmungswerte (➠ hierzu auch Kap. 7).[17] Befragte, die angeben, nicht wählen zu gehen, weisen in drei der sechs Dimensionen die zweithöchsten Werte auf. Die potenziellen Wählerinnen und Wähler der übrigen Parteien unterscheiden sich hier insgesamt nicht sehr, mit einigen kleineren Auffälligkeiten. So stimmen die Anhänger der CDU/CSU und FDP, aber fast ebenso die der Linken nationalem Chauvinismus vergleichsweise eher zu als jene der Grünen, der SPD und FDP.

16 Unterschiede nach Parteipräferenz: Befürwortung Diktatur: Chi^2 (6, 1.399) = 113.01, p < .001, Chauvinismus: Chi^2 (6, 1.359) = 144.94, p < .001, Ausländerfeindlichkeit: Chi^2 (6, 1.405) = 180.25, p < .001, Antisemitismus: Chi^2 (6, 1.192) = 30.14, p < .001, Sozialdarwinismus: Chi^2 (6, 1.412) = 34,64, p < .001, Verharmlosung des Nationalsozialismus: Chi^2 (6, 1.271) = 146.83, p < .001. Zu beachten ist, dass hier keine repräsentativen Stichproben der Parteien gezogen wurden.

17 Jeweils 4 Personen geben an, die NPD bzw. die Piratenpartei zu wählen. Jeweils 14 Personen würden eine andere Partei wählen, die nicht in der vorgelesenen Liste enthalten ist, oder sind nicht wahlberechtigt. Aufgrund der geringen Fallzahlen sind die genannten Personen von den Analysen ausgeschlossen.

Zustimmungen zu den Dimensionen rechtsextremer Einstellungen nach Parteipräferenz 2016 (Angaben in Prozent) **Tabelle 5.13**

	CDU/CSU (n = 370)	SPD (n = 361)	FDP (n = 124)	B'90[a] (n = 268)	Die Linke (n = 107)	AfD (n = 106)	NW[b] (n = 118)
Befürwortung Diktatur***	2,6	1,4	4,0	0,0	2,4	20,8	6,6
Chauvinismus***	13,9	5,6	11,5	4,4	10,8	47,0	21,6
Ausländer-feindlichkeit***	6,0	2,3	7,7	1,0	0,0	35,9	14,3
Antisemitismus***	3,3	2,0	3,7	0,2	0,0	10,4	2,0
Sozialdarwinis-mus***	1,5	2,2	3,9	0,0	2,1	9,4	4,2
Verharmlosung des Nationalsozialis-mus***	0,9	0,8	2,7	0,0	0,0	20,3	1,6

Legende * $p \leq .05$; ** $p \leq .01$; *** $p < .001$ · [a] = Bündnis '90/Die Grünen; [b] = Nichtwähler.

5.6 Rechtsextreme Einstellungen 2002–2016

Ein wesentliches Ziel der FES-Mitte-Studien besteht in der kontinuierlichen Beobachtung der Entwicklung rechtsextremer Orientierungen. Seit 2002 liegen zuverlässige Daten aus Querschnittsumfragen vor. Die Studien stellen damit ein bedeutsames Instrument für Politik und Zivilgesellschaft dar.

Für die Darstellung der Entwicklungen über die Jahre beziehen wir uns zum einen auf die bei Decker/Kiess/Brähler (2012) angegebenen Werte und zum anderen auf die von uns erhobenen Daten der Jahre 2014 und 2016.

Im direkten Vergleich zu den Daten 2014 sind nahezu keine Veränderungen zu beobachten. Die Anteile der zustimmenden Befragten in den sechs Dimensionen sind konstant zur Vorerhebung. Dennoch zeigen die einzelnen Mittelwertvergleiche leichte, aber signifikante Rückgänge in der Zustimmung an, die sich hier in den Häufigkeitsangaben nicht abbilden. Dies gilt für alle Dimensionen rechtsextremer Einstellungen. Somit stellt das Jahr 2014 nach wie vor eine Zäsur dar,

Entwicklung rechtsextremer Einstellungen in der Bevölkerung 2002–2016
(Angaben in Prozent) **Grafik 5.2**

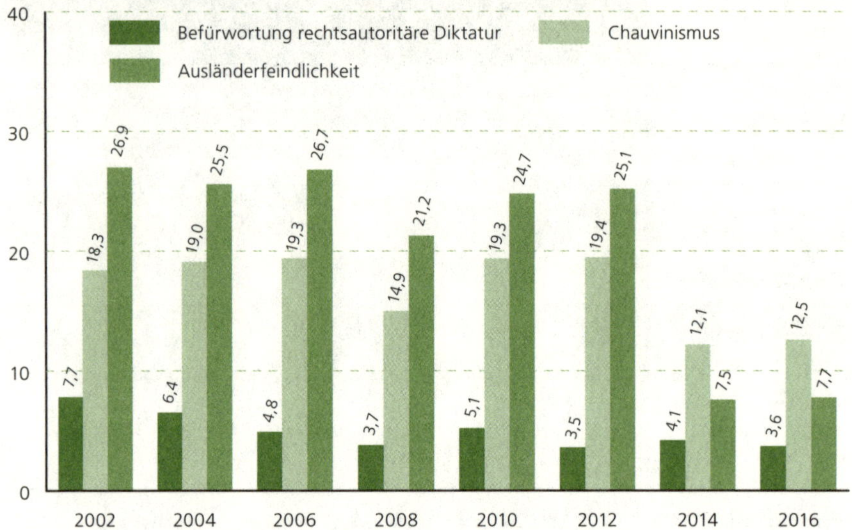

Entwicklung rechtsextremer Einstellungen in der Bevölkerung 2002–2016
(Angaben in Prozent) **Grafik 5.3**

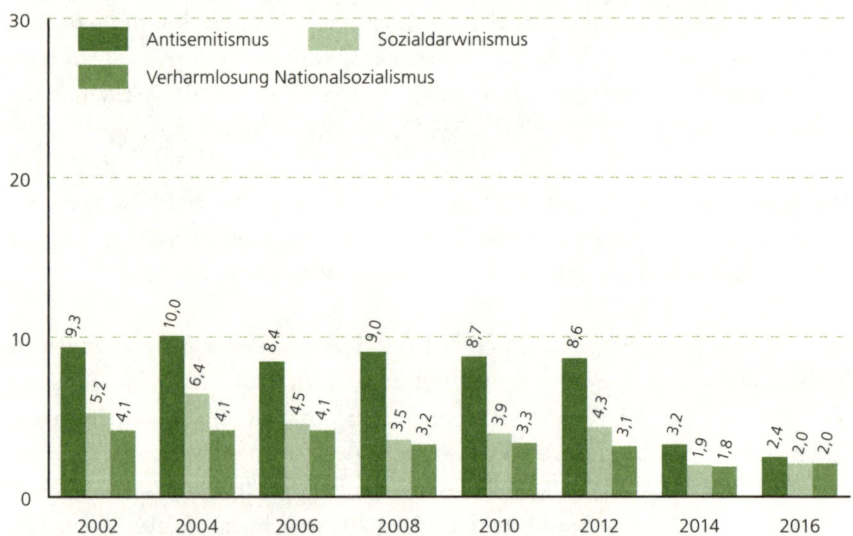

in dem es den deutlichsten Rückgang seit der ersten Erhebung 2002 gab, der sich aber 2016 in abgeschwächter Form in der Tendenz fortsetzt. Dies gilt insbesondere für Ausländerfeindlichkeit und Chauvinismus, aber auch für traditionellen Antisemitismus. Sowohl der Sozialdarwinismus als auch die Verharmlosung des Nationalsozialismus entwickeln sich zwar ebenso rückläufig, aufgrund ihrer schon vorher geringen Verbreitung ist der Rückgang jedoch weniger stark.

Die Ereignisse im Sommer und Herbst 2015 sowie die Wahlerfolge der AfD hätten einen Wiederanstieg rechtsextremer Einstellungen vermuten lassen. Im Zeitvergleich spiegeln sich jedoch die geführten Debatten in Politik und Gesellschaft in den Meinungen der Befragten nicht direkt wider. Dies drückt sich auch in der Gesamtbetrachtung rechtsextremer Einstellungen aus, die sich aus den sechs Dimensionen zusammensetzt, denn für Gesamtdeutschland ist nur ein minimaler Anstieg festzustellen.[18] So betrug der Anteil 2014 für Gesamtdeutschland gut 2 %, während er 2016 auf knapp 3 % minimal ansteigt. Es gibt somit nur einen sehr kleinen Teil in der Bevölkerung, der eine ausgeprägte rechtsextreme Einstellung vertritt und allen Dimensionen zustimmt.

Zustimmungen zum Gesamtindex rechtsextremer Einstellung 2002–2016
(Angaben in Prozent) **Tabelle 5.14**

	2002	2004	2006	2008	2010	2012	2014	2016
Gesamt	9,7	9,8	8,6	7,6	8,2	9	2,4	2,8
Ost	8,1	8,3	6,6	7,9	10,5	15,8	2,5	5,9
West	11,3	10,1	9,1	7,5	7,6	7,3	2,3	2,3

Anders stellt sich das Bild dar, betrachtet man Personen getrennt voneinander, die vorwiegend in Ost- beziehungsweise Westdeutschland aufgewachsen sind (➠ Tab. 5.14): Während sich bei im Westen Aufgewachsenen rechtsextreme Einstellungen stabilisiert haben, ist für im Osten Aufgewachsene eine Verdopplung der Anteile im Vergleich zu 2014 zu beobachten. Dennoch wird auch hier

18 Als rechtsextrem gelten demnach Personen ab einem Grenzwert von > 63 bei einem Minimum von 18 und einem Maximum von 90. Der Grenzwert wird überstiegen, wenn alle 18 Items mit durchschnittlich höher als 3,5 (insgesamt 5 Antwortkategorien) beantwortet wurden (zum Verfahren vgl. Decker, Kiess & Brähler 2012: 47).

nicht der Höchstwert von 2012 erreicht. Der Anstieg für Gesamtdeutschland geht somit ausschließlich auf Ostdeutsche zurück.

5.7 Zusammenhänge zwischen rechtspopulistischen, rechtsextremen und menschenfeindlichen Meinungen sowie Gewalt

Die gesellschaftliche Lage mit Blick auf menschenfeindliche, rechtspopulistische und rechtsextreme Einstellungen in der Bevölkerung ist in den letzten beiden Jahren weder klarer noch einfacher geworden. In den letzten Jahren tauchen äußerst gewaltorientierte Kampagnen im Rechtspopulismus auf. Auf den Zusammenhang von GMF und Gewalt haben wir schon verwiesen (➠ Kap. 3). Wie eng die Verzahnung zwischen den in diesem Kapitel betrachteten Überzeugungsmustern ist, zeigen die statistischen Zusammenhänge in Tabelle 5.15.

Korrelationen zwischen rechtspopulistischen, rechtsextremen und menschenfeindlichen Meinungen und Gewalt 2016 **Tabelle 5.15**

	Rechtspopulistische Einstellungen	Rechtsextreme Einstellungen
Menschenfeindlichkeit		
Rassismus	.44***	.58***
Sexismus	.32***	.44***
Abwertung homosexueller Menschen	.35***	.41***
Abwertung wohnungsloser Menschen	.45***	.37***
Abwertung von Menschen mit Behinderung	.23***	.36***
Abwertung langzeitarbeitsloser Menschen	.48***	.41***
Etabliertenvorrechte	.57***	.47***
Gewalt		
Gewaltbilligung	.32***	.46***
Gewaltbereitschaft	.37***	.44***

Legende * $p \leq .05$; ** $p \leq .01$; *** $p < .001$.

5.8 Fazit und Ausblick

Rechtsextreme und vor allem rechtspopulistische Einstellungen sind in der Gesellschaft verwurzelt, nicht in allen Segmenten, aber bis weit in die Mitte. Von Verwurzelung kann hier die Rede sein, weil sowohl viele Facetten von GMF als auch rechtspopulistische und rechtsextreme Einstellungen in der Bevölkerung geteilt werden. Dieser Befund hat sich stabilisiert. Nach einem Rückgang in vielen Facetten rechtspopulistischer wie rechtsextremer Einstellungen bis zum Jahr 2014 sind die Einstellungen nun auf ähnlichem Niveau wie vor zwei Jahren. Salopp gesagt, ist nicht alles schlimmer geworden, aber viele Feindseligkeiten, das Misstrauen gegenüber Demokratie und Eliten, ein nationaler Chauvinismus und ähnliche Einstellungen finden Zustimmung und sind konfliktträchtig. Der rechtspopulistische Ruf nach Ordnung und Strafe wie das Misstrauen gegenüber der Demokratie sind nahezu mehrheitsfähig. Stabile 20 % der nach repräsentativen Kriterien befragten Stichprobe teilen eine deutliche rechtspopulistische Einstellung und Wahrnehmung der gesellschaftlichen Verhältnisse. Ein gutes Drittel äußert Zustimmung zu einer aggressiven Stimmung gegenüber Zuwanderern, und noch mehr Personen meinen, ihre wahre Meinung nicht sagen zu dürfen, die in der Tendenz aber offenbar eher eine feindselige, undemokratische ist.

In der FES-Mitte-Studie 2016 fällt auch auf, wie sehr rechtspopulistische und rechtsextreme Einstellungen nicht nur eng miteinander verbunden, sondern auch in einigen Dimensionen verwoben sind. So zeigt sich vor allem, dass beide Überzeugungen in menschenfeindlichen Einstellungen und Gewaltorientierungen nicht weit auseinanderliegen. Zudem scheint ein nationaler Chauvinismus, der nach der Restaurierung einer national homogenen Volksgemeinschaft strebt, eine Übereinstimmung zwischen rechtspopulistischen und rechtsextremen Milieus zu bieten. Mit Blick auf rechtsextreme Einstellungen in Bevölkerungsgruppen zeigen sich deutliche Unterschiede vor allem in den Alters-, Bildungs- und Einkommensgruppen sowie in den politischen Präferenzen. Je weiter rechts die Befragten nach eigener Auskunft orientiert sind, desto stärker stimmen sie rechtsextremen Einstellungen zu. Der in der Verteilung der Straf- und Gewalttaten so augenfällige Ost-West-Unterschied lässt sich in den Einstellungen der breiten Bevölkerung jedoch nur bedingt nachweisen. Teilweise erfahren rechtsextreme Aussagen im Osten etwas mehr Zustimmung. Allerdings ist das Ausmaß rechtsextremer Einstellung unter Ostdeutschen im Vergleich zu 2014 deutlich angestiegen, während es unter Westdeutschen stagniert.

Die Einstellungen lassen Anknüpfungs- und Konfliktpunkte erkennen, an denen sich rechtspopulistisch und rechtsextrem orientierte Bürgerinnen und Bürger aus der Mitte der Gesellschaft ausrichten und die organisierte Gruppen und Parteien gezielt bedienen. Ein rückwärtsorientierter autoritärer Konservatismus mit dem Leitbild nationaler Identität sowie menschenfeindliche Einstellungen – und hier insbesondere muslimfeindliche Einstellungen – kennzeichnen in besonderem Maße rechtsorientierte Meinungsmilieus. In welchem Ausmaß diese Orientierungen mit Sympathien für bestimmte Gruppen und Parteien, wie die AfD, zusammenhängen – dieser Frage gehen Andreas Hövermann und Eva Groß später noch genauer nach (➠ Kap. 8). Wesentlich ist, dass die Einstellungen nicht nur in der Mitte der Bevölkerung nachweisbar sind, wie wir mit den Umfragedaten zeigen können, sondern auch, dass sie eine politische Anschauung der gesellschaftlichen Verhältnisse ergeben. Es ist nur teilweise ein geschlossenes Weltbild, das wir hier nachzeichnen. Nur wenige Befragte weisen eindeutige und stabile Zustimmungen in allen Dimensionen rechtsextremer Einstellungen auf. Vielmehr bieten sowohl die Dimensionen rechtspopulistischer als auch rechtsextremer Einstellungen eine Identifikationsfläche für die Mitte, die eine Brücke auf die Seite der Gegner der Willkommenskultur und demokratischen Zivilgesellschaft schlägt. Eine alternative Brücke in die demokratisch orientierte Zivilgesellschaft, die trotz aller Divergenzen und Konflikte einen Konsens finden kann, ist auch zu sehen. Sie heißt Ablehnung verallgemeinerter negativer Haltungen gegenüber Minderheiten, Festhalten an der Norm der Gleichwertigkeit und Distanz zur Gewalt. Um diese Brücke zu stützen, müssen aber derzeit besondere Anstrengungen unternommen werden. Nur dann wird es gelingen, die Trends zu antidemokratischen Einstellungen, die sich stabilisieren und in Teilen der Bevölkerung (wieder) wachsen, umzukehren.

6 Die Neue Rechte und die Verbreitung neurechter Einstellungen in der Bevölkerung

Beate Küpper · Alexander Häusler · Andreas Zick

Einleitung

Verschwörungstheorien einer Islamisierung des Abendlandes und völkische Identitätsvorstellungen, wie sie in weiten Teilen rechtspopulistischer Gruppen und Parteien zu finden sind, sind nicht neu. Teilweise erscheinen sie in neuem Gewand, aber zum großen Teil schließen sie an länger bestehende Begriffe und Ideologien an. Sie werden vor allem auf Internetblogs und Websites oder auf Demonstrationszügen ausgetauscht und dort von (pseudo-)intellektuellen Zirkeln ultrakonservativer wie nationalistisch orientierter Denkschulen produziert und lanciert. Wenn die Parteivorsitzende der AfD Begriffe wie »völkisch« unverhohlen positiv besetzen möchte, dann ist dies ein sichtbares Zeichen für den Einfluss sogenannter neurechter politischer Ansätze. Rechtspopulistische Bewegungen, nationalkonservativ orientierte Eliten und rechtsextreme Gruppierungen wie die »Identitäre Bewegung« erhalten weltanschauliche, propagandistische und strategische Hilfestellungen von diesen neurechten Netzwerken. Bücher wie »Revolte gegen den großen Austausch« von Renaud Camus sowie die Bücher von Götz Kubitschek oder Akif Pirinci finden hier Anklang. Die sogenannten Neurechten distanzieren sich von simplen rechtsextremen Ideologien und plädieren in der Tradition der Nouvelle Droite für einen Kulturkampf um die Dominanz nationaler Kulturen und Identitäten. Ihre Thesen sind anschlussfähig für andere konservative Ideen über die Identitäten von Staaten und Kulturen und die Ablehnung von Immigration. Über publikumsnahe und populistische Journale wie das Compact-Magazin, die Internetseite von »Political Incorrect« oder auch »Kath.net« (Letzteres ist ein privates, kein kirchliches Onlinemagazin; über die Verbreitung neurechter Inhalte durch diese Seite, die auch von der Kirche kritisiert wird, siehe Strube 2012) erreichen sie eine breitere Leserschaft. In dem vorliegenden Beitrag gehen wir der Frage nach, wie verbreitet zentrale Ideen und Fragmente neurechter Ideologien in der Bevölkerung sind und in welchem Verhältnis sie zu menschenfeindlichen und offen rechtsextremen Einstellungen stehen. Hierfür arbeiten wir in einem ersten Schritt die zentralen ideologischen Versatzstücke heraus, die wir für die FES-Mitte-Studie 2016 versucht haben als Einstellungskonstrukte zu messen. Damit ist es erstmalig möglich, die Verbreitung von neurechten Ideologien in der breiten Bevölkerung zu messen. Die Befunde werden zeigen, wie erstaunlich eng Verschwörungsgedanken über das politische Establishment und den Islam, Vorstellungen einer nationalen Rückbesinnung und der Aufruf zum »Widerstand« gegen die aktuelle Politik miteinander verknüpft sind, geteilt von einem nicht unerheblichen Anteil der Bevölkerung.

6.1 Die neuen Rechten

Im ersten Abschnitt stellen wir zentrale Strukturen neurechter Strömungen vor. Dabei nennen wir Parteien, Strömungen und jene Bewegungen, die mehr oder minder organisiert erscheinen und trotz aller Heterogenität eine Bewegung bilden. Im zweiten Abschnitt werden zentrale Ideen herausgestellt, die auch in die empirische Analyse eingeflossen sind. Skizzenhaft werden zunächst Szenen, Redebeiträge und Stimmungen eingefangen, in denen sich neurechte Ideologiefragmente widerspiegeln.

Neurechte Parteien, Strömungen und Bewegungen

Es herrscht eine aggressive Stimmung an diesem Abend Ende Oktober auf der Versammlung vor dem Erfurter Dom: Die Thüringer AfD hat zur Demonstration gegen »Asylchaos« und »Politikversagen« aufgerufen, und über viertausend Menschen sind gekommen. Die Teilnehmerschaft veranschaulicht die Heterogenität dieser neuen rechten Bewegung. Es stehen ortsansässige und aus den Nachbarorten angereiste Demonstranten, die sich als »besorgte Bürger« bezeichnen, neben neurechten Politkadern, Hooligans, Neonazis aus der NPD und den »freien Kameradschaften«. Deutschlandfahnen werden ebenso geschwenkt wie Erkennungssymbole extrem rechter Gruppierungen. Anwesenden Reporterinnen und Reportern werden Statements wiederkehrend mit Hinweis auf die »Lügenpresse« verweigert. Dort, wo Einzelne doch Auskunft geben, werden zumeist Wut und Verachtung gegenüber Muslimen, Flüchtlingen und »denen da oben« laut: »Ich bin voller Hass«, ereifert sich eine ältere Dame gegenüber der Journalistin Dunja Hayali: »Wenn ich was in der Hand hätte, ich würde mich vergessen! Die müssen weg!«[1] Markus Frohnmaier, Vorsitzender der AfD-Jugendorganisation »Junge Alternative«, scheint als Redner den Nerv des Publikums zu treffen: Seine Pöbeleien gegen Flüchtlinge und den Ausspruch von Bundeskanzlerin Merkel »Wir schaffen das« werden unterbrochen von Zwischenrufen. »Merkel muss weg«, fordert die aufgeputschte Menge und skandiert »Volksverräter« und »Widerstand«. Frohnmaier brüllt in das Mikrofon: »Wenn wir kommen, dann wird aufgeräumt, dann wird ausgemistet, wird wieder Politik für das Volk und nur für das Volk gemacht – denn wir sind das Volk, liebe Freunde!«[2]

Die AfD zieht ihre Kraft aus der Krise politischer Repräsentation und aus menschenfeindlichen Vorurteilen gegen verschiedene Gruppen. Mit Kampfbegriffen wie »Asylchaos«, »EU-Krise«, »Merkel muss weg« sammelt die Partei wie ein parteipolitischer Staubsauger die Unzufriedenen ein und betreibt mit den Mitteln des fortwährenden Tabubruchs eine eskalierende Politik der Feindbilder. Ihre rechtspopulistische Inanspruchnahme »des Volkes« verknüpft die Partei mit einem Erhebungsversprechen gegen die sogenannten »Altparteien«, das zunehmend völkisch-nationalistische Züge annimmt. Damit segelt die AfD im Fahrwasser neurechter Bestrebungen zur Restitution der Nationalstaaten.

Die sogenannte »Neue Rechte«, entstanden in den 1970er-Jahren als rechter Gegenpol zu dem gesellschaftlichen Aufbruch 1968 (siehe hierzu Langenbach & Raabe 2016), sieht erstmals seit Jahrzehnten die Chance, ihr Ziel einer völkischen Renationalisierung des Politischen zu erreichen. Sie sehen die Zeit dafür gekommen, dass mit ihrer Hilfe »Deutschland gerettet werden soll«, wie es der Publizist und Redakteur der neurechten Wochenzeitung »Junge Freiheit«, Karlheinz Weißmann, formuliert.[3] »Es ist sehr wichtig, daß sich jeder ganz konkret fragt, welche Möglichkeit des Einsatzes für ihn besteht,« so der Vor-

---

1 Hayali, Dunja; Interviews am 28.10.2015 auf der AfD-Kundgebung in Erfurt für das ZDF-Morgenmagazin, http://www.zdf.de/ZDFmediathek/beitrag/video/2591334/AfD-Kundgebung-in-Erfurt---Rohmaterial, abgerufen am 18.09.2016.

2 Rede Markus Frohnmaier auf einer AfD-Demonstration in Erfurt auf dem Domplatz am 28.10.2015, http://www.microsoft.com/isapi/redir.dll?prd = ie&ar = windows, abgerufen am 16.09.2016.

3 Weißmann, Karlheinz: Rubikon. Deutschland vor der Entscheidung, Berlin 2016, S. 10.

denker der Neuen Rechten. Während einige Aktivisten publizistisch intervenierten, sähen sich andere eher befähigt, »einen Stand aufzubauen, Bürgerinitiativen zu gründen, Flugblätter zu verteilen oder kleine Aktionen auf öffentlichen Bauwerken durchzuführen«.[4] Weißmann spielt hierbei offensichtlich auf eine öffentlichkeitswirksame Aktion der rechtsextremen »Identitären Bewegung Deutschland« (IBD) an. Deren Aktivisten hatten am 27. August 2016 anlässlich des Tages der offenen Tür der Bundesregierung zum Thema Migration und Integration das Brandenburger Tor mit einer Leiter bestiegen und daran ein Banner mit der Aufschrift »Sichere Grenzen – sichere Zukunft« befestigt.

Die Identitäre Bewegung ist eine auf junge Leute abzielende Bewegung der extremen Rechten, die 2012 in Frankreich gegründet wurde und deren deutscher Ableger aktuell zum aktivistischen Teil der radikal rechten Bewegung zählt (Herkenhoff 2016). Die unterschiedlichen Strömungen der extremen Rechten haben die mobilisierende Kraft von Aufmärschen gegen Muslime und Flüchtlinge erkannt. Die massiv angestiegene Zahl solcher Aufmärsche geht einher mit einem starken Anstieg rassistisch motivierter Gewalt, die propagandistisch legitimiert wird als Ausdruck vermeintlichen Selbstschutzes (»für das deutsche Volk«).

Als Türöffner für die gewaltbereite rechte Szene operierte die Gruppierung »Hooligans gegen Salafisten« (HoGeSa), die am 26. Oktober 2014 auf einer Demonstration mit über 4.000 Personen in Köln durch gewalttätige Auseinandersetzungen mit der Polizei öffentliche Aufmerksamkeit erhielt. Im vermeintlichen Kampf gegen einen Islamismus wuchs die zersplitterte gewaltorientierte extreme Rechte aktionsorientiert zusammen und eröffnete damit zugleich eine inhaltlich anknüpfungsfähige Projektionsfläche für eine milieuübergreifende einwanderungsfeindliche rechte Protestbewegung. Die frühere AfD-Aktivistin Tatjana Festerling, die nach ihrem Parteiaustritt als eine der Hauptrednerinnen der PEGIDA-Demonstrationen aktiv wurde, lobte die HoGeSa-Aktivisten als »Typen, die sich trauen, für unser Land und für den vor der Glotze hockenden

---

4 Weißmann, Karlheinz: »Ich glaube nicht, daß der deutsche Geist erloschen ist«, in: https://jungefreiheit.de/kultur/2016/ich-glaube-nicht-dass-der-deutsche-geist-erloschen-ist, abgerufen am 18.9.2016.

deutschen Michel auf die Straße zu gehen.«[5] Der Rechtsaußenflügel der AfD um die Gruppierung »Patriotische Plattform« (PP) erkannte früh die mobilisierende Kraft von HoGeSa und PEGIDA und versuchte, sich diese parteipolitisch zunutze zu machen. So deutete der PP-Sprecher Hans-Thomas Tillschneider PEGIDA als konsequente Fortentwicklung von HoGeSa, die richtigerweise auf den Begriff »Islamisierung« setze und »hinter der kluge Köpfe zu stehen scheinen. Was ihr noch fehlt, ist eine Partei, die den Protest in die Parlamente trägt.«[6] (siehe dazu auch Korsch 2016). Diese aktivistische rechte Bewegung hat sich gewissermaßen »zum außerparlamentarischen Arm der AfD« entwickelt. In ihr vereinigen sich extrem rechte Strömungen mit einer »von Abstiegsängsten geplagten radikalisierten Mitte« (Nachtwey 2016: 224) zu einem »regressiven Aufbegehren gegen eine marktkonforme Demokratie« (ebd. 218).

Themen und Strategien der neuen radikalen Rechten

Mit dem Aufschwung rechtspopulistischer Ideen in Europa und spätestens den Wahlerfolgen rechtspopulistischer Parteien hat die Neue Rechte Agitationsthemen so aufbereitet, dass sie tendenziell an Meinungen weit in der Mitte der Gesellschaft anknüpfen können. Die Themen sind für die Frage nach der Verbreitung rechtsextremer und menschenfeindlicher Einstellungen besonders relevant. Zentraler Rahmen, der die neue radikalen Rechten strategisch an Parteien und Volksmeinungen bindet, ist die Strategie eines rechten Kulturkampfes. Mit Blick auf spezifische Einstellungsmuster lassen sich konkret folgende Elemente neurechter Ideologien ausmachen, die den Kulturkampf von rechts bestimmen und sich mit Meinungen in der Mitte verbinden beziehungsweise dort niederschlagen können:

- Polarisierung von vermeintlicher Meinungsunterdrückung durch ein Establishment und den Kampf um »Meinungsfreiheit« gegen ein vermeintliches Meinungsdiktat (Behauptung einer linken kulturellen Hegemonie mit dem »Diktat politischer Korrektheit«)

5 Festerling, Tatjana (2014): Aufbegehren unerwünscht, in: http://www.weltwoche.ch/ausgaben/2014-45/aufbegehren-unerwuenscht-die-weltwocheausgabe-452014.html, abgerufen am 20.11.2014.

6 Tillschneider, Hans-Thomas: Pegida statt Hogesa! Online unter: http://patriotische-plattform.de/Blog/2014/11/11/pediga-statt-hogesa,/abgerufen am: 11.11.2014.

- religiöse und kulturell umgeformte menschenfeindliche Stereotype, vor allem über den Islam und Zuwanderer (»Integrationsverweigerer«)
- nationalistische Betonung kultureller Identität, auch gegen die EU und die multikulturelle Einwanderungsgesellschaft
- vage formulierte Leitkultur mit »deutschen Tugenden« und Werten wie Sicherheit, Ordnung, Sauberkeit
- normative Familien- und Gesellschaftsbilder, die sich gegen Feminismus, Gender Mainstreaming, Anerkennung sexueller Vielfalt und andere Merkmale, die nicht dem Bild der »normalen Familie« entsprechen, richten (Häusler 2016a).

Die Forderung nach einer nationalen Identität, die als Kultur deklariert wird, ist die Grundlage für die politische Rechte und ihr Selbstverständnis als Bewegung. Für das politisch rechte Spektrum steht der Nationalismus in einem unabdingbaren Zusammenhang mit der Herausbildung kollektiver Identitätssetzungen. Zugleich hat die rechte Anfeindung des Feminismus eine besondere Bedeutung im Kampf gegen die Anerkennung von Frauen- und Minderheitenrechten sowie gegen die Pluralisierung und Ausdifferenzierung gesellschaftlicher Lebensformen (Bitzan 2016). Der Rekurs auf ein »natürliches Menschen- und Familienbild« und die damit einhergehende Ablehnung von Feminismus und pluralisierten sexuellen und alltäglichen Lebensformen können als »gemeinsame Klammer« der politischen Rechten verstanden werden. Diese Klammer besteht »in der Ideologie einer natürlichen Ordnung von sozialer Ungleichheit« (Kemper 2016: 83). Die AfD versucht, sich als realpolitischer Machtfaktor eines rechten Kulturkampfes gegen die liberale multikulturelle Einwanderungsgesellschaft in Frontstellung zu bringen – als eine »Alternative gegenüber den Blockparteien und dem links-rot versifften 68er-Deutschland«, wie es Brandenburgs AfD-Vorsitzender Alexander Gauland in drastischer Wortwahl zum Ausdruck gebracht hat.[7]

---

7 Zit. n. Peters, Klaus/von Riegen, Oliver: Frauke Petry klatscht, als Gauland sie angreift, welt online v. 10.7.2016 unter: https://www.welt.de/politik/ausland/article156926768/Frauke-Petry-klatscht-als-Gauland-sie-angreift.html, abgerufen am 18.9.2016.

Das Vokabular vom »links versifften 68er-Deutschland«, das auch der AfD-Co-Vorsitzende Meuthen schon auf dem AfD-Bundesparteitag am 30.4.2016 in Stuttgart benutzt hat, wurde von dem Publizisten Akif Pirinçci populär gemacht.

Gegen die gesamtgesellschaftliche Liberalisierung von Lebenswelten und die damit einhergehenden (und politisch erkämpften) Anerkennungsprozesse von Minderheitenrechten rufen die Neuen Rechten zum »Widerstand« auf. Widerstand zu leisten suggeriert in diesen Kreisen einen altruistischen Aufopferungswillen für die gemeinsame, »nationale« Sache. Widerstand kann in diesem Sinn sowohl als zentraler mobilisierender Kampfbegriff wie zugleich als Containerbegriff für völlig unterschiedliche politische Themensetzungen innerhalb des äußerst heterogenen Spektrums rechter Parteien und Bewegungen gedeutet werden, deren inhaltliche Klammer das Eigenverständnis von Widerstand als Ausdruck von »nationaler Opposition« darstellt.

Im aktuellen rechten Aufruf zum nationalen »Widerstand« gegen Einwanderer, Muslime und die »Merkel-Regierung«, die als Symbol für die verhassten demokratischen Parteien fungiert, verschwimmen die Grenzen zwischen Nationalkonservatismus, Rechtspopulismus und Rechtsextremismus. Beim zweiten Treffen der Parteirechten in der AfD um die Gruppierung »Der Flügel« am Kyffhäuser-Denkmal deutete der Thüringer AfD-Landesvorsitzende Björn Höcke die aktuelle politische Situation als nationale »Wendezeit« und verknüpfte dabei seinen Nationalismus mit einer unverhohlenen Aufstandsrhetorik: »Die Geduld unseres Volkes ist zu Ende, und schon die alten Römer wussten vom legendären Furor Teutonicus zu berichten. Liebe Freunde, wir lassen uns nicht abschaffen! Wir haben diese Wende eingeleitet, wir wollen diese Wende schaffen und wir werden diese Wende schaffen!«[8] (Höcke 2016b)

Die AfD hat sich zu einem parteipolitischen Dach neurechter und rassistischer Protestmilieus entwickelt und sucht die Allianz mit anderen radikal rechten Kräften in Europa. Hierbei versucht sie, in die Fußstapfen erfolgreicher extrem rechter Parteien wie dem französischen Front National und der österreichischen FPÖ zu treten und knüpft zudem außenpolitische Kontakte zum autoritären Putin-Regime. Unter der Parole eines »Europas der Vaterländer« formiert sich ein gegenhegemonialer, rechtsautoritärer Machtblock, dessen Einfluss mangels

8 Höcke, Björn: Rede auf dem zweiten Kyffhäusertreffen der AfD-Gruppierung Der Flügel, http://www.derfluegel.de/2016/06/06/video-rede-von-bjoern-hoecke-beim-kyffhaeusertreffen-2016/, abgerufen am 18.09.2016.

sichtbarer und wirkungsvoller Gegenkonzepte immer stärker wird. Befeuert von den AfD-Wahlerfolgen wähnen sich die Neuen Rechten im Aufwind und streben eine grundsätzliche Umgestaltung politischer Verhältnisse in Deutschland und Europa unter völkisch-nationalistischen Denkmustern an.

Dass sie sich dabei im Aufwind wähnen, liegt sicherlich auch daran, dass sie an Meinungen in der Mitte der Gesellschaft anknüpfen können. Die bereits berichteten Ausmaße Gruppenbezogener Menschenfeindlichkeit (GMF), die rechtspopulistischen wie auch rechtsextremen Einstellungen, die wir in den Kapiteln zuvor dokumentiert haben, weisen deutlich darauf hin. Aber sind auch die oben genannten neurechten Mentalitätsbestände verbreitet?

6.2 Neurechte Einstellungen in der Bevölkerung

Die FES-Mitte-Studie 2016 stellt die Frage, inwieweit wesentliche Elemente neurechter Ideologien Zustimmung in der breiten Bevölkerung finden. Eine empirische Analyse neurechter Einstellungen ist auch deshalb bedeutsam, weil sie den traditionellen, offensiven und systemfeindlichen offenen Rechtsextremismus mehr und mehr ablösen und weil sich rechtsextreme Milieus modernisiert haben. Sie wissen, dass die offene Verherrlichung des NS-Regimes nicht nur strafbar, sondern auch historisch überaltert ist.

Mit diesem Blick auf die Schnittmengen von Denkschulen und Bevölkerungsmeinungen definieren wir neurechte Einstellungen als Versatzstücke der oben skizzierten ideologischen Positionen. Dabei spielen vor allem zwei Themen eine herausragende Rolle: 1. die nationale Rückbesinnung und 2. die motivierende Kraft der politisch-strategischen Forderung nach »Widerstand« gegen die aktuelle Politik.

Zunächst beschreiben wir die Messung (Operationalisierung) neurechter Einstellungen in der vorliegenden FES-Mitte-Studie. Wir stellen die Aussagen vor, die zusammengenommen zentrale Dimensionen neurechter Meinungen widerspiegeln. Im Anschluss stellen wir die Verteilung der Zustimmungen und Ablehnungen dar, bevor die Zusammenhänge der verschiedenen ideologischen Fragmente untereinander als Grundlage der empirisch abgesicherten, inhaltlichen Bestimmung des Konstrukts »neurechte Einstellungen« analysiert werden.

Erfassung und Verbreitung neurechter Einstellungen

Die genannten neurechten Positionen wurden in der Umfrage durch die folgenden Facetten und Aussagen gemessen. Eine von Verschwörungsdenken begleitete *Anti-Establishment-Haltung* und der Aufruf zu *Widerstand* wurde über die Zustimmung beziehungsweise Ablehnung zu jeweils zwei neu entwickelten Aussagen erfasst. Sie wird begleitet von der Forderung nach der zum Kampfbegriff gewordenen »*Meinungsfreiheit*«, die gegen eine vermeintliche, verächtlich gemachte »Political Correctness« in Stellung gebracht wird. Letztere wird durch zwei Items der Skala kollektive Wut gemessen, die bei der Erfassung des Rechtspopulismus schon vorgestellt wurden. Sie misst die Klage, keine offenen Vorurteile ausdrücken zu dürfen, weil man dann als »Rassist beschimpft« würde (➠ dazu auch Kap. 4). Die Akzentuierung von »Identität« wird durch das *Gefühl deutsch zu sein*, durch *Nationalstolz* sowie die Forderung nach *nationaler Rückbesinnung und Stärke in Verbindung mit der Ablehnung der EU* erfasst. Die Behauptung einer *Islamverschwörung* wird erstmals empirisch durch zwei Aussagen erfasst. Hier stehen nicht Muslime im Fokus der Abwertung, sondern die Religion selbst, der ein nicht näher bestimmter Einfluss (»Islamisierung«) zugesprochen wird. Auch die vermeintliche Islamisierung und Unterstellung eines »Bevölkerungsaustauschs« werden durch die Behauptung einer Unterwanderung durch den Islam einbezogen. Geprüft werden zudem die Zusammenhänge mit den Elementen Gruppenbezogener Menschenfeindlichkeit, insbesondere mit *Sexismus* und der *Abwertung homosexueller Menschen* als Indikatoren für die Befürwortung »normaler« Familien- und Gesellschaftsbilder sowie mit *Autoritarismus* als Annäherung an das Fragment »deutsche Tugenden« (➠ Darstellung der Konstrukte und Items in Kap. 3 u. 4). Diese Konstrukte werden nicht als zentrale Elemente neurechter Einstellungen angesehen, sondern als eng verknüpfte Konzepte, die eine Brückenfunktion zu rechtspopulistischen Einstellungen haben.

Ergänzend wird gefragt, inwieweit jene, die übereinstimmend mit neurechten Positionen zu »Widerstand« gegen die aktuelle Politik aufrufen und Politikern und Parteien Verlogenheit unterstellen, auch patriotisch in Bezug auf Demokratie und Verfassung eingestellt sind. Die Haltung zu Demokratie und Verfassung soll hier als mögliche Abgrenzung zu neurechten Einstellungen berichtet werden. Eine positive Grundhaltung im Sinne eines *Verfassungspatriotismus* wurde in der FES-Mitte-Studie 2016 über den Stolz auf die deutsche Demo-

Neurechte Einstellungen 2016 (Angaben in Prozent) **Tabelle 6.1**

Anti-Establishment[a] (M = 2.85; SD = 1.36; α = .85)	**n = 917**
Die Regierung verschweigt der Bevölkerung die Wahrheit.	880
Die regierenden Parteien betrügen das Volk.	883
Aufruf zum Widerstand[a] (M = 2.67; SD = 1.38; α = .90)	**918**
Man muss sich gegen die aktuelle Politik wehren.	904
Es ist Zeit, mehr Widerstand gegen die aktuelle Politik zu zeigen.	912
Unterstellung eines Meinungsdiktats[a] (M = 2.95; SD = 1.32; α = .70)	**1.890**
In Deutschland darf man nichts Schlechtes über Ausländer sagen, ohne gleich als Rassist beschimpft zu werden.	1.860
In Deutschland kann man nicht mehr frei seine Meinung äußern, ohne Ärger zu bekommen.	1.873
Islamverschwörung (M = 2.33; SD = 1.12; α = .90)	**892**
Der Islam hat in Deutschland zu viel Einfluss.	865
Die deutsche Gesellschaft wird durch den Islam unterwandert.	875
Nationale Rückbesinnung gegen die EU[a] (M = 2.58; SD = 1.30; α = .70)	**929**
Deutschland wäre ohne die EU besser dran.	901
Deutschland muss sich mehr auf sich selbst besinnen.	922

Legende [a] Zur Erfassung dieses Konstrukts wurde eine fünfstufige Antwortskala vorgelegt, bei der nur die Endpole benannt wurden. Die Werte 4 und 5 werden als im Zustimmungsbereich liegend, die Werte 1 und 2 als im Ablehnungsbereich liegend interpretiert.

kratie (Heyder & Schmidt 2002) und die Verfassung erhoben. Ebenso wird zur Validierung der »*Stolz auf Deutschland als Einwanderungsland*« herangezogen. Er sollte sich von neurechten Einstellungen deutlich unterscheiden. Die Facetten neurechter Einstellungen und die dazugehörigen Items sowie ihre Zustimmungswerte sind in den Tabellen 6.1 (s. o.) und 6.2 (➠ S. 154 f.) aufgeführt. Die aufgeführten Kurzskalen messen mindestens zufriedenstellend die Facetten.

Tabelle 6.1

trifft überhaupt nicht zu	2	3	4	trifft voll und ganz zu
20,5	15,3	21,6	19,1	23,5
32,1	20,2	19,4	12,7	15,7
trifft überhaupt nicht zu	**2**	**3**	**4**	**trifft voll und ganz zu**
30,3	18,3	19,5	16,2	15,8
30,1	20,2	20,5	12,3	17,0
trifft überhaupt nicht zu	**2**	**3**	**4**	**trifft voll und ganz zu**
16,9	11,6	16,6	19,3	35,6
40,8	17,3	13,9	11,9	16,1
stimme überhaupt nicht	**stimme eher nicht zu**	**stimme eher zu**	**stimme voll und ganz zu**	
32,4	23,2	18,1	26,4	
36,7	23,2	19,0	21,1	
stimme überhaupt nicht	**2**	**3**	**4**	**stimme voll und ganz zu**
48,6	17,5	15,3	7,2	11,4
26,6	13,5	19,5	16,4	24,0

Sie zeigen miteinander ein klares Zusammenhangsmuster, welches empirisch die theoretischen Vorüberlegungen bestätigt; auf Zusammenhänge und Abweichungen gehen wir nach der Beschreibung der Zustimmungshäufigkeiten ein.

Anti-Establishment und *Aufruf Widerstand*: Ein knappes Viertel der Bevölkerung ist voll und ganz der Ansicht: »Die Regierung verschweigt der Bevölkerung die Wahrheit« (knapp 24 %), aber beinahe ebenso viele finden diese Aussage überhaupt nicht zutreffend. Insgesamt findet sich hier 36 % der Bevölkerung eher im Bereich »nicht zutreffend«, 43 % im Bereich zutreffend. Mehr als jede/r

Verwandte Konstrukte neurechter Einstellungen 2016 (Angaben in Prozent) **Tabelle 6.2**

Identität (Einzelitems)[a]	**n =**
Ich fühle mich als Europäer/Europäerin.	1.890
Ich fühle mich als Deutscher/Deutsche.	1.883
Nationalstolz	
Würden Sie sagen, dass Sie … stolz darauf sind, ein(e) Deutsche(r) zu sein?	1.786
Verfassungspatriotismus (M = 3,04; SD = .82; α = .75)	**1.858**
Wie stolz sind Sie auf die Demokratie in Deutschland?	1.846
Wie stolz sind Sie auf die Verfassung in Deutschland?	1.821
Stolz auf Deutschland als Einwanderungsland	
Wie stolz sind Sie darauf, dass Deutschland ein Einwanderungsland ist?	1.813

Legende [a] Zur Erfassung dieses Konstrukts wurde eine fünfstufige Antwortskala vorgelegt, bei der nur die Endpole benannt wurden. Die Werte 4 und 5 werden als im Zustimmungsbereich liegend, die Werte 1 und 2 als im Ablehnungsbereich liegend interpretiert.

fünfte Befragte (28 %) stimmt der Meinung zu: »Die regierenden Parteien betrügen das Volk«; gut die Hälfte der Befragten ist überhaupt nicht dieser Ansicht. Ganz ähnlich ist die Haltung zu den Aussagen: »Man muss sich gegen die aktuelle Politik wehren« und »Es ist Zeit, mehr Widerstand gegen die aktuelle Politik zu zeigen«, die jeweils ein knappes Drittel der Befragten eher oder voll zutreffend findet, hingegen rund die Hälfte eher oder überhaupt nicht unterstützt.

Mit der *Unterstellung eines Meinungsdiktats* wird die Behauptung bezeichnet, dass die Meinungsfreiheit in Deutschland unterdrückt wird, die dann allerdings dazu genutzt wird, eine unverhohlen antidemokratische beziehungsweise menschenfeindliche Meinungsäußerung zu tätigen. So stimmen 55 % der Befragten eher oder voll der Aussage zu: »In Deutschland darf man nichts Schlechtes über Ausländer sagen, ohne gleich als Rassist beschimpft zu werden«, und 28 % meinen: »In Deutschland kann man nicht mehr frei seine Meinung äußern, ohne Ärger zu bekommen.« Nach den »Spaziergängen« und Debatten rund um

Tabelle 6.2

stimme überhaupt nicht zu	2	3	4	stimme voll und ganz zu
5,6	6,9	15,9	19,4	52,6
3,2	3,8	9,9	16,0	67,2
überhaupt nicht stolz	**nicht sehr stolz**	**ziemlich stolz**	**sehr stolz**	
9,7	18,1	42,0	30,2	
überhaupt nicht stolz	**nicht sehr stolz**	**ziemlich stolz**	**sehr stolz**	
9,1	18,7	36,2	36,0	
5,7	16,9	40,2	37,2	
überhaupt nicht stolz	**nicht sehr stolz**	**ziemlich stolz**	**sehr stolz**	
14,3	24,4	40,6	20,6	

PEGIDA und ihre Ableger, auf denen immer wieder eine angebliche »Beschneidung der Meinungsfreiheit« empört angeprangert wurde, ist offenbar mehr Bürgerinnen und Bürger klar geworden, dass über diese »Meinungsfreiheit« vor allem menschenfeindlicher Hass und Hetze transportiert werden und so als eine mögliche Meinung unter vielen anderen Meinungen im demokratischen Spektrum verharmlost, legitimiert und etabliert werden sollen.

Auffallend viele Befragte stimmen einer mehr oder minder dezidierten *Islamverschwörung* zu. Knapp 45 % der Befragten sind der Ansicht: »Der Islam hat in Deutschland zu viel Einfluss.« Und 40 % meinen: »Die deutsche Gesellschaft wird durch den Islam unterwandert.« Beide Aussagen wurden zu einer hoch reliablen Kurzskala zusammengefasst. Insgesamt teilt, gemessen über diese zusammenfassende Skala, gut ein Drittel der Bevölkerung (37 %) Vorstellungen einer Islamverschwörung.[9] Bei einem Anteil von 5 bis 7 % der Bevölkerung, die muslimisch ist (und von denen auch nicht alle besonders religiös sind) ist

9 Befragte mit einem Mittelwert bis einschließlich 2,5 werden als nicht zustimmend zur Islamverschwörung gewertet. Befragte mit einem höheren Wert als zustimmend.

die weite Verbreitung der Vorstellung einer Unterwanderung durch den Islam bemerkenswert. Umgekehrt neigen zwei Drittel der Befragten keiner Verschwörungstheorie mit Blick auf den Islam zu. Die Vorstellung einer »Islamverschwörung« korreliert deutlich mit der Muslimfeindlichkeit und der allgemeinen Fremdenfeindlichkeit.[10]

Auch die *Nationale Rückbesinnung gegen die EU* ist ein zentraler Bestandteil neurechter Ideologie. 19 % der Befragten sind der Ansicht: »Deutschland wäre ohne die EU besser dran.« Und 40 % fordern: »Deutschland muss sich mehr auf sich selbst besinnen.« Umgekehrt vertreten 66 % respektive 40 % diese gegen die EU gerichtete Form der nationalen Rückbesinnung eher oder deutlich nicht. Im Übrigen vertritt nach wie vor eine deutliche Mehrheit eine proeuropäische Haltung, indem sie fordert: »Der »Zusammenhalt in der EU muss gestärkt werden.« Dieser Aussage stimmen 63 % der Befragten voll und ganz zu, weitere 19 % sind ebenfalls im Zustimmungsbereich, und nur 7 % lehnen diese Aussage eher oder ganz ab (diese Dimension einer positiven Haltung zu Europa und zur EU ist hier nicht abgebildet, weil ihre Ablehnung inhaltlich und empirisch keine Facette neurechter Einstellungen bildet).

Eine *Identität* als »Deutsche« im Sinne des Gefühls einer Gruppenzugehörigkeit teilt die große Mehrheit der Befragten, indem sie angibt, sich als »Deutsche/r zu fühlen«; 67 % der Befragten stimmen hier voll und ganz zu, weitere 16 % liegen ebenfalls im Zustimmungsbereich und nur 7 % lehnt dieses Gefühl der Identität für sich ab. Beinahe ebenso viele Befragten fühlen sich aber auch als »Europäer/in« – hier geben knapp 53 % der Befragten ihre volle Zustimmung, weitere 19 % liegen ebenfalls im Zustimmungsbereich und nur knapp 13 % fühlen sich nach eigenen Angaben nicht als Europäer. Beide Identitäten – die als Deutsche und als Europäer – hängen moderat positiv miteinander zusammen, das heißt wer sich als Deutsche/r fühlt, fühlt sich mit höherer Wahrscheinlichkeit auch als Europäer/in und umgekehrt. Die soziale Identität als »Deutsche/r«, das zeigen auch die weiteren Analysen, taugt nicht als Indikator für eine neurechte Einstellung. Gleiches gilt für den Nationalstolz, der in den Sozialwissen-

10 Korrelation Islamverschwörung mit Muslimfeindlichkeit und Fremdenfeindlichkeit jeweils $r = .64$, $p < .001$.

schaften üblicherweise als Indikator für Nationalismus gewertet wird. Der Nationalstolz ist ebenfalls recht weit verbreitet – 30 % der Befragten geben an »sehr stolz« darauf zu sein, »eine/de Deutsche/r zu sein«, weitere 42 % sind ziemlich stolz darauf, während nur 28 % nicht sehr oder überhaupt nicht stolz darauf sind. Die Identität als Deutsche/r und der Nationalstolz korrelieren nur schwach miteinander, das heißt beide Konstrukte treten recht unabhängig voneinander auf, und wer sich als Deutsche/r fühlt, ist nicht unbedingt zugleich stolz darauf, Deutsche/r zu sein und umgekehrt.[11]

Deutlich wird auch: Die große Mehrheit der Deutschen ist stolz auf ihre Demokratie (72 %) und Verfassung (77 %) (➠ Tab. 6.2, S. 154 f.). Aus beiden Aussagen, die hoch miteinander korrelieren, wurde eine zuverlässige Kurzskala gebildet. Zusammengenommen sind daran gemessen vier Fünftel der Deutschen verfassungspatriotisch, ein Fünftel nicht. Der Verfassungspatriotismus korreliert im Übrigen kaum mit dem Nationalstolz, eher schon leicht mit der nationalen Identität, das heißt wer sich deutsch fühlt, ist auch etwas eher stolz auf die Demokratie und Verfassung, während umgekehrt die, die stolz auf Demokratie und Verfassung sind, nur geringfügig eher stolz darauf sind, Deutsche/r zu sein.[12]

Ein *Stolz auf Deutschland als Einwanderungsland* ist weit verbreitet: 61 % der Befragten äußern ihn. Verfassungspatriotismus und Stolz auf Deutschland als Einwanderungsland hängen im Übrigen moderat positiv miteinander zusammen: Wer stolz auf die Demokratie und Verfassung ist, ist auch eher stolz auf Deutschland als Einwanderungsland; kein Zusammenhang besteht hingegen mit Nationalstolz.[13]

---

11 Die Korrelation zwischen der Identität als Deutsche/r und als Europäer/in beträgt $r = .31$, $p < .001$, zwischen der Identität als Deutsche/r und dem Nationalstolz $r = .24$, $p < .001$, und zwischen dem Nationalstolz und der Identität als Europäer/in .03, n. s.

12 Korrelation Verfassungspatriotismus mit Nationalstolz $r = .11$, $p < .001$, mit nationaler Identität $r = .23$, $p < .001$.

13 Korrelation Stolz auf Deutschland als Einwanderungsland mit Verfassungspatriotismus $r = .38$, $p < .001$, mit Nationalstolz $r = -.07$, $p < .01$.

Zusammenhänge neurechter Ideologiefragmente

Die nächste Frage ist, inwieweit diese theoretisch als Fragmente einer neurechten Ideologie skizzierten Überzeugungen so eng miteinander zusammenhängen, dass es gerechtfertigt ist, sie als Teil eines übergeordneten Einstellungskonstrukts *neurechte Einstellungen* zu begreifen und empirisch zu konzipieren. Dazu haben wir Korrelations- und Faktorenanalysen durchgeführt. Besonders hohe Zusammenhänge finden sich zwischen den Konstrukten Anti-Establishment und Widerstand, Islamverschwörung und Unterstellung eines Meinungsdiktats. Auch die Forderung nach nationaler Rückbesinnung und Stärke gegenüber der EU korreliert recht hoch mit diesen Facetten (➠ Tab. 6.3).

Zusammenhänge zwischen den Konstrukten zur Erfassung neurechter Einstellungen und Identität **Tabelle 6.3**

	Widerstand	Islamverschwörung	Meinungsdiktat	Nationale Rückbesinnung	Identität als Deutsche/r	Nationalstolz
Anti-Establishment	.71*** (917)	.49*** (885)	.57*** (917)	.49*** (917)	–.01 (911)	.10** (864)
Widerstand	–	.49*** (884)	.48*** (917)	.47*** (915)	–.04 (913)	.09** (868)
Islamverschwörung	–	–	.49*** (892)	.53*** (892)	.02 (886)	.19*** (845)
Meinungsdiktat	–	–	–	.46*** (928)	.01 (1.876)	.14*** (1.783)
Nationale Rückbesinnung	–	–	–	–	–.01 (923)	.18*** (874)
Identität als Deutsche/r	–	–	–	–	–	.23*** (1.777)

Anmerkung Angegeben sind Korrelationskoeffizienten. Je höher der Wert, desto enger der Zusammenhang zwischen den jeweiligen Variablen (minimaler Wert = 0, maximal negativer Zusammenhang = –1, maximal positiver Zusammenhang = .+1).

Die Identifikation als Deutsche/r und Nationalstolz hängen hingegen gar nicht oder nur schwach mit den oben genannten Facetten neurechter Einstellungen zusammen und korrelieren zudem auch miteinander nur schwach (siehe oben).

Es identifizieren sich sehr viele Befragte damit, deutsch zu sein und empfinden Stolz darauf. Das individuelle Ausmaß von Nationalstolz und nationaler Identität ist aber kein verlässlicher Indikator für neurechte Einstellungen. Sich als Deutsche/r zu fühlen und stolz darauf zu sein, Deutsche/r zu sein, kann sowohl von Befragten mit neurechten Einstellungen als auch ohne geteilt werden. Es lassen sich daraus keine Rückschlüsse auf die Zustimmung zu neurechten Einstellungen ziehen. Mit anderen Worten: Am Nationalstolz und an der nationalen Identität kann man die neurechte Einstellung nicht festmachen.

Nach weiterer empirischer Prüfung wurden die fünf Facetten Anti-Establishment, Aufruf zum Widerstand, Unterstellung eines Meinungsdiktats, Islamverschwörung und Nationale Rückbesinnung gegenüber der EU zu einer hoch reliablen Skala »neurechte Einstellungen« zusammengefasst.[14]

Diese zusammengefasste Skala »Neurechte Einstellungen« korreliert dabei deutlich negativ mit Verfassungspatriotismus und dem Stolz auf Deutschland als Einwanderungsland, was für die inhaltliche Validität der neuen Skala spricht (➠ Tab. 6.4, S. 160): Wer neurechten Einstellungen zustimmt, ist weniger stolz auf die deutsche Demokratie und Verfassung sowie darauf, dass Deutschland ein Einwanderungsland ist. Ebenso finden sich die theoretisch vorhergesagten, aber schwächeren Zusammenhänge mit *Sexismus* und *Abwertung homosexueller Menschen*: Wer neurechten Einstellungen zustimmt, verweigert Frauen und nicht heterosexuellen Menschen eher die Gleichwertigkeit.

---

14 Zunächst wurden alle Items in sogenannte POMPS (percent of maximum possible scores) umgewandelt, um die unterschiedliche Skalierung auszugleichen. Die zunächst explorativ durchgeführte Faktorenanalyse mit Varimax Rotation über alle oben angesprochen Konstrukte einschließlich der Identität weist drei Faktoren mit einem Eigenwert > 1 aus (Gesamtvarianzaufklärung 65 %). Auf diesem ersten Faktor laden insbesondere Anti-Establishment, Widerstand und Meinungsfreiheit. Auf dem zweiten Faktoren laden die Islamverschwörung und schwächer auch die Forderung nach nationaler Rückbesinnung gegen die EU (alle a > .5). Auf dem dritten Faktor lädt die Identität als Deutsche/r und der Nationalstolz. Zwingt man alle Items auf nur einen Faktor, wird eine klare Ladung aller Items deutlich (mit einer etwas schwächeren Ladung des ersten Items zur nationalen Rückbesinnung, aber keine Ladung der nationalen Identität und des Nationalstolzes. Die interne Konsistenz der neuen Skala neurechte Einstellungen unter Berücksichtigung von Anti-Establishment, Widerstand, Meinungsfreiheit, Islamverschwörung und nationaler Rückbesinnung ist hoch und beträgt auf Skalenebene Cronbach's Alpha = .85, auf Ebene der Einzelitems sogar Cronbach's Alpha = .91.

Zusammenhänge zwischen der Skala »neurechte Einstellungen« (NE) und verwandten Konstrukten **Tabelle 6.4**

	Verfassungs-patriotismus	Stolz auf Deutschland als Einwanderungsland	Sexismus	Abwertung homo-sexueller Menschen
NE	.39*** (1.853)	.47*** (1.808)	.22*** (1.884)	.25*** (1.880)

Legende NE = Neurechte Einstellungen
Anmerkung Angegeben sind Korrelationskoeffizienten. Je höher der Wert, desto enger der Zusammenhang zwischen den jeweiligen Variablen (minimaler Wert = 0, maximal negativer Zusammenhang = –1, maximal positiver Zusammenhang = .+1).

Verbreitung neurechter Einstellungen in verschiedenen Bevölkerungssegmenten

Fast 28 % der Bevölkerung tendiert zu neurechten Einstellungen, so wie wir sie konzipiert haben; 9 % aller Befragten erreichen maximal hohe Zustimmungswerte.[15] *Männer und Frauen* unterscheiden sich nur marginal voneinander, allerdings mit einer in der Tendenz etwas größeren Verbreitung neurechter Einstellungen unter Frauen (Männer: 26 %, Frauen: 30 %). Das *Lebensalter* spielt ebenfalls keine signifikante Rolle (unter 30-Jährige: 24 %; 30–60-Jährige: 30 %; über 60-Jährige: 26 %). Einen größeren Einfluss hat die *Schulbildung*. Besser Gebildete neigen weniger zu neurechten Einstellungen als Befragte mit niedrigerem Bildungsabschluss, doch auch ein gewisser Anteil der gut Gebildeten vertritt neurechte Einstellungen (niedrig: 36 %, mittel: 30 %, hoch: 15 %). Befragte, die überwiegend in *Ostdeutschland* aufgewachsen sind, stimmen etwas häufiger neurechten Einstellungen zu als Befragte, die überwiegend in Westdeutschland aufgewachsen sind (in Ostdeutschland aufgewachsen: 33 %, in Westdeutschland aufgewachsen: 26 %).[16]

---

15 Für die Einteilung der Befragten in jene mit und ohne neurechte Einstellungen wurde auf der POMP-Skala von 0–100 der cutpoint < = bzw. > 65.83 gewählt. Diesen Wert erreicht eine befragte Person nur, wenn sie der überwiegenden Anzahl der Items mindestens eher zugestimmt hat (hier haben wir als strenges Kriterium eine Zustimmung bei mindestens 7 der 10 Items gewählt). Als maximal hohe Zustimmung werten wir Zustimmungswerte > 90.

16 Unterschiede in der Häufigkeitsverteilung von neurechten Einstellungen nach Geschlecht Chi^2 (1, 1.889) = 3.65, n. s.; Alter Chi^2 (2, 1.869) = 5.73, n. s.; Bildung Chi^2 (2, 1.856) = 73.25, p < .001; aufgewachsen in Ost-Westdeutschland Chi^2 (1, 1.807) = 5.97, p < .05.

In Abhängigkeit der *politischen Selbstpositionierung* »links, eher links, genau in der Mitte, eher rechts, rechts« steigt auch die Verbreitung neurechter Einstellungen, wobei sich Befragte, die ihre politische Position als »eher rechts« und » rechts« bezeichnen, kaum voneinander unterscheiden. Im linken Spektrum sind neurechte Einstellungen am wenigsten weit verbreitet und jene, die sich »eher links« und »links« verorten, unterscheiden sich ebenfalls nur geringfügig voneinander (links 14 %, eher links 11 %, genau in der Mitte 29 %, eher rechts 52 %, rechts 57 %).[17] Ein Großteil derjenigen, die angeben, die AfD wählen zu wollen, neigen zu neurechten Einstellungen (83 %), während die Wählerinnen und Wähler aller anderen größeren *Parteien* neurechten Einstellungen in der Mehrheit nicht zustimmen; unter potenziellen Grünen-Wählern sind neurechte Einstellungen am wenigsten weit verbreitet (CDU/CSU 19 %, SPD 19 %, FDP 29 %, Bündnis '90/Die Grünen 12 %, Linkspartei 27 %). Unter den erklärten Nichtwählern finden neurechte Einstellungen recht große Zustimmung (43 %), aber längst nicht so große wie unter den Wählerinnen und Wählern der AfD. Unter den Befragten mit neurechten Einstellungen ist die AfD die beliebteste Partei, knapp 23 % aus dieser Befragtengruppe gaben im Sommer 2016 an, der AfD ihre Stimme geben, wenn am nächsten Sonntag Bundestagswahlen wären.

Zusammenhänge mit menschenfeindlichen und rechtsextremen Einstellungen
Die neurechten Einstellungen erfassen Ideologiefragmente und bilden ein Überzeugungsmuster, welches sich von anderen Überzeugungsmustern unterscheiden lässt, zu ihnen aber Zusammenhänge aufweisen kann. Im Folgenden prüfen wir, inwieweit diese neurechten Einstellungen mit Gruppenbezogener Menschenfeindlichkeit (GMF), Rechtspopulismus und rechtsextremen Einstellungen zusammenhängen. Dazu haben wir die Zustimmungen zu GMF bei Befragten mit niedrigen und hohen neurechten Einstellungen analysiert.[18]

Befragte mit neurechten Einstellungen neigen signifikant und deutlich eher zu allen GMF-Elementen als Befragte ohne neurechte Einstellungen (➟ Tab. 6.3, S. 158). Besonders ausgeprägt ist der Unterschied zwischen Befragten mit und

---

17 Unterschiede in der Häufigkeitsverteilung von neurechten Einstellungen nach politischer Selbstpositionierung: Chi^2 (4, 1.777) = 113.73, $p < .001$.

18 Die Analyse erfolgte nicht parametrisch. Die entsprechenden Korrelationskoeffizienten können bei den Autoren angefordert werden.

ohne neurechte Einstellungen in der Verbreitung von Fremden- und Muslimfeindlichkeit sowie in der Befürwortung von Etabliertenvorrechten.

Zustimmung zu den GMF-Elementen in Abhängigkeit einer »Neurechten Einstellung« (NE) (Angaben in Prozent)[19] **Tabelle 6.5**

NE	Rassismus	Sexismus	Fremdenfeindlichkeit	Antisemitismus	Muslimfeindlichkeit
niedrig	6,2	6,2	8,0	3,6	8,5
hoch	15,5	14,8	47,6	11,9	43,4
NE	**Abwertung von Sinti und Roma**	**Abwertung asylsuchender Menschen**	**Abwertung homosexueller Menschen**	**Abwertung von Trans*Personen**	
niedrig	16,9	40,6	6,7	9,9	
hoch	46,8	72,6	17,5	19,4	
NE	**Abwertung wohnungsloser Menschen[a]**	**Abwertung von Menschen mit Behinderung[a]**	**Abwertung langzeitarbeitsloser Menschen**	**Etabliertenvorrechte**	
niedrig	–	–	43,0	30,0	
hoch	–	–	65,6	61,6	

Legende NE = Neurechte Einstellungen · [a] Neurechte Einstellungen (NE) wurden in einer zufällig ausgewählten, repräsentativen Hälfte der Befragten erfasst. Die Abwertung von wohnungslosen und behinderten Menschen wurde nicht in der gleichen Hälfte der Befragten erhoben, in denen die neurechten Einstellungen erfasst wurden, sodass hierzu keine Angaben möglich sind.

19 Alle Unterschiede sind hoch signifikant: Rassismus: Chi^2 (1, 1.875) = 38.42, p < .001; Sexismus: Chi^2 (1, 1.885) = 34.61, p < .001; Fremdenfeindlichkeit: Chi^2 (1, 1.882) = 360.28, p < .001; Antisemitismus: Chi^2 (1, 1.786) = 45.02, p < .001; Israelbezogener Antisemitismus (18 % vs. 39 %; nicht in Tabelle 6.3 abgebildet): Chi^2 (1, 1.692) = 88.63, p < .001; Muslimfeindlichkeit: Chi^2 (1, 1.851) = 305.63, p < .001; Abwertung von Sinti und Roma: Chi^2 (1, 1.848) = 170.71, p < .001; Abwertung von asylsuchenden Menschen = Chi^2 (1, 1.877) = 154.85, p < .001; Abwertung homosexueller Menschen = Chi^2 (1, 1.881) = 42.63, p < .001; Abwertung von Trans*Menschen = Chi^2 (1, 1.867) = 30.11, p < .001; Abwertung langzeitarbeitsloser Menschen = Chi^2 (1, 1.872) = 78.59, p < .001; Etabliertenvorrechte: Chi^2 (1, 1.888) = 153.09, p < .001.

Neurechte Einstellungen hängen außerdem signifikant und deutlich mit altrechten Einstellungen zusammen, so wie sie in den sechs Dimensionen rechtsextremer Einstellungen abgebildet werden. Unter den Befragten mit neurechten Einstellungen ist demnach die Zustimmung zu rechtsextremen Einstellungen deutlich weiter verbreitet als unter Befragten ohne neurechte Einstellung (➠ Tab. 6.6, S. 164). Knapp 12 % derjenigen, die neurechte Einstellungen vertreten, haben ein manifestes rechtsextremes Weltbild, während dies nur für 0,3 % derjenigen gilt, die keine neurechten Einstellungen haben. Besonders ausgeprägt sind die Unterschiede zwischen Befragten mit und ohne neurechte Einstellungen in den Dimensionen Ausländerfeindlichkeit und nationaler Chauvinismus. Umgekehrt lässt sich festhalten: 92 % derjenigen, die ein manifestes, rechtsextremes Weltbild haben, stimmen auch neurechten Einstellungen zu. Auch die Korrelation zwischen neurechten und rechtsextremen Einstellungen ist signifikant und verdeutlicht ihre substanzielle Überschneidung. Zugleich bestätigt die weitere Analyse die Unterschiede, das heißt neurechte und altrechte beziehungsweise rechtsextreme Einstellungen sind nicht das Gleiche, überschneiden sich aber insbesondere in der Forderung nach nationaler Rückbesinnung und Stärke sowie einer feindlichen Haltungen gegenüber Ausländern.[20]

Ebenso zeigen sich deutliche Überschneidungen zwischen neurechten und rechtspopulistischen Einstellungen trotz der Unterschiede zwischen den Überzeugungsmustern. Auch hier bestehen besonders enge Zusammenhänge über die Fremden- und Muslimfeindlichkeit.[21] Zusammengenommen tendieren

20 Korrelation zwischen neurechten Einstellungen und Befürwortung Diktatur r = .53; Chauvinismus r = .55; Ausländerfeindlichkeit r = .64; Antisemitismus r = .42; Sozialdarwinismus r = .39; Verharmlosung des Nationalsozialismus r = .49; alle Korrelationen p < .001. Die explorative Faktorenanalyse (mit varimax Rotation über alle fünf Facetten neurechter Einstellungen und die sechs Dimensionen rechtsextremer Einstellung) weist zwei Faktoren mit Eigenwert > 1 aus (Gesamtvarianzaufklärung 66 %). Auf dem ersten Faktor laden alle fünf Dimensionen neurechter Einstellungen (a > .6), auf dem zweiten Faktor alle sechs Dimensionen rechtsextremer Einstellungen (a > = .6), mit einer starken Doppelladung von nationalem Chauvinismus und Ausländerfeindlichkeit auf dem ersten Faktor.

21 Korrelation zwischen neurechten Einstellungen und Autoritarismus r = .47; Demokratiemisstrauen r = .51; Fremdenfeindlichkeit r = .57; Muslimfeindlichkeit r = .57; Abwertung von Sinti und Roma r = .41; Abwertung von Asylsuchenden r = .44; alle Korrelationen p < .001. Die explorative Faktorenanalyse (mit Varimax Rotation über alle vier Facetten neurechter Einstellungen und die sechs

Zustimmung zu rechtsextremen Einstellungen in Abhängigkeit einer »Neurechten Einstellung« (Angaben in Prozent)[22] **Tabelle 6.6**

Neurechte Einstellungen	Befürwortung Diktatur	Chauvinismus	Ausländerfeindlichkeit
niedrig	1,1	5,8	2,4
hoch	10,3	30,3	21,5
Neurechte Einstellungen	**Antisemitismus**	**Sozialdarwinismus**	**Verharmlosung des Nationalsozialismus**
niedrig	0,9	0,8	0,5
hoch	7,4	5,3	6,7

79 % der Befragten mit neurechten Einstellungen zu einer rechtspopulistischen Orientierung; 54 % neigen ganz eindeutig dazu. Im Vergleich dazu tendieren nur 26 % derjenigen ohne neurechte Einstellungen in eine rechtspopulistische Richtung, lediglich 8 % vertreten deutlich rechtspopulistische Einstellungen, gemessen an dem strengen Zustimmungskriterium (➠ Kap. 5). Darüber hinaus sind Befragte mit neurechten Einstellungen deutlich gewaltaffiner und zwar nicht nur hinsichtlich der Billigung von Gewalt, sondern mehr noch in der eigenen Bereitschaft zu Gewalt. Von den Befragten mit neurechten Einstellungen billigen 14 % Gewalt, und 35 % sind zu Gewalt bereit, unter den Befragten ohne neurechte Einstellungen sind dies nur lediglich 3 % respektive 13 %.[23]

Facetten rechtspopulistischer Einstellung) weist nur einen Faktor mit Eigenwert > 1 aus (Gesamtvarianzaufklärung 52 %). Auf diesem Faktor laden die vier Facetten neurechter Einstellungen besonders deutlich, aber auch Fremden- und Muslimfeindlichkeit (a > .71), sowie etwas schwächer alle anderen rechtspopulistischen Einstellungsfacetten (a > .62).

22 Alle Unterschiede zwischen Befragten mit und ohne neurechten Einstellungen sind hoch signifikant: Befürwortung Diktatur Chi^2 (1, 1809) = 85.99, p < .001; Chauvinismus Chi^2 (1, 1754) = 191.78, p < .001; Ausländerfeindlichkeit Chi^2 (1, 1818) = 186.06 p < .001; p < .001; Antisemitismus Chi^2 (1, 1517) = 50.11, p < .001; Sozialdarwinismus Chi^2 (1, 1812) = 38.00, p < .001; Verharmlosung des Nationalsozialismus Chi^2 (1, 1629) = 58.27, p < .001; manifestes rechtsextremes Weltbild Chi^2 (1, 1336) = 108.48, p < .001.

23 Unterschiede zwischen Befragten mit und ohne neurechte Einstellungen in der Zustimmung zu Gewaltbilligung Chi^2 (1, 1.886) = 90.83, p < .001 und Gewaltbereitschaft Chi^2 (1, 1.885) = 126.95, p < .001.

6.3 Diskussion

Die sogenannte Neue Rechte ist eine Strömung, die bislang vorrangig als intellektuelle extreme politische Bewegung betrachtet wurde. War sie lange ein Phänomen des rechtsextremen Randes, ist es ihr mittlerweile erfolgreich gelungen, ihre rechten Ideologien auch in die breite Bevölkerung hineinzutragen. Darauf verweisen die hier vorgestellten Ergebnisse sehr deutlich. PEGIDA und maßgebliche Teile der AfD scheinen hier wie Steigbügelhalter für die Ideologie der Neuen Rechten zu fungieren. Es verwundert nicht, dass im Oktober 2016 Götz Kubitschek, der Gründer des rechtsradikalen »Instituts für Staatspolitik« auf dem zweiten Jahrestag von PEGIDA als Gastredner eingeladen wurde. Der AfD scheint es zu gelingen, Befragte mit neurechten Einstellungen einzufangen. Das erfolgt insbesondere über die Forderung nach nationaler Rückbesinnung, den Verdacht einer Islamisierung beziehungsweise der Islamverschwörung sowie über ein elitenkritisches Einklagen von Meinungsfreiheit und den Aufruf zu »Widerstand« gegen die aktuelle Politik und schließlich die Unterstellung, alle Politiker seien verlogen. Wiederholte gezielte Provokationen von führenden AfD-Leuten, die als Befreiung von einem unterstellten Meinungsdiktat gerechtfertigt werden, dienen dazu, die Befürworterinnen und Befürworter von ultrakonservativen, nationalistischen und vor allem neurechts orientierten Positionen einzufangen und zugleich den Diskurs über Bedrohungen durch Zuwanderung, eine Islamisierung und den Untergang des Abendlandes zu befeuern. Diese These wird durch die empirische Beobachtung untermauert, dass die große Mehrheit der potenziellen AfD-Wählerinnen und -Wähler neurechte Positionen vertritt. Während altrechte beziehungsweise offen rechtsextreme Einstellungen immer weniger Rückhalt haben, werden neurechte Positionen auch mithilfe von Vordenkern verankert. Ausländer-, Fremden- und Muslimfeindlichkeit dienen der Abgrenzung des Eigenen (Volk, Nation) von den »Fremden« und damit der Konstitution nationaler Identitäten. Aber selbst die Befürwortung einer rechtsgerichteten Diktatur verbindet – das zeigt die empirische Analyse – neurechte mit rechtspopulistischen und rechtsextremen Einstellungen. Hier spiegelt sich das Kernelement der Neuen Rechten: die Idee eines ethnisch homogenen Nationalstaats in Gestalt einer vermeintlich »reinen« Volksgemeinschaft. Genau dies sind die ideologischen Elemente, die Ian Kershaw in seinem jüngst publizierten Buch »Höllensturz« (2016) mit Blick auf die Umbrüche von 1914 bis 1949 ausmacht. So wie die Neue Rechte die nationalsozialistische Ideologie der alten Rechten weiterträgt und fortentwickelt, scheinen neurechte Einstellungen offen rechtsextreme Einstellungen abzulösen. Das ist aber nicht minder bedrohlich für die Demokratie, zumal diese Orientierungen im Kern von Gruppenbezogener Menschenfeindlichkeit zusammengehalten werden.

7 Menschenfeindlicher und rechtsextremer – Die Veränderung der Einstellungen unter AfD-Sympathisanten zwischen 2014 und 2016

Andreas Hövermann · Eva Groß

Die Partei Alternative für Deutschland (AfD) wird mittlerweile – nachdem dies anfangs umstritten war – in Politik, Wissenschaft und Medien allgemein als rechtspopulistische Partei beschrieben (vgl. Decker 2015). Sie verzeichnet seit 2014 in Landtagswahlen große Wahlerfolge mit oft zweistelligen Stimmenanteilen. Dies gelingt insbesondere in den neuen Bundesländern, aber auch in vielen alten Bundesländern (vgl. Häusler & Roeser 2015; Decker 2015). Die AfD ist inzwischen in zehn von sechzehn deutschen Landesparlamenten vertreten.

Wirtschafts- bzw. neoliberale und nationalkonservativ-autoritäre Positionen stellen in der Partei keinen Gegensatz dar, vielmehr vereinen sich beide ideologischen Ausrichtungen zu einer Position, die an anderer Stelle als »Wettbewerbspopulismus« bezeichnet wurde (Bebnowski & Förster 2014; Groß & Hövermann 2014; Decker 2015). Die Partei hat seit ihrer Gründung im Jahr 2013 im Zuge der Eurokrise und der fiskalischen Rettungspakete für europäische Länder neben ihrem neoliberalen Kurs Schlagzeilen gemacht mit Antiflüchtlingsparolen, fremden- und islamfeindlichen, aber auch antisemitischen und rechtsnationalen Positionen und Äußerungen ihrer Mitglieder und Funktionäre. Seit Anfang 2015 hat die AfD, beginnend mit dem innerparteilichen Sturz des früheren Vorsitzenden und Ökonomen Prof. Bernd Lucke, einen parteipolitischen Kurs- wie auch Führungswechsel vollzogen, der als Rechtsruck beschrieben wird (Häusler & Roeser 2015), was die Wahlerfolge der Partei jedoch keinesfalls schmälert. Der anfangs stark neoliberale Kurs der AfD, der schon damals auch nationalkonservativ-autoritäre Züge trug, ist unter anderem durch den Führungswechsel zu einer dominant rechtsnationalistischen Ausrichtung avanciert. Ist die AfD zunächst vor allem mit marktliberalen Positionen gestartet, ist ihr Hauptthema inzwischen die Problematisierung der Flüchtlingsbewegung.

Die politische Angebots- und Nachfrageseite im Sinne parteipolitischer Programme einerseits sowie Einstellungen und Motivlagen bei den potenziellen Wählerinnen und Wählern andererseits müssen für ein umfassendes Verständnis der Wahlerfolge und des Rechtsrucks dieser relativ neuen Partei gemeinsam gedacht und untersucht werden. Die vorliegende FES-Mitte-Studie liefert uns bezüglich der vorhandenen Einstellungen wichtige Einblicke.

2014 ließ sich in der Studie »Fragile Mitte – Feindselige Zustände« zeigen, dass die AfD insbesondere für jene Personen attraktiv erschien, die eine ökonomistisch-menschenfeindliche Ideologie vertraten, die wir als *marktförmigen Extremismus*[1] einführten (vgl. Groß & Hövermann 2014). Damit wird eine Orientierung bezeichnet, die als Folge einer Ökonomisierung des Sozialen zu sehen ist und die ein allgegenwärtiges unternehmerisches Denken und das Eindringen ökonomischer Logik in die Einstellungen der Befragten erfasst. Diese radikal neoliberalen Ansichten verbanden sich im Jahr 2014 unter den AfD-Sympathisanten mit Gefühlen der Krisen- und Statusbedrohung sowie rechtsextremen Einstellungen (Groß & Hövermann 2014: 115 ff.). Die AfD lieferte somit schon im Jahr 2014 ein parteipolitisches Angebot für Einstellungen in der Bevölkerung, die neben ökonomischen Motiven im Umgang mit Menschen auch Ängste vor Abstieg, Statusverlust, vermeintlicher Überfremdung und Islamisierung sowie vor einem angeblichen Verlust der deutschen Identität transportierten – getragen von Vorurteilen gegen Minderheitengruppen. Damit gab die AfD einem solchen wettbewerbspopulistischen Potenzial eine öffentliche Plattform. Sie kanalisierte Stimmungslagen und transportierte sie in die politische Parteienlandschaft und in den medialen Diskurs. Hierdurch und spätestens auch durch das Aufgreifen rechter Positionen und Forderungen im Spektrum der etablierten Parteien, fand eine parteipolitische Normalisierung menschenfeindlicher und auch rechtsextremer Vorstellungen statt, die entsprechende Einstellungen in der Bevölkerung normaler und damit sagbarer machte.

---

1 Von Extremismus sprechen wir, da es sich in dieser Kombination um eine extreme Form marktförmigen Denkens handelt, die neben der unternehmerischen Selbstoptimierungsnorm auch die explizite Verehrung von Wettbewerb als Motor gesamtgesellschaftlichen Fortschritts, wie auch eine direkte Bewertung anderer Menschen nach reinen Kosten-Nutzen-Kalkülen beinhaltet (vgl. Groß & Hövermann 2014).

In diesem Beitrag wird der Frage nachgegangen, inwieweit sich der Rechtsruck, den die AfD inzwischen deutlich vollzogen hat, auch in den Einstellungen derer, die mit ihr sympathisieren und sie wählen wollen, abzeichnet. Sind menschenfeindliche und rechtsextreme Einstellungen unter den AfD-Sympathisanten stärker geworden?

Hier gilt es zu berücksichtigen, dass ein solcher Anstieg zweierlei Gründe haben kann: Zum einen kann dies Ausdruck davon sein, dass sich die angesprochene Klientel der AfD verändert hat und sich mittlerweile andere, rechtere Gruppen von ihr angesprochen fühlen. Da sich die Anzahl der tatsächlichen AfD-Wähler und -Wählerinnen stark vergrößert hat, ist generell von einer Veränderung des Klientels auszugehen. Aus den Analysen zur Wählerwanderung lässt sich jedoch nicht ableiten, dass nur solche Personen, die bereits vorher rechts waren, hinzugekommen sind, da Wanderungen von allen Parteien (inklusive der Nichtwähler) verzeichnet werden (vgl. infratest dimap 2016a).

Zum anderen kann es auch zu einem Wandel der Einstellungen bisheriger AfD-Sympathisanten gekommen sein, wenn diese im Einklang mit dem Parteiprogramm der AfD nun rechtere Positionen vertreten. Um aus den vorliegenden Daten Hinweise zur Beantwortung dieser Fragen zu erhalten, wird in einem ersten Schritt betrachtet, ob sich das AfD-Potenzial in der Bevölkerung analog zu den Wahlerfolgen von 2014 zu 2016 vergrößert hat. Anschließend wird analysiert, ob sich die AfD-Sympathisanten des Jahres 2014 von denen des Jahres 2016 in ihren menschenfeindlichen und rechtsextremen Einstellungen unterscheiden. Steigt der Anteil der AfD-Sympathisanten bei gleichzeitig stärkerer Menschenfeindlichkeit, so würde dies unsere These stützen, dass die AfD einen parteipolitischen Resonanzboden für menschenfeindliche und rechtsextreme Einstellungen in der Bevölkerung bietet. Dieser verschärft dann durch den Wandel des Parteiprogramms auch eine Normalisierung menschenfeindlicher Stimmungslagen.

Daran anschließend stellt sich die Frage, welche Rolle der *marktförmige Extremismus*, den wir im Jahr 2014 untersucht haben (siehe Groß & Hövermann 2014), in Bezug auf die Menschenfeindlichkeit und rechtsextremen Einstellungen der AfD-Sympathisanten spielt. 2014 zeigte sich, dass gerade dieser *marktförmige Extremismus* die Partei so erfolgreich menschenfeindliche und rechte

Stimmungen transportieren lässt, da er an weitverbreitete Kosten-Nutzen-Vorstellungen in der neoliberalen Gesellschaft (siehe dazu auch Lessenich 2009) anknüpft. Geht diese neoliberale Grundhaltung bei AfD-Sympathisanten noch genauso eng mit Gruppenbezogener Menschenfeindlichkeit einher, wie dies 2014 der Fall war? Oder kommt die Abwertung sozial schwacher Gruppen inzwischen ohne die Legitimation durch diesen ökonomisch argumentierenden Zwischenschritt aus? Die gegenwärtige Ausrichtung der Partei, in der das Thema Finanz- und Eurokrise kaum noch eine Rolle spielt, sondern inzwischen primär nationalkonservative bis völkische Rhetorik verbreitet ist, würde Letzteres nahelegen.

7.1 Ausmaß der Sympathie für die AfD

In allen Wahlen, die 2016 auf Landesebene stattfanden, gelang der erst 2013 gegründeten AfD der Sprung in die Parlamente, und zwar jeweils mit beachtlichem Stimmenanteil. Die regelmäßig durchgeführten Sonntagsfragen großer Meinungsforschungsinstitute zeigen auch bundesweit einen deutlichen Anstieg des Anteils von Wählerinnen und Wählern, die der AfD ihre Stimme geben würden, wenn am nächsten Sonntag Bundestagswahl wäre: von rund 5 % im Sommer 2014 auf ungefähr 15 % im Sommer 2016 (vgl. infratest dimap 2016b).

In der vorliegenden Mitte-Studie 2016 stehen neben der klassischen Sonntagsfrage, zwei weitere Fragen zur Verfügung, die Rückschlüsse auf die Sympathie mit der AfD möglich machen (➡ Tab. 7.1). Hier ist der Anteil derjenigen, die angeben, AfD wählen zu wollen, von knapp 5 % 2014 auf knapp 8 % 2016 gewachsen.[2] Zusätzlich konnten die Befragten angeben, ob sie »schon einmal mit dem Gedanken gespielt haben, eine ganz andere Partei zu wählen«. Rund die Hälfte der Befragten bejahten 2014 und 2016 diese Aussage. Der Anteil derjenigen, die bei der anschließenden Frage danach, um welche Partei es sich dabei handele, die »AfD« als Wahloption angaben, steigt von 3 % in der Umfrage 2014 auf 4,5 % im Jahr 2016, sodass auch hier ein leichter Anstieg zu verzeichnen ist. Anhand der Kombination der Sonntagsfrage (»würde AfD wählen«) mit der Angabe, schon mal darüber nachgedacht zu haben, AfD zu

---

2 Befragte, die angaben, nicht zu wählen oder nicht wahlberechtigt zu sein, wurden nicht berücksichtigt, da diese auch bei der Wahl keine Rolle spielen, wenn es um die Sitzverteilung geht.

wählen, haben wir den Anteil jener berechnet, für die die AfD eine Wahloption darstellt. Dieser stieg zwischen 2014 und 2016 von knapp 8 % auf knapp 13 %.

Des Weiteren wurden die Befragten um Zustimmung beziehungsweise Ablehnung der Aussage »Die Argumente der Partei AfD sind oft überzeugend« gebeten.[3] Hier veränderte sich der Anteil derjenigen, die dieser Aussage zustimmen, seit 2014 kaum.

Die AfD-Wahloption (bei Sonntagsfrage AfD wählen und/oder mit Gedanken gespielt, AfD zu wählen) und die Meinung, die Argumente der Partei AfD seien oft überzeugend, lassen sich aufgrund ihres hohen Zusammenhangs zu einer Variable »AfD-Sympathie« zusammenfassen. Rund ein Viertel der befragten Deutschen äußern auf die eine oder andere Weise ihre Sympathie mit der AfD, indem sie die Argumente als überzeugend einstufen und/oder sogar mit dem Gedanken spielen oder gespielt haben, die AfD zu wählen.

Sympathie mit der AfD in 2014 und 2016
(Angaben in Prozent)

Tabelle 7.1

	2014 (n = 1.602)	**2016** (n = 1.799)
AfD-Wahloption: Sonntagsfrage: AfD und/oder mit Gedanken gespielt, AfD zu wählen	7,5	12,7
• Sonntagsfrage: Würde AfD wählen	4,9	7,8
• Habe mit Gedanken gespielt, ganz andere Partei zu wählen: »AfD«	3,1	4,5
»Die Argumente der Partei Alternative für Deutschland (AfD) sind oft überzeugend.«	20,0	19,1
AfD-Sympathie (AfD-Wahloption und/oder AfD-Argumente überzeugend)	24,9	25,8

Betrachtet man, welche soziodemografischen Gruppen besonders häufig Sympathie für die AfD äußern, so waren es in 2014 eher Befragte mit niedrigerem

3 Diese Aussage wurde in 2014 mit einer fünfstufigen, in 2016 mit einer vierstufigen Antwortskala erfasst. In beiden Erhebungen wurden die hier zusammengefassten Zustimmungswerte der Skala einheitlich mit »stimme eher zu« und »stimme voll und ganz zu« beschriftet.

Bildungsniveau und eher Männer. 2016 zeigt sich, dass sich hier deutlich stärker bestimmte Subpopulationen von der Partei angesprochen fühlen: Zusätzlich zu Bildungsniveau und Geschlecht gewinnen 2016 die Faktoren niedriges Einkommen, ostdeutsche Herkunft sowie jüngeres Alter Einfluss auf die Parteisympathie. Dies ist ein Indiz dafür, dass sich mit dem Wandel der AfD auch andere Bevölkerungsgruppen von der Partei angesprochen fühlen. Dieser Befund über die besonders der AfD zuneigenden Subpopulationen deckt sich mit Analysen der diesjährigen Landtagswahlen: Die AfD wird vor allem von Männern, Arbeitern und jenen gewählt, die zuvor zu den Nichtwählern zählten. Hier zeichnet sich im Vergleich zu 2014 eine deutliche Verschiebung ab; war die AfD in 2014 noch eine Partei, der durchaus auch Besserverdienende der Mittel- und Oberschicht zuneigten, kommt ihre Wählerschaft inzwischen verstärkt aus unteren Schichten (vgl. infratest dimap 2016c).

7.2 Sympathie mit der AfD, Gruppenbezogene Menschenfeindlichkeit und rechtsextreme Einstellungen

Im folgenden Abschnitt betrachten wir genauer, inwiefern diejenigen, die Sympathie für die AfD äußerten, sich hinsichtlich ihrer Ausprägungen von Gruppenbezogener Menschenfeindlichkeit und Rechtsextremismus von denen unterscheiden, die keine AfD-Sympathie erkennen ließen. Zudem untersuchen wir, ob sich Veränderungen im Ausmaß der abwertenden Einstellungen zeigen.

Bezüglich der Ausprägungen der Gruppenbezogenen Menschenfeindlichkeit ist zweierlei zu erkennen (➠ Grafik 7.1): Zum einen äußern AfD-Sympathisanten in besonders starkem Maße Gruppenbezogene Menschenfeindlichkeit und stimmen somit deutlich häufiger Abwertungen zu, als jene Befragten, die keine Sympathien für die AfD haben. Die Unterschiede zwischen den AfD-Sympathisanten und Nicht-Sympathisanten sind hinsichtlich aller GMF-Elemente mit Ausnahme der Abwertung von Menschen mit Behinderung signifikant (➠ Grafik 7.1, S. 174).[4] Das Ausmaß der Zustimmungswerte im Jahr 2016

4 Die Unterschiede zwischen Befragen, die mit der AfD sympathisieren und denen, die nicht mit der AfD sympathisieren, wurden kreuztabellarisch mit einem Chi²-Test getestet [Rassismus (2014: $n = 1.406$, $Chi^2 = 26$, $df(1)$, $p < .001$; 2016: $n = 1.506$, $Chi^2 = 62$, $df(1)$, $p < .001$); Sexismus (2014: $n = 1.409$, $Chi^2 = 32$, $df(1)$, $p < .001$; 2016: $n = 1.508$, $Chi^2 = 38$, $df(1)$, $p < .001$); Fremdenfeindlichkeit (2014: $n = 1.409$, $Chi^2 = 64$, $df(1)$, $p < .001$; 2016: $n = 1.511$, $Chi^2 = 252$, $df(1)$, $p < .001$);

ist zum Teil erheblich: So fordern beispielsweise 62 % der AfD-Sympathisanten Vorrechte für die Etablierten ein, 69 % werten langzeitarbeitslose Personen und 74 % Asylsuchende ab.

Zum anderen ist die Neigung der AfD-Sympathisanten zur Abwertung anderer 2016 noch deutlich ausgeprägter als 2014. Besonders starke Zuwächse von 2014 auf 2016 lassen sich für die Elemente Fremdenfeindlichkeit (von 33 auf 47 %), die Abwertung asylsuchender Menschen (von 57 auf 74 %) und Muslimfeindlichkeit (von 30 auf 44 %) beobachten. Aber auch die Abwertung arbeitsloser (von 60 % auf 69 %) und wohnungsloser Menschen (von 22 auf 34 %) ist unter AfD-Sympathisanten verbreitet und noch weiter angestiegen. Einzig das Ausmaß von Sexismus und die Abwertung von Menschen mit Behinderung sind bei AfD-Sympathisanten 2016 weniger weit verbreitet als 2014; das Ausmaß von klassischem Antisemitismus und der Abwertung homosexueller Menschen stagniert.

Der Anstieg in der Menschenfeindlichkeit von 2014 auf 2016 ist zudem nur bei den AfD-Sympathisanten zu beobachten, nicht aber bei den Befragten, die keine Sympathien mit der AfD äußern. In dieser Gruppe ist mit Ausnahme der Abwertung Langzeitarbeitsloser und Asylsuchender die Menschenfeindlichkeit sogar rückläufig. Dies kann als Indiz für eine Polarisierung in der Bevölkerung gedeutet werden: AfD-Sympathisanten werten seit 2014 Gruppen stärker ab, während Personen, die nicht mit der AfD sympathisieren, sich tendenziell weniger menschenfeindlich äußern.

Antisemitismus (2014: n = 1.376, Chi^2 = 16, df(1), p < .001; 2016: n = 1.443, Chi^2 = 69, df(1), p < .001); Muslimfeindlichkeit (2014: n = 1.374, Chi^2 = 68, df(1), p < .001; 2016: n = 1.487, Chi^2 = 195, df(1), p < .001); Abwertung von Sinti und Roma (2014: n = 1.392, Chi^2 = 28, df(1), p < .001; 2016: n = 1.491, Chi^2 = 125, df(1), p < .001); Abwertung asylsuchender Menschen (2014: n = 1.396, Chi^2 = 42, df(1), p < .001; 2016: n = 1.507, Chi^2 = 130, df(1), p < .001); Abwertung homosexueller Menschen (2014: n = 1.402, Chi^2 = 33, df(1), p < .001; 2016: n = 1.511, Chi^2 = 47, df(1), p < .001); Abwertung wohnungsloser Menschen (2014: n = 1.401, Chi^2 = 6, df(1), p = .013; 2016: n = 740, Chi^2 = 44, df(1), p < .001); Abwertung von Menschen mit Behinderung (2014: n = 1.409, Chi^2 = 11, df(1), p = .001; 2016: n = 746, Chi^2 = 3, df(1), p = .10 n. s.); Abwertung arbeitsloser Menschen (2014: n = 1.404, Chi^2 = 38, df(1), p < .001; 2016: n = 1.503, Chi^2 = 86, df(1), p < .001); Etabliertenvorrechte (2014: n = 1.411, Chi^2 = 50, df(1), p < .001; 2016: n = 1.513, Chi^2 = 113, df(1), p < .001).

Zustimmung zu Gruppenbezogener Menschenfeindlichkeit in Abhängigkeit der Sympathie mit der AfD in 2014 und 2016 (Angaben in Prozent) **Grafik 7.1**

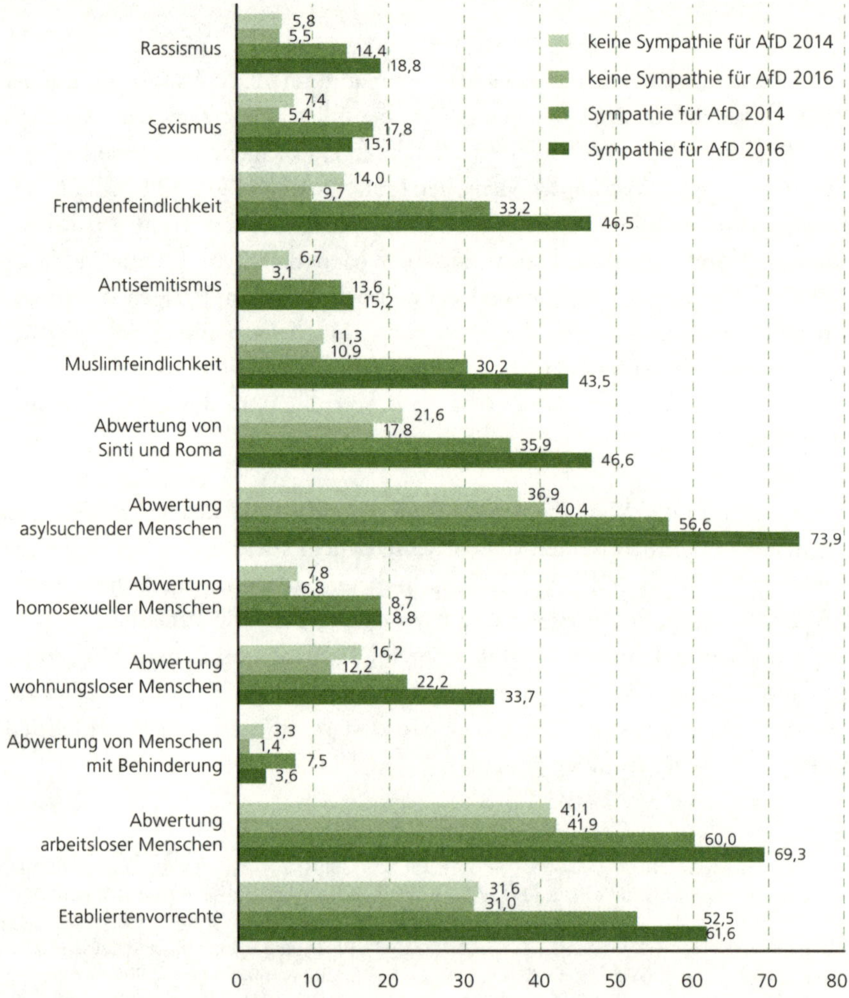

Diese erläuterten Befunde lassen sich auch durch Korrelationsanalysen zwischen der AfD-Sympathie und den Elementen der Gruppenbezogenen Menschenfeindlichkeit (GMF) bestätigen. Für alle GMF-Elemente ist der Zusammenhang überzufällig: Je stärker die Sympathie mit der AfD ist, desto stärker ist die

Gruppenbezogene Menschenfeindlichkeit. Bei allen GMF-Elementen ist dieser Zusammenhang von 2014 auf 2016 deutlich angestiegen. Teilweise erreicht der Korrelationskoeffizient, wie bei Fremdenfeindlichkeit und Muslimfeindlichkeit, 2016 Werte von über r = .40, sodass die AfD-Sympathie insbesondere mit diesen beiden GMF-Elementen zusammenhängt.[5]

Mit Blick auf das Ausmaß rechtsextremer Einstellungen ergibt sich ein ähnlich klares Bild: AfD-Sympathisanten stimmen allen sechs erfassten Dimensionen rechtsextremer Einstellungen stärker zu, als jene, die keine Sympathie für die AfD haben (➠ Grafik 7.2, S. 176).[6] Und auch hier zeigt sich ein deutlicher Anstieg rechtsextremer Einstellungen bei den AfD-Sympathisanten von 2014 auf 2016, während bei Befragten, die keine Sympathien für die AfD angaben, die Zustimmung bei drei der sechs Dimensionen sinkt und bei den anderen drei Dimensionen nahezu unverändert bleibt. Der deutlichste Zuwachs unter den AfD-Sympathisanten lässt sich bei der Ausländerfeindlichkeit beobachten, zu der 2014 noch 13 %, 2016 aber nunmehr 23 % der AfD-Sympathisanten neigten.[7] Zudem fällt auf, dass diejenigen, die keine Sympathie für die AfD äußerten, extrem niedrige Ausprägungen von Rechtsextremismus aufweisen – ganz besonders in den Dimensionen Befürwortung Diktatur (1 %), Antisemitismus (1 %), Sozialdarwinismus (1 %) oder Verharmlosung des Nationalsozialismus (0,3 %).

---

5 Interessant ist zudem, dass sich der Anstieg in den Zusammenhängen zwischen 2014 und 2016 vor allem bei der Abwertung bestimmter Gruppen zeigt: Insbesondere die Fremdenfeindlichkeit (von r = .20 auf r = .45), aber auch die Muslimfeindlichkeit (von r = .27 auf r = .42), der Rassismus (von r = .14 auf r = .21) und die Abwertung von Sinti & Roma (von r = .19 auf r = .31) gehen im Jahr 2016 deutlich stärker mit der AfD-Sympathie einher als noch im Jahr 2014.

6 Die Unterschiede zwischen Befragten, die mit der AfD sympathisieren und denen, die nicht mit der AfD sympathisieren wurden kreuztabellarisch mit einem Chi^2-Test getestet [Befürwortung Diktatur (2014: n = 1.386, $Chi^2 = 24$, df(1), $p < .001$; 2016: n = 1.471, $Chi^2 = 99$, df(1), $p < .001$); Chauvinismus (2014: n = 1.355, $Chi^2 = 75$, df(1), $p < .001$; 2016: n = 1.430, $Chi^2 = 107$, df(1), $p < .001$); Ausländerfeindlichkeit (2014: n = 1.371, $Chi^2 = 33$, df(1), $p < .001$; 2016: n = 1.470, $Chi^2 = 150$, df(1), $p < .001$); Antisemitismus (2014: n = 1.265, $Chi^2 = 6$, df(1), $p = .015$; 2016: n = 1.252, $Chi^2 = 21$, df(1), $p < .001$); Sozialdarwinismus (2014: n = 1.379, $Chi^2 = 51$, df(1), $p < .001$; 2016: n = 1.471, $Chi^2 = 35$, df(1), $p < .001$); Verharmlosung des Nationalsozialismus (2014: n = 1.320, $Chi^2 = 73$, df(1), $p < .001$; 2016: n = 1.345, $Chi^2 = 83$, df(1), $p < .001$).

7 Die Zustimmungsrate fällt – wie bereits im Methodenkapitel dieses Bandes erläutert – für die sechs Dimensionen rechtsextremer Einstellungen insgesamt geringer aus als für die GMF-Elemente, weil zum einen die meisten Fragen härter formuliert sind und zum anderen hier eine fünfstufige Antwortskala verwendet wurde, sodass viele Befragte hier die Mittelkategorie wählen.

Zustimmung zu Rechtsextremismus in Abhängigkeit der Sympathie mit der AfD in 2014 und 2016 (Angaben in Prozent) **Grafik 7.2**

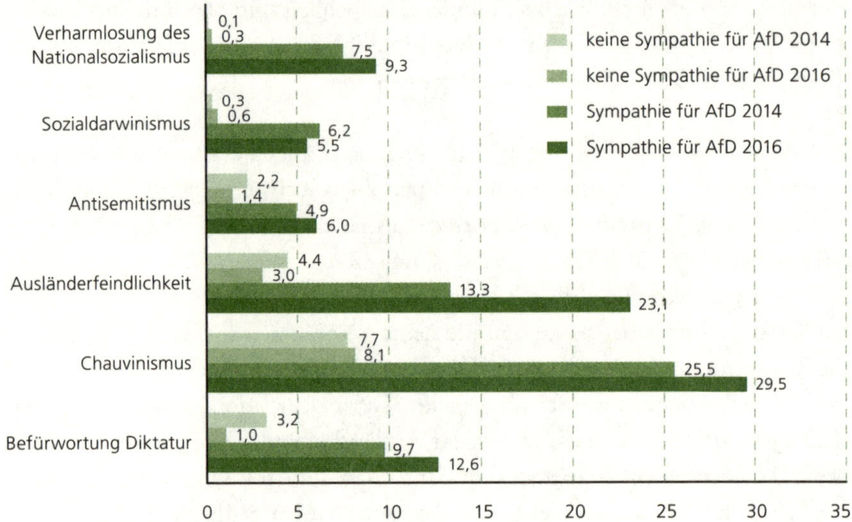

Erneut bestätigen auch hier die Zusammenhangsmaße die vorherigen Befunde: Für alle Dimensionen gilt, dass die Sympathie für die AfD 2016 noch stärker als 2014 mit Rechtsextremismus zusammenhängt.[8]

Die auch hier – wie für die GMF – zu beobachtende gegenläufige Entwicklung in Form eines deutlichen Anstiegs rechtsextremer Einstellungen bei Befragten, die mit der AfD sympathisieren, bei gleichzeitigem Rückgang beziehungsweise einer Stagnation solcher Einstellungen unter Befragten, die nicht mit der AfD sympathisieren, unterstreicht den Eindruck einer Polarisierung in den Einstellungen der Bürgerinnen und Bürger. Die AfD-Sympathie scheint hierbei Dreh- und Angelpunkt der Polarisierung zu sein.

8 Besonders starke Zuwächse in diesem Zusammenhang weisen die Befürwortung der Diktatur (von r = .26 auf r = .44), die Ausländerfeindlichkeit (von r = .28 auf r = .51) und die Verharmlosung des Nationalsozialismus (von r = .28 auf r = .43) auf.

7.3 Erläuterung des Mechanismus von marktförmigem Extremismus

Um diesen sozialen Mechanismus zu verstehen, der zwischen Sympathie mit der AfD und Gruppenbezogener Menschenfeindlichkeit sowie Rechtsextremismus liegt, ziehen wir das Konzept des *marktförmigen Extremismus* hinzu (Groß & Hövermann 2014; Hövermann, Groß & Zick 2015). Hierbei handelt es sich um ein Phänomen der Ökonomisierung des Sozialen. Für den marktförmigen Extremismus ließen sich enge Zusammenhänge mit Gruppenbezogener Menschenfeindlichkeit (Groß & Hövermann 2015) und Rechtsextremismus aufzeigen (Groß & Hövermann 2014). Personen, die Menschen nach ihrer Nützlichkeit beurteilen und andere mit einer Kosten-Nutzen-Logik betrachten, neigen eher zur Abwertung sozial schwacher Gruppen. Bereits 2014 zeigten sich zudem hohe Zustimmungsraten zum marktförmigen Extremismus insbesondere bei Befragten, die mit der AfD sympathisierten (vgl. Groß & Hövermann 2014: 113). Die AfD stellte damit offenbar ein politisches Sprachrohr für das vorhandene wettbewerbspopulistische Potenzial dar und kanalisierte diese ökonomisch-menschenfeindliche Verbindung. Inwieweit nun auch in der jüngsten Erhebung von 2016 solch eine Verbindung vorliegt, wird im Folgenden analysiert.

Der marktförmige Extremismus wird in den FES-Mitte-Studien mittels vier Fragen erfasst. Diese lassen sich zwei Dimensionen zuordnen (vgl. dazu auch Groß & Hövermann 2014): a) dem *unternehmerischen Universalismus*, das heißt einer verallgemeinerten neoliberalen Norm der Selbstoptimierung, die von allen ein hohes Maß an unternehmerischen Tugenden wie Kreativität, Flexibilität, Risikofreude und Eigenverantwortung einfordert (vgl. auch Groß, Gundlach & Heitmeyer 2010; Groß 2016), sowie b) den *ökonomistischen Werthaltungen*, bei denen harsche ökonomische Kriterien auf die Bewertung ganzer Bevölkerungsgruppen angewendet werden (vgl. auch Mansel & Endrikat 2007; Hövermann, Messner & Zick 2015).[9]

---

9 Ursprünglich umfasste marktförmiger Extremismus auch noch die dritte Dimension der *Wettbewerbsideologie* (vgl. Groß & Hövermann 2014). Diese beinhaltete die Forderung nach allgegenwärtigem Wettbewerb, als einziger Methode, um Fortschritt und Erfolg zu erzielen. Auf die Erfassung der Wettbewerbsideologie musste in der diesjährigen Erhebung aus Platzgründen jedoch verzichtet werden.

In Tabelle 7.2 sind Zustimmung und Ablehnung des marktförmigen Extremismus dargestellt. Während die Zustimmung zu den Aussagen des unternehmerischen Universalismus deutlich angestiegen ist, bleibt die Zustimmung zu den schärfer formulierten Aussagen der ökonomistischen Werthaltungen zwischen 2014 und 2016 nahezu identisch. Insgesamt neigt auch in 2016 rund jeder vierte Befragte zu marktförmigem Extremismus, so wie er hier erfasst wurde.

Zustimmung zu marktförmigem Extremismus in 2014 und 2016
(Angaben in Prozent)

Tabelle 7.2

	2014	2016
Unternehmerischer Universalismus [n = 1.907 (2014), n = 1.884 (2016)]		
Wer nicht bereit ist, was Neues zu wagen, der ist selber schuld, wenn er scheitert.	62,1	73,8
Wer keine Ideen hat, wie er sich gut verkaufen kann, der ist selber schuld, wenn er scheitert.	37,5	46,6
Ökonomistische Werthaltungen [n = 1.909 (2014), n = 1.890 (2016)]		
Menschliche Fehler können wir uns nicht mehr leisten.	17,5	15,5
Menschen, die wenig nützlich sind, kann sich keine Gesellschaft leisten.	10,9	11,7
Marktförmiger Extremismus (bestehend aus unternehmerischem Universalismus und ökonomistischen Werthaltungen) [n = 1.906 (2014), n = 1.879 (2016)]	23,2	23,7

Im letzten Analyseschritt testen wir, welche Rolle der marktförmige Extremismus für den Zusammenhang zwischen der AfD-Sympathie und Gruppenbezogener Menschenfeindlichkeit sowie Rechtsextremismus spielt. Dabei stellt sich die Frage, ob die AfD-Sympathie auf direktem Wege zu abwertenden Einstellungen führt oder dies über die marktförmigen Einstellungen vermittelt wird. Anders ausgedrückt: Es wurde geprüft, ob AfD-Sympathisanten deshalb mehr zu GMF und rechtsextremen Einstellungen neigen, weil sie auch eher eine Grundhaltung des marktförmigen Extremismus vertreten oder ob sie diese Ideologie als Legitimation gar nicht benötigen und ihre Menschenfeindlichkeit auf direktem Weg zum Ausdruck bringen. Dazu wurde das theoretische Modell, wie es in Grafik 7.3 dargestellt ist, anhand der vorliegenden Mitte-Daten empirisch geprüft. Es wurde zwischen direkten Effekten der AfD-Sympathie auf Gruppenbezogene

Menschenfeindlichkeit/Rechtsextremismus und indirekten, also über marktförmigen Extremismus vermittelten Effekten, unterschieden. Die Zahlen in den Modellen entsprechen der Stärke der Effekte. Sie können in dieser standardisierten Form (sie werden im Folgenden »beta« genannt) zwischen –1 und +1 liegen. Je höher (oder niedriger) der beta-Wert, desto stärker positiv (oder negativ) sind die Beziehungen zwischen den beiden Variablen im Modell. Der Wert 0 zeigt an, dass kein Zusammenhang vorliegt.[10]

Beziehung zwischen AfD-Sympathie, marktförmigem Extremismus, GMF und rechtsextremen Einstellungen [1. Wert beta (n = 1.918; 2014) / 2. Wert beta (n = 1.919; 2016)] **Grafik 7.3**

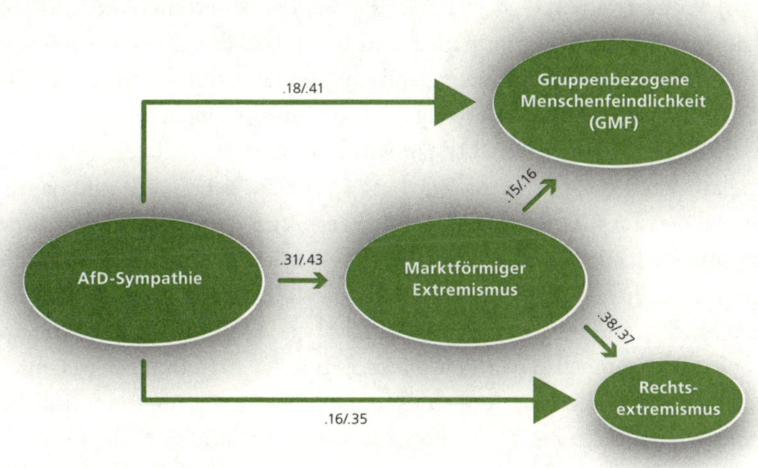

10 In allen berechneten Modellen wurde zusätzlich um soziodemografische Variablen sowie um die wichtigen Erklärungsfaktoren soziale Dominanzorientierung und Autoritarismus statistisch kontrolliert. Das bedeutet, dass die dargestellten Effekte unabhängig von beispielsweise Geschlecht oder Alter sowie unabhängig von autoritären oder sozialdominanten Haltungen der Befragten vorliegen. Alle dargestellten Variablen – also auch Gruppenbezogene Menschenfeindlichkeit und Rechtsextremismus – werden in den Modellen als latente Variablen bestehend aus den jeweiligen Dimensionen modelliert, sodass sie alle Unterdimensionen wie im Text erläutert umfassen. In der Abbildung dargestellt sind standardisierte Effekte, die Werte zwischen –1 und 1 annehmen können und untereinander vergleichbar sind; alle dargestellten Effekte besitzen statistische Signifikanz ($p < .001$). Der Modellfit des abgebildeten Modells, also die Einschätzung wie gut das Modell zu den empirischen Daten passt, ist als gut einzuschätzen (2014: $Chi^2 = 2582$, df (439), RMSEA = .005, PCLOSE = .35, CFI = .90, SRMR = .04; 2016: $Chi^2 = 2510$, df(440), RMSEA = .005, PCLOSE = .66, CFI = .90, SRMR = .04). Das Modell wurde mit dem statistischen Programm mplus 6.12 gerechnet.

Die Daten bestätigen das theoretische Modell: Befragte, die mit der AfD sympathisieren, neigen teilweise deshalb stärker zu GMF und rechtsextremen Einstellungen, weil sie eher einem marktförmigen Extremismus folgen, der seinerseits die Abwertung sozialer Gruppen befördert, das heißt mit GMF und rechtsextremen Einstellungen verknüpft ist (dargestellt durch die breiten Pfeile in Grafik 7.3, ➠ S. 179). Statistisch ausgedrückt, stellt der marktförmige Extremismus somit eine wichtige vermittelnde und damit erklärende Variable für den Zusammenhang zwischen AfD-Sympathie und GMF sowie Rechtsextremismus dar. Diese Befunde erweisen sich zeitlich als äußerst stabil und gelten für 2014 sowie für 2016 in nahezu identischem Ausmaß. Allerdings gibt es neben diesem vermittelten Mechanismus in beiden Jahren auch direkte Zusammenhänge zwischen AfD-Sympathie und GMF beziehungsweise Rechtsextremismus (dargestellt in dem oberen und unteren lang gestreckten Pfeil in Grafik 7.3, ➠ S. 179). Genau hier zeigt sich die größte Veränderung: Während 2014 der direkte Effekt von AfD-Sympathie auf GMF und Rechtsextremismus noch relativ klein war (➠ Grafik 7.3: beta = .18 bzw. beta = .16) und damit ein Großteil dieses Zusammenhangs über den vermittelnden Effekt des mehrheitsfähigen marktförmigen Extremismus erklärt werden konnte, steigen die direkten Effekte der AfD-Sympathie auf GMF und Rechtsextremismus in 2016 auf ein beachtliches Ausmaß an (beta = .41 bzw. beta = .35). Im Jahr 2016 äußern AfD-Sympathisanten also deutlich direkter als noch 2014 ihre Menschenfeindlichkeit und ihren Rechtsextremismus, ohne den Umweg über marktförmigen Extremismus zu nehmen. Dies gilt umso mehr, wenn man bedenkt, dass die Effekte um bedeutende Prädiktoren kontrolliert wurden, also unabhängig davon, ob bestimmte soziodemografische Faktoren oder beispielsweise eine autoritäre Haltung der Befragten vorliegen. Die AfD-Sympathie, wie sie hier von uns erhoben ist, erweist sich demnach insbesondere im Jahr 2016 als bedeutende und von anderen wichtigen Einflussfaktoren unabhängige Variable zur direkten Erklärung von GMF und Rechtsextremismus. Die nach wie vor bestehenden vermittelnden Effekte deuten zwar an, dass marktförmiger Extremismus weiterhin eine große Relevanz bei der Vermittlung des Weges von AfD-Sympathie zu GMF und Rechtsextremismus besitzt, nichtsdestotrotz werten AfD-Sympathisanten im Jahr 2016 bestimmte Gruppen deutlich stärker direkt ab, ohne den Weg über den marktförmigen Extremismus zu nehmen.

7.4 Fazit

Die vorliegenden Analysen zeichnen anhand eines empirischen Vergleichs der FES-Mitte-Daten aus den Jahren 2014 und 2016 einen »Rechtsruck« in den Einstellungen der AfD-Sympathisanten nach. Dementsprechend geben die Daten Hinweise darauf, dass sich durch den Kurswechsel der AfD auch die angesprochene Klientel über die Zeit verändert hat.

In Einklang mit Analysen zu den diesjährigen Landtagswahlen (infratest dimap 2016c) zeigt sich, dass die Partei heute stärker in sozioökonomisch benachteiligten Gruppen auf Sympathie stößt als noch im Jahr 2014. Zusätzlich zum niedrigeren Bildungsniveau und zu dem Befund, dass Männer deutlich stärker mit der AfD sympathisieren als Frauen, gewinnen 2016 auch die Faktoren niedriges Einkommen, ostdeutsche Herkunft sowie jüngeres Alter Einfluss auf die Parteisympathie. Darüber hinaus spiegelt sich die Veränderung der parteipolitischen Ausrichtung der AfD entlang rechtspopulistischer und nationalkonservativer Leitlinien auf der Einstellungsebene auch darin wider, dass die Zusammenhänge zwischen AfD-Sympathie und geäußerten abwertenden Vorurteilen sowie rechtsextremen Einstellungen deutlich enger geworden sind. Dabei sticht vor allem die deutlich häufigere Abwertung von Einwanderern, Asylsuchenden und Muslimen hervor. Genau diese Gruppen haben in den letzten Jahren auch die politische Debatte bestimmt und standen im Fokus der Ablehnung durch die AfD. Im Vergleich zu 2014 ist der Anteil der AfD-Sympathisanten 2016 nur leicht gestiegen, jedoch äußern diese deutlich menschenfeindlichere und rechtsextremere Einstellungen und kommen stärker als 2014 aus benachteiligten sozialen Lagen.

Anhand der vorliegenden Daten konnte nicht abschließend analysiert werden, ob frühere AfD-Sympathisanten in den vergangenen zwei Jahren rechtsextremer und menschenfeindlicher geworden sind oder ob die gesteigerte Menschenfeindlichkeit unter den AfD-Sympathisanten ausschließlich auf deren soziodemografisch veränderte Zusammensetzung zurückzuführen ist.[11] Um dies de-

11 Die Merkmale niedriges Einkommen, ostdeutsche Herkunft, wie auch jüngeres Alter, die im Jahr 2016 stärker mit der AfD-Sympathie korrelieren als 2014, sind bekanntermaßen auch wichtige Prädiktoren für rechtsextreme Einstellungen und Menschenfeindlichkeit.

taillierter prüfen zu können, wären Paneldaten notwendig. Die hier angeführten Analysen deuten jedoch darauf hin, dass von beiden Prozessen auszugehen ist.

Mit unserem zweiten Befund, dass Befragte, die *nicht* mit der AfD sympathisieren, in der Tendenz rückläufige Werte in Menschenfeindlichkeit und Rechtsextremismus von 2014 auf 2016 aufweisen, spiegeln die Mitte Daten der Friedrich-Ebert-Stiftung erneut eine Polarisierung in den Einstellungen der Bürgerinnen und Bürger wider, in der die AfD-Sympathie offenbar eine zentrale Rolle spielt: auf der einen Seite die AfD-Sympathisanten mit gesteigerter Menschenfeindlichkeit; auf der anderen Seite Personen, die nicht mit der Partei sympathisieren und sich seit 2014 weniger menschenfeindlich äußern.

Um diesen Abwertungsmechanismus zwischen der AfD-Sympathie und GMF beziehungsweise Rechtsextremismus besser zu verstehen, zogen wir das Konzept des marktförmigen Extremismus in einem letzten Schritt heran. Es kommt bei AfD-Sympathisanten weiterhin zur Abwertung von Gruppen, was durch eine vermeintlich geringe Nützlichkeit und große Belastung für die Allgemeinheit legitimiert wird – ganz dem ursprünglichen neoliberalen Duktus der AfD entsprechend. Nichtsdestotrotz lässt sich eine Veränderung in diesem Mechanismus beobachten: Die Sympathie für die AfD steht heute in einem deutlich engeren direkten Zusammenhang mit GMF und Rechtsextremismus, als dies noch 2014 der Fall war. Da die starken direkten Effekte von AfD-Sympathie auf GMF und Rechtsextremismus im Jahr 2016 unabhängig von bekannten Einflussgrößen bestehen, bleibt zu klären, was diese gegenwärtige Parteisympathie in der deutschen Bevölkerung noch transportiert und sie zu einer so relevanten, direkten Erklärungsgröße für GMF und Rechtsextremismus macht.

Der beschriebene Befund fügt sich nahezu passgenau in die Veränderung der parteipolitischen Ausrichtung der AfD, die zwischen 2014 und 2016 ihr ökonomistisch-neoliberales Gesicht zugunsten einer rechtsnational-konservativen bis völkischen Ausrichtung verändert hat. Die Abwertung erfolgt somit – parallel zur programmatischen Linie der Partei – heute immer häufiger und deutlich direkter, sodass darin eine Verschiebung der Norm zu erkennen ist. Dies wird insbesondere dann zum Problem, wenn sich die menschenfeindliche Ausrichtung der Partei über populäre Anknüpfungspunkte in der Gesellschaft –

wie insbesondere die 2014 allgegenwärtige Kosten-Nutzen-Logik – weiter etablieren kann. Darüber hinaus eröffnen sich aktuelle Potenziale rechtspopulistischer Normverschiebung durch diverse neue Herausforderungen, etwa im Zusammenhang mit der »Flüchtlingskrise« und islamistisch oder vermeintlich islamistisch motivierten Anschlägen, die sich mit einer diffus steigenden Angst in der Bevölkerung (hierzu z. B. Ehl 2016) sowie einer kollektiven Angst vor sozialem Abstieg verbinden. Gelingen diese Anknüpfungen an die Stimmungslagen in der Mehrheitsgesellschaft bei gleichzeitiger Vermittlung des Eindrucks der unzureichenden Problematisierung durch das etablierte Parteiensystem, dann wird sich die Normverschiebung mit hoher Wahrscheinlichkeit weiter verstetigen und ein gesamtgesellschaftliches Klima produzieren können, in dem die latent vorhandenen Abwertungspotenziale in der Mehrheitsgesellschaft aktiviert und manifest werden.

8 Demokratische Mitte oder Bad Civil Society?

Anna Klein · Michael Müller

8.1 Ist Partizipation immer demokratisch?

Eine vitale Zivilgesellschaft wird als wichtiger Bestandteil der Demokratie gesehen. Rückläufige Partizipation und Desinteresse von Seiten der Bürgerinnen und Bürger scheinen die Demokratie hingegen zu schwächen. Ob umgekehrt zivilgesellschaftliche Partizipation immer demokratieförderlich beziehungsweise ein Ausdruck einer demokratisch gesinnten Zivilgesellschaft ist, muss – mit Blick auf demokratiefeindliche Gruppierungen und Proteste – allerdings in Frage gestellt werden (siehe auch Klatt 2012). Mit den PEGIDA-Demonstrationen finden seit 2014 auch in Deutschland regelmäßig Proteste statt, deren demokratische Ausrichtung äußerst fragwürdig ist. Zahlreiche Demonstrationen gegen Geflüchtete mit zum Teil rassistischen und hasserfüllten Parolen, vor deren Hintergrund über 1.000 Angriffe auf geplante oder bestehende Unterkünfte im Jahr 2015 (Diehl 2016) stattfanden, weisen mit Nachdruck auf das antidemokratische Potenzial mancher zivilgesellschaftlicher Gruppierungen hin. Das Phänomen einer »bad civil society« im Sinne von Partizipation, die die liberale Demokratie schwächt (Chambers & Kopstein 2001), ist somit (auch) in Deutschland deutlich sichtbar geworden. Zeitgleich treten andere soziale Bewegungen explizit für den Erhalt demokratischer Grundwerte ein, allen voran die vielen Gegendemonstrationen zu PEGIDA und ihren Ablegern, an denen sich zahlreiche Bündnisse gegen Rechtsextremismus beteiligten. Ein an Solidarität und Gleichwertigkeit ausgerichtetes zivilgesellschaftliches Engagement zeigt sich eindrucksvoll in den vielen Hilfs- und Begrüßungsaktionen für Geflüchtete.

Die aktuelle Situation deutet darauf hin, dass die bundesdeutsche Gesellschaft hinsichtlich der politischen Überzeugungen gespalten ist und sich dies auch zunehmend in politischen Aktivitäten ausdrückt. Die Frage der Kräfteverhältnisse und des Konfliktpotenzials rückt somit in den Mittelpunkt. Während soziale Bewegungen traditionell eher linksliberale Themen auf die Straße trugen (Daphi et al. 2015), ist nun auch das rechtskonservative bis rechtsextreme politische Milieu vermehrt politisch sichtbar. Die Bereitschaft, politisch aktiv zu werden und sich beispielsweise an Demonstrationen zu beteiligen, scheint insbesondere bei Personen, die muslimfeindliche und fremdenfeindliche Einstellungen vertreten, gestiegen zu sein, denkt man beispielsweise an die zahlreichen Demonstrationen gegen Asylunterkünfte. Auch mit Blick auf die politische Beteiligung an Wahlen ist eine gesteigerte Aktivität im rechten politischen Spektrum beobachtbar. Gerade Personen, die zuvor zu den Nichtwählerinnen und Nichtwählern zählten, wählen nun eine sich selbst als »Alternative für Deutschland« (AfD) bezeichnende Partei, die durch rechtspopulistische Inhalte und Rhetorik auffällt (Häusler 2016b: 239). Dies zeigt sich deutlich in den Landtagswahlen 2016 in Baden-Württemberg, Rheinland-Pfalz, Sachsen-Anhalt, Mecklenburg-Vorpommern und Berlin. Hier stiegen jeweils die Wahlbeteiligungen im Vergleich zu den letzten Landtagswahlen deutlich an, wobei die deutlichste Wählerwanderung die von ehemaligen Nichtwählern zur AfD war.[1]

Es stellt sich die Frage, wie groß aktuell das Potenzial einer bad civil society ist, ob und in welchem Ausmaß also protestbereite Bürger antidemokratische Einstellungen vertreten.

Die reale Zivilgesellschaft ist weder per se demokratisch noch undemokratisch (vgl. Roth 2004). Normative Konzepte betrachten die Zivilgesellschaft als Grundlage und Ausdruck der Demokratie. Sie haben dabei zuerst die wichtige Rolle aktiver Bürgerinnen und Bürger in Demokratien im Blick und betonen die Mitgestaltung des gesellschaftlichen Lebens durch sie selbst. Dabei gerät jedoch die Analyse der realen Zivilgesellschaft schnell in den Hintergrund (Roth 2004). Partizipation kann aus dieser Perspektive nicht das einzige Kriterium sein, durch das sich eine demokratieförderliche Haltung ausdrückt. Vielmehr ist auch die Zivilgesellschaft daraufhin zu befragen, ob sie sich mit ihren For-

1 Siehe dazu https://wahl.tagesschau.de/wahlen/2016-03-13-LT-DE-RP/index.shtml (Stand 12.9.2016) und https://wahl.tagesschau.de/wahlen/2016-09-04-LT-DE-MV/analyse-wanderung.shtml#17_Wanderung_NICHTW%C3%84HLER (Stand 12.9.2016) und http://wahl.tagesschau.de/wahlen/2016-09-18-LT-DE-BE/analyse-wanderung.shtml#19_Wanderung_NICHTW%C3%84HLER (Stand: 19.9.2016).

derungen und Verhaltensweisen im Rahmen demokratischer Grundwerte bewegt, ob zivilgesellschaftliche Gruppierungen also über »die Fähigkeit zur Selbstrelativierung, zur Toleranz, zur Anerkennung des anderen als gleichwertig und damit ein inklusives Demokratieverständnis« (Pollack 2004: 31) verfügen. Abwertende Einstellungen, die andere als ungleichwertig markieren, wie wir sie mit den Einstellungen zur Gruppenbezogenen Menschenfeindlichkeit erfassen sowie die Missachtung anderer durch die Bereitschaft, Gewalt anzuwenden, wären demnach Kriterien, um zivilgesellschaftliches Engagement einzuordnen.

Unter Zivilgesellschaft wird »die Gesamtheit der öffentlichen Assoziationen, Vereinigungen, Bewegungen und Verbände verstanden, in denen sich Bürger auf freiwilliger Basis versammeln« (Pollack 2004: 27). Dazu zählt auch die Beteiligung an Demonstrationen, Streiks, Petitionen sowie weiteren Formen politischer Partizipation. Politische Beteiligung kann auf verschiedene Weise erfolgen. In der Literatur wird oftmals zwischen konventionellen und unkonventionellen Partizipationsformen unterschieden, wobei die Teilnahme an Demonstrationen und politischen Diskussionsveranstaltungen als unkonventionelle Partizipationsformen gelten können, während die Beteiligung an Wahlen als konventionelle Form der Beteiligung gesehen wird (z. B. Hadjar & Becker 2007).

Im Rahmen der aktuellen Mitte-Studie der Friedrich-Ebert-Stiftung wird untersucht, wie groß die politische Beteiligungsbereitschaft ist, wer sich beteiligt und welche Veränderungen sich im Vergleich zum Jahr 2011[2] gegebenenfalls abzeichnen. Neben der Entwicklung der Beteiligungsbereitschaft aller Befragten, unterscheiden wir Personen mit fremden- und muslimfeindlichen Einstellungen von Personen, die sich eher für Gleichwertigkeit aussprechen und vergleichen die Entwicklung des Beteiligungspotenzials in diesen beiden Gruppen. In Anlehnung an die oben angesprochene Bedeutung der politischen Kräfteverhältnisse blicken wir zudem auf die Frage, wie groß die potenzielle Beteiligung an Demonstrationen gegen Zuwanderung ist und wie groß auf der anderen Seite

2 Im Jahr 2011 wurde im Rahmen der GMF-Studie die Beteiligungsbereitschaft mit vergleichbaren Items erhoben.

die potenzielle Beteiligung an Demonstrationen gegen Rassismus ist. Schließlich konzentrieren wir uns auf Befragte, die an Demonstrationen gegen Zuwanderung teilnehmen würden, auf deren soziodemografisches Profil und Einstellungen zu Demokratie und Gesellschaft.

8.2 Das politische Beteiligungspotenzial 2011 und 2016

Wir wenden uns zunächst der Frage zu, ob die Bereitschaft zu politischer Beteiligung insgesamt gestiegen ist. Dazu vergleichen wir die Bereitschaft, an einer politischen Veranstaltung und an einer genehmigten Demonstration teilzunehmen, sowie den Anteil potenzieller Nichtwähler aus dem Jahr 2011 mit den aktuellen Daten von 2016. Erfasst wurden hier lediglich Handlungsintentionen, die nicht zwingend auch tatsächlich in Handlungen umgesetzt werden müssen. Bei der Frage, inwieweit Befragte vorhaben, sich an politischen Aktivitäten zu beteiligen, dürfte die tatsächliche Beteiligung deutlich unter den Angaben, sich beteiligten zu wollen, liegen. So liegt etwa die tatsächliche Wahlbeteiligung regelmäßig weit unter der zuvor in den Sonntagsfragen ermittelten potenziellen Wahlbeteiligung (u. a. Güllner 2012) (➠ Tab. 8.1).

Zwischen 2011 und 2016 steigt die Absicht, sich politisch beteiligen zu wollen, gemessen am Vorhaben zu einer politischen Veranstaltung oder genehmigten Demonstration zu gehen, im Mittel nicht signifikant an (➠ Tab. 8.1). Es wird jedoch eine Tendenz zugunsten einer eindeutigeren Positionierung ersichtlich. So geben im Jahr 2016 17 % der Befragten an, sie würden sehr wahrscheinlich zu einer politischen Veranstaltung gehen und 14 % halten die eigene Teilnahme an einer genehmigten Demonstration für sehr wahrscheinlich. In 2011 waren dies noch knapp 10 % respektive 12 %. Der Anteil derjenigen, die die eigene Beteiligung für sehr wahrscheinlich halten, hat also von 2011 auf 2016 zugenommen. Ebenso geben im Jahr 2016 jedoch mehr Personen an, es sei sehr unwahrscheinlich, dass sie an einer politischen Veranstaltung oder einer genehmigten Demonstration teilnehmen. Weniger Personen als noch im Jahr 2011 entscheiden sich für die mittleren Kategorien. Die Entschlossenheit, mit der Personen politische Handlungsintentionen verfolgen, hat also zugenommen, sie drückt sich sowohl in einer deutlichen Beteiligungsbereitschaft als auch in einer deutlicheren Ablehnung einer Beteiligung aus.

Politische Beteiligungsbereitschaft 2011 und 2016
(Angaben in Prozent) **Tabelle 8.1**

Nun geht es um mögliche politische Verhaltensweisen. Bitte sagen Sie mir, wie wahrscheinlich es ist, dass Sie persönlich sich an den folgenden Aktivitäten beteiligen würden:	Zu einer politischen Veranstaltung gehen	
	2011 (n = 1.917)	**2016** (n = 1.890)
sehr unwahrscheinlich	17,5	28,4
eher unwahrscheinlich	37,8	30,7
eher wahrscheinlich	35,2	24,3
sehr wahrscheinlich	9,5	16,6
	Teilnahme an einer genehmigten Demonstration	
	2011 (n = 1.916)	**2016** (n = 1.886)
sehr unwahrscheinlich	21,4	33,1
eher unwahrscheinlich	34,4	30,4
eher wahrscheinlich	31,9	22,3
sehr wahrscheinlich	12,3	14,3

Anmerkungen
Zu 100 % fehlende Angaben aufgrund von Auf- bzw. Abrundungen der Nachkommastellen. Unterschiede zwischen den Jahren 2011 und 2016 für »Politische Veranstaltung«: Chi^2 (3, 3.786) = 134,39, p < .001. Unterschiede zwischen den Jahren 2011 und 2016 für »Genehmigte Demonstration«: Chi^2 (3, 3.779) = 85,89, p < .001.

Der Anteil der Personen, die angeben, nicht wählen zu wollen, wenn am nächsten Sonntag Bundestagswahl wäre, liegt in unserer diesjährigen Erhebung bei 8 %. Im Jahr 2011 gaben noch knapp 13 % der Befragten an, nicht zur Wahl zu gehen.[3] Umgekehrt deutet dies also auf eine steigende potenzielle Wahlbeteiligung bei der nächsten Bundestagswahl hin, die sich auch schon bei den Landtagswahlen 2016 abgezeichnet hat. Im nächsten Schritt stellt sich nun die

3 Zur Erfassung des Nichtwähleranteils durch Umfragedaten und der methodischen Problematik einer Unterschätzung des tatsächlichen Nichtwähleranteils sowie die systematische Verzerrung siehe u. a. Küpper 2016.

Frage, welche politischen Einstellungen in dieser zunehmenden Wahlbeteiligung beziehungsweise der deutlicheren Positionierung zur politischen Partizipation zum Ausdruck kommen. Wahrscheinlich ist – ähnlich wie bei den letzten Landtagswahlen –, dass das rechtspopulistische Meinungspotenzial durch die AfD mobilisiert und konzentriert worden ist. Die gestiegene Wahlbeteiligung bei den Landtagswahlen 2016 hat de facto zu einer Stärkung der AfD geführt.[4] Im Jahr 2011 fanden sich zwar unter den Anhängern aller Parteien auch rechtspopulistisch eingestellte Personen, aber am stärksten war das rechtspopulistische Potenzial unter den Nichtwählerinnen und Nichtwählern verbreitet (Klein & Heitmeyer 2012). Auch in der FES-Mitte-Studie 2014 neigten die Nichtwählerinnen und Nichtwähler neben den potenziellen Wählerinnen und Wählern der AfD am stärksten zu rechtspopulistischen Ansichten (Küpper 2016). Mit der AfD ist nun also ein parteipolitisches Angebot für rechtspopulistische (ehemalige) Nichtwähler vorhanden, welches auch genutzt wird (vgl. Beitrag von Hövermann & Groß in diesem Band). »Die AfD bietet zugleich national(istisch) und rechtsgerichteten Protestbewegungen wie PEGIDA sowie weiteren gegen Einwanderer und Flüchtlinge gerichteten Initiativen einen parteipolitischen Anker« (Häusler 2016b: 242).

Im Folgenden gehen wir anhand der aktuellen FES-Mitte-Daten aus dem Jahr 2016 der Frage nach, wie hoch unter den Befragten mit fremden- und muslimfeindlichen Einstellungen der Anteil von Personen ist, die sich politisch beteiligen würden, und wie sich dieser Anteil seit 2011 verändert hat. Fremdenfeindlichkeit und Muslimfeindlichkeit werden als spezifische Indikatoren einer Ideologie der Ungleichwertigkeit verwendet, die den Werten liberaler Demokratie widerspricht. Diese beiden Facetten wurden ausgewählt, da Proteste gegen die »Islamisierung« wie bei PEGIDA auf muslimfeindliche Einstellungen schließen lassen und Proteste gegen Asylunterkünfte einen fremdenfeindlichen Hintergrund nahelegen. Um die politische Beteiligungsbereitschaft bei fremden- und muslimfeindlich eingestellten Personen abzubilden, wurden die Skalen zur Fremdenfeindlichkeit und zur Muslimfeindlichkeit dichotomisiert (siehe dazu ➠ Kap. 3), sodass zwischen Befragten mit und ohne fremdenfeindlichen und muslimfeindlichen Einstellungen unterschieden werden kann.

4 Siehe Fn. 1.

Im Jahr 2011 gaben noch 20 % der fremden- beziehungsweise muslimfeindlich eingestellten Personen an, nicht zur Wahl zu gehen. Unter Befragten ohne fremdenfeindliche Einstellungen wollten nur 9 %, bei Befragten ohne muslimfeindliche Einstellungen nur 11 % nicht zur Wahl gehen. Fünf Jahre später zeigt sich eine deutliche Verschiebung: Von den fremdenfeindlich eingestellten Personen geben nun nur noch 11 % an, nicht zur Wahl gehen zu wollen, bei den muslimfeindlich eingestellten Personen sind es knapp 13 %. Auch bei Befragten ohne fremden- beziehungsweise muslimfeindliche Einstellungen ist die Bereitschaft an der Wahl teilzunehmen gestiegen; von diesen geben nur noch rund 7 % an, nicht wählen zu wollen. Der deutliche Anstieg der potenziellen Wahlbeteiligung unter fremdenfeindlich beziehungsweise muslimfeindlich orientierten Personen könnte auf das parteipolitische Angebot der AfD zurückzuführen sein (siehe dazu den Beitrag von Hövermann & Groß in diesem Band).

Abseits von Wahlen lässt sich allerdings gegenläufig eine geringere Beteiligungsbereitschaft bei fremdenfeindlich eingestellten Personen feststellen. Während zwischen den Jahren 2009 und 2011 mehr Bürgerinnen und Bürger politische Partizipationsmöglichkeiten nutzen wollten, und dies ganz besonders für die rechtspopulistisch Eingestellten galt, (Klein & Heitmeyer 2012), beobachten wir nun unter fremdenfeindlich eingestellten Personen eher einen Rückgang der politischen Beteiligungsbereitschaft (➠ Tab. 8.2, S. 192).

Eine ähnliche Entwicklung lässt sich bei Personen mit muslimfeindlichen Einstellungen beobachten (➠ Tab. 8.3, S. 192); auch hier ist die Beteiligungsbereitschaft im Jahr 2016 im Vergleich zum Jahr 2011 gesunken. Diese Entwicklung zeichnet sich bei der Bereitschaft, an politischen Veranstaltungen und Demonstrationen teilzunehmen, ebenfalls ab (hier nicht abgebildet).

Politische Beteiligungsbereitschaft bei Personen mit fremdenfeindlichen Einstellungen 2011 und 2016 (Angaben in Prozent) **Tabelle 8.2**

Nun geht es um mögliche politische Verhaltensweisen. Bitte sagen Sie mir, wie wahrscheinlich es ist, dass Sie persönlich sich an den folgenden Aktivitäten beteiligen würden:		Fremdenfeindlichkeit		Fremdenfeindlichkeit	
		2011 niedrig (n = 1.312)	**2011 hoch** (n = 590)	**2016 niedrig** (n = 1.522)	**2016 hoch** (n = 358)
Teilnahme an einer genehmigten Demonstration	sehr unwahrscheinlich	18,4	27,5	31,1	41,6
	eher unwahrscheinlich	34,5	34,6	30,7	28,5
	eher wahrscheinlich	37,0	20,5	23,9	15,4
	sehr wahrscheinlich	10,1	17,5	14,3	14,5

Anmerkungen

Zu 100 % fehlende Angaben aufgrund von Auf- bzw. Abrundungen der Nachkommastellen.

In 2011: Unterschiede zwischen Personen unter Berücksichtigung der Wahrscheinlichkeit der Teilnahme an einer genehmigten Demonstration: Chi^2 (3, 1.902) = 68,45, p < .001. In 2016: Unterschiede zwischen Personen unter Berücksichtigung der Wahrscheinlichkeit der Teilnahme an einer genehmigten Demonstration: Chi^2 (3, 1.880) = 19,59, p < .001. Unterschiede zwischen den Jahren 2011 und 2016 bei Personen mit fremdenfeindlichen Einstellungen: Chi^2 (3, 948) = 20,53, p < .001. Unterschiede zwischen den Jahren 2011 und 2016 bei Personen ohne fremdenfeindliche Einstellungen: Chi^2 (3, 2.812) = 97,74, p < .001.

Politische Beteiligungsbereitschaft bei Personen mit muslimfeindlichen Einstellungen (Angaben in Prozent) **Tabelle 8.3**

Nun geht es um mögliche politische Verhaltensweisen. Bitte sagen Sie mir, wie wahrscheinlich es ist, dass Sie persönlich sich an den folgenden Aktivitäten beteiligen würden:		Muslimfeindlichkeit		Muslimfeindlichkeit	
		2011 niedrig (n = 1.444)	**2011 hoch** (n = 442)	**2016 niedrig** (n = 1.513)	**2016 hoch** (n = 336)
Teilnahme an einer genehmigten Demonstration	sehr unwahrscheinlich	19,0	31,0	30,9	44,3
	eher unwahrscheinlich	36,0	28,3	31,5	26,2
	eher wahrscheinlich	34,3	22,6	23,3	15,2
	sehr wahrscheinlich	10,7	18,1	14,2	14,3

Anmerkungen
Zu 100 % fehlende Angaben aufgrund von Auf- bzw. Abrundungen der Nachkommastellen.
In 2011: Unterschiede zwischen Personen unter Berücksichtigung der Wahrscheinlichkeit der Teilnahme an einer genehmigten Demonstration: $Chi^2 (3, 1.886) = 57{,}66$, $p < .001$. In 2016: Unterschiede zwischen Personen unter Berücksichtigung der Wahrscheinlichkeit der Teilnahme an einer genehmigten Demonstration: $Chi^2 (3, 1.849) = 25{,}75$, $p < .001$. Unterschiede zwischen den Jahren 2011 und 2016 bei Personen mit muslimfeindlichen Einstellungen $Chi^2 (3, 775) = 15{,}82$, $p \leq .01$. Unterschiede zwischen den Jahren 2011 und 2016 bei Personen ohne muslimfeindliche Einstellungen $Chi^2 (3, 2.943) = 86{,}54$, $p < .001$.

8.3 Kräfteverhältnisse und Konfliktpotenziale

Wie oben bereits gezeigt, sind Befragte mit abwertenden Einstellungen gegenüber Fremden und Muslimen vergleichsweise weniger bereit, sich an Demonstrationen zu beteiligen.

Bereitschaft zur Beteiligung an einer Demonstration gegen Zuwanderung/Rassismus 2016
(Angaben in Prozent) **Tabelle 8.4**

	Teilnahme an einer Demonstration gegen Zuwanderung (n = 1.886)
sehr unwahrscheinlich	70,9
eher unwahrscheinlich	22,0
eher wahrscheinlich	3,9
sehr wahrscheinlich	3,2

	Teilnahme an einer Demonstration gegen Rassismus (n = 1.882)
sehr unwahrscheinlich	33,5
eher unwahrscheinlich	21,0
eher wahrscheinlich	23,7
sehr wahrscheinlich	21,7

Anmerkung Zu 100 % fehlende Angaben aufgrund von Auf- bzw. Abrundungen der Nachkommastellen.

Zusätzlich haben wir die Befragten gebeten anzugeben, ob sie sich an einer Demonstration gegen Zuwanderung oder gegen Rassismus beteiligen würden, also an Demonstrationen, an denen sich die bereits angedeutete Spaltung der Gesellschaft besonders deutlich zeigt. 7 % der Befragten geben an, dass sie sich an einer Demonstration gegen Zuwanderung eher oder sehr wahrscheinlich beteiligen würden, an einer Demonstration gegen Rassismus würden sich gut 45 % der Befragten eher oder sehr wahrscheinlich beteiligen (➠ Tab. 8.4). Dabei zeigen sich im Übrigen keine signifikanten Unterschiede zwischen Befragten aus Ost- und Westdeutschland (hier nicht abgebildet). Wesentlich mehr Menschen sind in Deutschland also für Gleichwertigkeit und gegen Rassismus mobilisierbar als umgekehrt für Demonstrationen mit ausgrenzendem Charakter, zumindest gemessen an dem, was die Befragten an Beteiligungsbereitschaft selbst angeben.

Das potenzielle Konfliktpotenzial ergibt sich jedoch nicht nur durch die Anzahl der Demonstrierenden, sondern lässt sich zudem an den Einstellungen der Demonstrationsbereiten zur Demokratie und ihrem möglichen Gewaltpotenzial ablesen. Hier zeichnet sich ein sehr unterschiedliches Einstellungsprofil derjenigen, die sich sehr oder eher wahrscheinlich an einer Demonstration gegen Zuwanderung beteiligen würden, und denen, die sich nicht daran beteiligen würden, ab (➠ rechts Grafik 8.1 u. 8.2, S. 196). Personen, die angeben wahrscheinlich zu einer Demonstration gegen Zuwanderung zu gehen, misstrauen der Demokratie eher und meinen eher, die Demokratie in Deutschland funktioniere nicht gut. Zudem zeigt sich in dieser Personengruppe ein hohes Maß an Gewaltbereitschaft und Gewaltbilligung. Bei denjenigen, die bereit sind, gegen Zuwanderung zu demonstrieren, handelt es sich also insgesamt zwar um eine verhältnismäßig kleine, aber gewaltbereite Gruppe mit antidemokratischen Tendenzen. Vermutlich dürfte ihre Bereitschaft, Konfliktsituationen mit demokratischen Mitteln zu bearbeiten, wie etwa Argumente auszutauschen, Debatten zu führen und konstruktive Kompromisse auszuhandeln, gering sein. Befragte, die angeben sie würden sehr oder eher wahrscheinlich zu einer Demonstration gegen Rassismus gehen, haben hingegen durchgehend vergleichsweise signifikant niedrigere Werte mit Blick auf Demokratiemisstrauen, Gewaltbereitschaft und Gewaltbilligung (➠ Grafik 8.1).

Unterschiede zeigen sich auch im Hinblick auf rechtsextreme Einstellungen. Personen, die angeben, wahrscheinlich zu einer Demonstration gegen Zuwanderung zu gehen, weisen durchgehend hohe und höhere Werte auf allen Dimensionen rechtsextremer Einstellungen auf, als jene, die sich nicht daran beteiligen würden (➠ Grafik 8.2, S. 196). Insbesondere die Ausländerfeindlichkeit, die Befürwortung einer rechtsautoritären Diktatur sowie die Verharmlosung des Nationalsozialismus sind auffällig hoch ausgeprägt. Auch in den weiteren Dimensionen erzielen Personen, die sich wahrscheinlich an einer Demonstration gegen Zuwanderung beteiligen würden, signifikant höhere Werte als an-

Einstellungen zu Demokratie und Gewalt bei Befragten, die an einer Demonstration gegen Zuwanderung/gegen Rassismus teilnehmen würden (Mittelwerte) **Grafik 8.1**

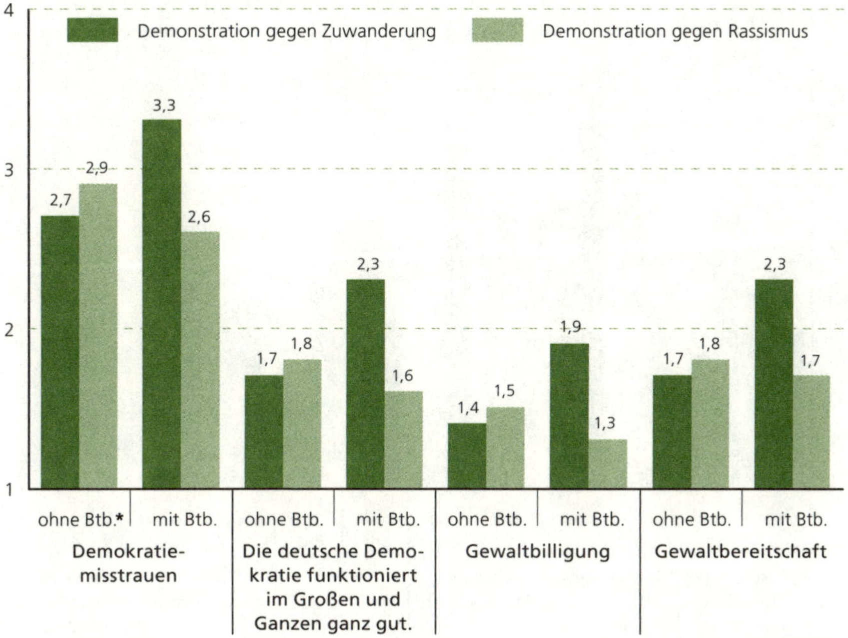

Anmerkungen

* Btb. = Beteiligungsbereitschaft · Die Unterschiede in der Einstellung zu Demokratie und Gewalt zwischen Personen, die angeben sehr/eher wahrscheinlich zu einer Demonstration gegen Zuwanderung (respektive gegen Rassismus) zu gehen und solchen, die dies verneinen, sind höchst signifikant. *Demonstration gegen Zuwanderung*: Demokratiemisstrauen: F (1, 1.881) = 53,74, p <. 001; Demokratie funktioniert gut: F (1, 1.880) = 72,57, p < .001; Gewaltbilligung: F (1, 1.880) = 71,17, p < .001; Gewaltbereitschaft: F (1, 1.882) = 65,86, p < .001/*Demonstration gegen Rassismus*: Demokratiemisstrauen: F (1, 1.876) = 73,90, p < .001; Demokratie funktioniert gut: F (1, 1.876) = 18,03, p < .001; Gewaltbilligung: F (1, 1.875) = 23,59, p < .001; Gewaltbereitschaft: F (1, 1.877) = 18,49, p < .001. Angegeben sind die Mittelwerte der Befragten in den einzelnen Dimensionen, die jeweils mit Ausnahme der Bewertung der Demokratie mit mindestens zwei Einzelitems erfasst sind. Informationen zu den Skalen Demokratiemisstrauen und Gewaltaffinität finden sich in Kapitel 5.

dere Befragte. Demgegenüber finden wir bei Befragten, die sich an Demonstrationen gegen Rassismus beteiligen würden, auf allen Dimensionen rechtsextremer Einstellungen niedrigere Werte als bei Befragten, die sich nicht daran beteiligen würden.

Rechtsextreme Einstellungen bei Befragten, die an einer Demonstration gegen Zuwanderung/gegen Rassismus teilnehmen würden (Mittelwerte) **Grafik 8.2**

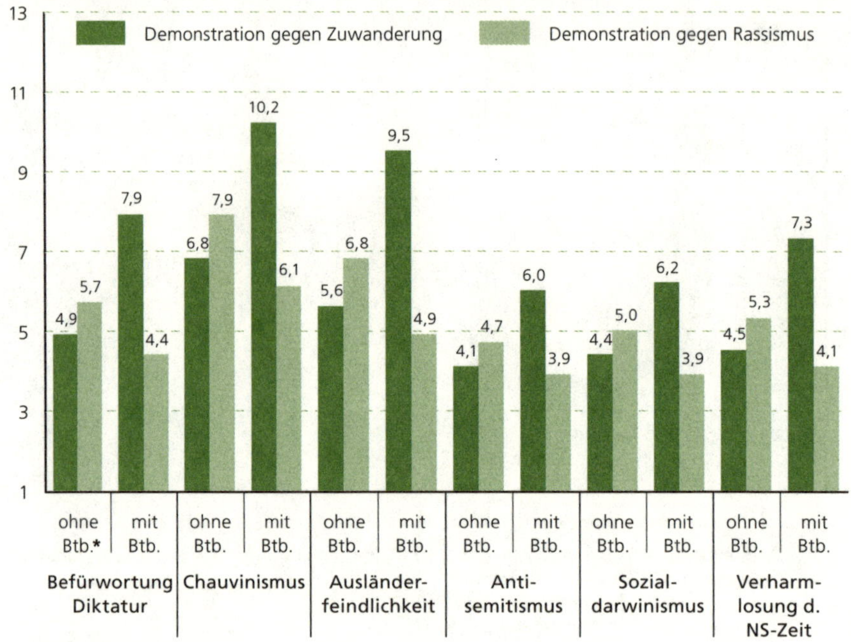

Anmerkungen

* Btb. = Beteiligungsbereitschaft · Die Unterschiede in der Einstellung zum Rechtsextremismus zwischen Personen, die angeben sehr/eher wahrscheinlich zu einer Demonstration gegen Zuwanderung (respektive gegen Rassismus) zu gehen und solchen, die dies verneinen, sind höchst signifikant. *Demonstration gegen Zuwanderung*: Befürwortung Diktatur: $F(1, 1.805) = 143,52$, $p < .001$; Chauvinismus: $F(1, 1.749) = 119,27$, $p < .001$; Ausländerfeindlichkeit: $F(1, 1.817) = 194,47$, $p < .001$; Antisemitismus: $F(1, 1.514) = 56,10$, $p < .001$; Sozialdarwinismus: $F(1, 1.805) = 72,09$, $p < .001$; Verharmlosung NS-Zeit: $F(1, 1.627) = 135,92$, $p < .001$/*Demonstration gegen Rassismus*: Befürwortung Diktatur: $F(1, 1.802) = 90,65$, $p < .001$; Chauvinismus: $F(1, 1.745) = 124,31$, $p < .001$; Ausländerfeindlichkeit: $F(1, 1.812) = 178,64$, $p < .001$; Antisemitismus: $F(1, 1.511) = 42,85$, $p < .001$; Sozialdarwinismus: $F(1, 1.801) = 95,15$, $p < .001$; Verharmlosung NS-Zeit: $F(1, 1.622) = 94,93$, $p < .001$. Angegeben sind die Mittelwerte der Befragten in den einzelnen Dimensionen des Rechtsextremismus (s. auch Kap. 5).

8.4 Soziodemografie der Beteiligungsbereiten

Das hohe Ausmaß antidemokratischer und gewaltaffiner Einstellungen bei Befragten, die sich an einer Demonstration gegen Zuwanderung beteiligen würden, rechtfertigt nun einen genaueren Blick auf die soziodemografische und sozioökonomische Zusammensetzung dieser Gruppe. Wie setzt sich die bad civil society zusammen?

Bisherige Studien zur Soziodemografie der an solchen Demonstrationen Beteiligten basieren auf der Befragung von Beteiligten bei PEGIDA-Demonstrationen (Geiges et al. 2015; Daphi 2015 et al.; Vorländer 2015; Patzelt 2015; siehe zusammenfassend auch Demuth 2016). Der Vorteil dieser Studien liegt darin, dass tatsächlich Personen befragt wurden, die sich an dem Protest beteiligen. Der Nachteil ist jedoch, dass die Auswahl der Befragten höchst selektiv ist, zumal von hohen Verweigerungsraten berichtet wird (Daphi et al. 2015). Auf Basis der FES-Mitte-Studie 2016 können nur Aussagen über Personen getroffen werden, die sich nach eigenen Angaben in der Zukunft an solchen Protesten beteiligen würden; diese könnten sich gegebenenfalls systematisch von jenen unterscheiden, die dann tatsächlich zu einer Demonstration gehen. Hingegen ist die Auswahl der befragten Personen rein zufällig. Die folgenden Aussagen zum soziodemografischen Profil der protestbereiten Personen können somit mit einer gewissen Zurückhaltung auf alle protestbereiten Personen in Deutschland verallgemeinert werden, denn jene, die besonders vehement gegen den demokratischen Staat eingestellt sind, dürften sich vermutlich auch seltener an Bevölkerungsumfragen dieser Art beteiligen.

Trotz dieser Einschränkungen aufgrund möglicher systematischer Verzerrungen zeigt sich ein recht ähnliches Bild, wie dies auch die Befragungen auf den PEGIDA-Demonstrationen ergeben haben: An Demonstrationen gegen Zuwanderung würden sich vergleichsweise mehr Männer als Frauen beteiligen (62 % versus 38 %), bei den möglichen Teilnehmern an Demonstrationen gegen Rassismus ist das Geschlechterverhältnis hingegen nahezu ausgeglichen. Befragte, die an Demonstrationen teilnehmen würden, sind generell im Durchschnitt deutlich jünger, und zwar unabhängig davon, ob es sich um Demonstrationen gegen Zuwanderung oder gegen Rassismus handelt. Der Großteil derjenigen, die sich an Demonstrationen beteiligen, egal ob gegen Zuwanderung oder gegen Rassismus, gehören der ökonomischen Mittelschicht an, verfügen also über ein mittleres Einkommen. Dies ist nicht weiter verwunderlich, gehören doch insgesamt die meisten Bundesbürger dieser Mittelschicht an. Allerdings finden sich darüber hinaus auch Unterschiede: Während sich an Demonstration gegen

Zuwanderung überproportional viele Einkommensschwächere beteiligen würden, sind umgekehrt überproportional viele Einkommensstärkere bereit, sich an Demonstrationen gegen Rassismus zu beteiligen. Diese Verteilung korrespondiert mit den Bildungsabschlüssen der Beteiligungsbereiten (➠ Grafik 8.3). Personen, die an Demonstrationen gegen Zuwanderung teilnehmen würden, haben überwiegend eine mittlere Schulbildung (Realschule, Polytechnische Oberschule) während Personen, die an Demonstrationen gegen Rassismus teilnehmen würden, zumeist über hohe schulische Abschlüsse verfügen [(Fach-)Hochschulreife, (Fach-)Hochschulabschluss].[5] (➠ Grafik 8.3)

Personen, die an einer Demonstration gegen Zuwanderung teilnehmen würden, verfügen also überwiegend über ein mittleres Bildungs- und in der Tendenz etwas niedrigeres Einkommensniveau. Unter Befragten, die an einer Demonstration gegen Rassismus teilnehmen würden, sind hingegen überproportional viele Personen mit höherer Bildung und vergleichsweise höherem Einkommen. Nichtsdestotrotz zählt die Mehrzahl derjenigen, die sich potenziell an Demonstrationen beteiligen würden, zur ökonomischen Mittelschicht. Auffällig ist hingegen: Befragte mit mittlerem Bildungsniveau würden sich besonders häufig an Demonstrationen gegen Zuwanderung beteiligen.

Auch in der subjektiven Positionierung in der Gesellschaft und bei der Einschätzung der eigenen und allgemeinen wirtschaftlichen Lage unterscheiden sich beide Gruppen (➠ Grafik 8.4, S. 200). Während die wirtschaftliche Lage in Deutschland von allen Befragten ähnlich gut eingeschätzt wird, schätzen Befragte, die sich an Demonstrationen gegen Zuwanderung beteiligen würden,

---

5 Unterschiede zwischen Männer und Frauen bzgl. der Wahrscheinlichkeit an einer Demonstration gegen Zuwanderung teilzunehmen sind statistisch hoch signifikant (Chi^2 (2, 1.886) = 13,96, $p \leq .01$), ebenso zeigen sich bzgl. der Wahrscheinlichkeit, an einer Demonstration gegen Rassismus teilzunehmen signifikante Unterschiede (Chi^2 (2, 1.882) = 7,04, $p \leq .05$). Personen, die an einer Demonstration gegen Zuwanderung bzw. gegen Rassismus teilnehmen würden sind signifikant jünger (M = 43 Jahre bzw. M = 46 Jahre), als Personen, die dies nicht tun würden (M = 51 Jahre bzw. M = 54 Jahre, (F (1, 1.863) = 19,23, $p < .001$ bzw. F (1, 1.859) = 74,86, $p < .001$). Das Einkommen der Personen, die an einer Demonstration gegen Zuwanderung teilnehmen würden, ist signifikant niedriger, als das der Personen, die nicht teilnehmen würden (M = 1.632 € bzw. M = 1.817 €, F (1, 1.396) = 4,02, $p \leq .05$), wohingegen die Personen, die an einer Demonstration gegen Rassismus teilnehmen würden, signifikant mehr verdienen, als diejenigen, die dies nicht würden (M = 1.909 € bzw. M = 1.704 €, F (1, 1.394) = 18,52, $p < .001$).

Bildungsniveau bei Befragten, die sich an Demonstrationen gegen Zuwanderung bzw. gegen Rassismus beteiligen würden (Angaben in Prozent) **Grafik 8.3**

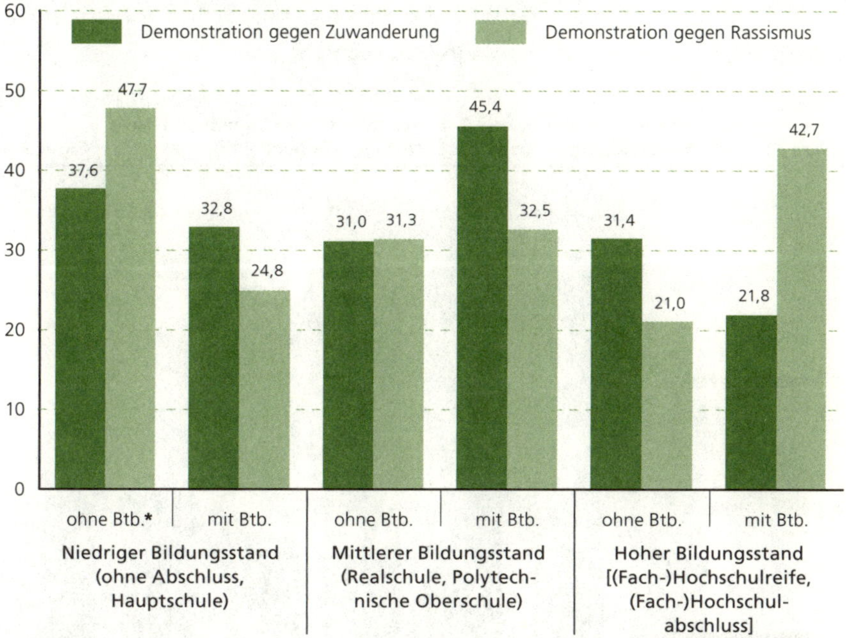

Anmerkungen

* Btb. = Beteiligungsbereitschaft · Unterschiede zwischen Personen, die angeben sehr/eher wahrscheinlich zu einer Demonstration gegen Zuwanderung (respektive Rassismus) zu gehen und solchen, die dies verneinen sind unter Berücksichtigung des Bildungsstandes sowohl für die Demonstration gegen Zuwanderung (Chi^2 (2, 1.792) = 11,25, $p \leq .01$) als auch für die Demonstration gegen Rassismus signifikant (Chi^2 (2, 1.788) = 130,11, $p < .001$).

ihre eigene wirtschaftliche Situation etwas negativer ein als Befragte, die nicht zu einer solchen Demonstration gehen würden. Sehr viel schlechter wird hingegen die eigene wirtschaftliche Situation im Vergleich zu in Deutschland lebenden Ausländern bewertet. Auch empfinden Befragte, die sich an Demonstrationen gegen Zuwanderung beteiligen würden, in hohem Maße eine Bedrohung durch die wirtschaftlichen Entwicklungen. Befragte, die sich an Demonstrationen gegen Rassismus beteiligen würden, fühlen sich hingegen seltener bedroht und schätzen ihre wirtschaftliche Lage im Vergleich zu in Deutschland lebenden Ausländern besser ein als andere Befragte.

In der Gesamtschau verfügen Befragte, die sich an Demonstrationen gegen Zuwanderung beteiligen würden, über eine mittlere sozioökonomische Position in der Gesellschaft, die subjektive Wahrnehmung ist jedoch von Benachteiligungsgefühlen und zukünftiger Bedrohung geprägt.

Bewertung der wirtschaftlichen Lage bei Befragten, die sich an Demonstrationen gegen Zuwanderung bzw. gegen Rassismus beteiligen würden (Mittelwerte) **Grafik 8.4**

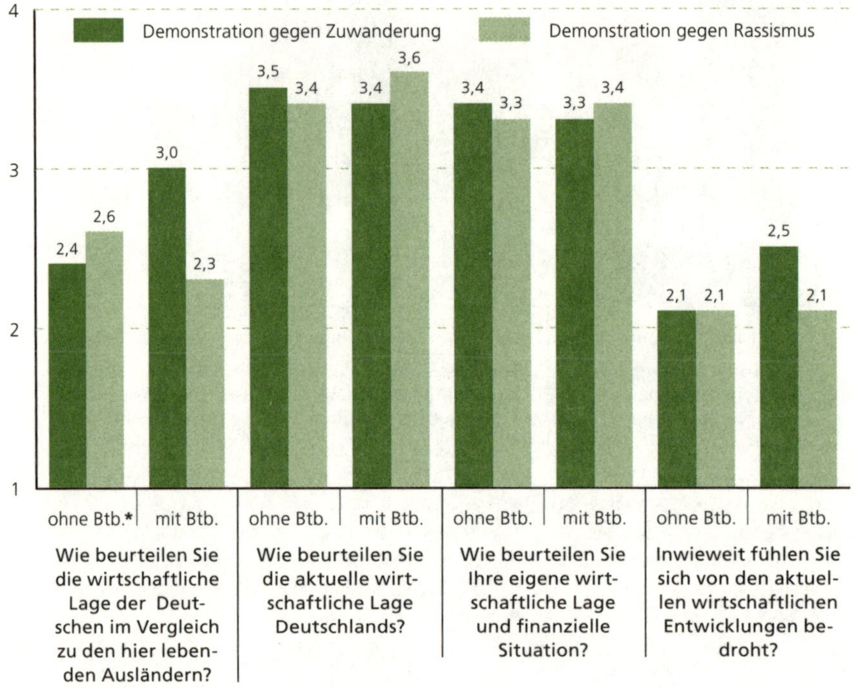

Anmerkungen

* Btb. = Beteiligungsbereitschaft · Unterschiede zwischen Personen, die angeben sehr/eher wahrscheinlich zu einer Demonstration gegen Zuwanderung (respektive Rassismus) zu gehen und solchen, die dies verneinen, sind für folgende Items signifikant: Bei der *Demonstration gegen Zuwanderung*: Wirtschaftliche Lage der Deutschen im Vergleich zu Ausländern: $F (1, 1.802) = 49,24$, $p < .001$; Eigene Bedrohung durch wirtschaftliche Entwicklungen: $F (1, 1.866) = 32,50$, $p < .001$. Im Falle der *Demonstration gegen Rassismus*: Wirtschaftliche Lage der Deutschen im Vergleich zu Ausländern: $F (1, 1.798) = 71,62$, $p < .001$; Wirtschaftliche Lage Deutschlands: $F (1, 1.867) = 24,99$, $p < .001$; Eigene wirtschaftliche Lage: $F (1, 1.866) = 8,36$, $p \leq .01$; Eigene Bedrohung durch wirtschaftliche Entwicklungen: $F (1, 1.861) = 4,26$, $p \leq .05$.

8.5 Überlegungen zu den Schattenseiten der Zivilgesellschaft

Es gibt eine breite demokratische Mitte in Deutschland, die für Gleichwertigkeit und Demokratie eintritt und Gewalt ablehnt. Allerdings ist auch eine kleine protestbereite Gruppe vorhanden, die in hohem Maße gewaltbereit ist und der Demokratie skeptisch gegenübersteht. Zwar ist diese Gruppe wesentlich kleiner, dennoch kann es – insbesondere mit Blick auf das Gewaltpotenzial – zu eskalierenden Konflikten kommen. Dieses Ergebnis korrespondiert mit der von Decker & Brähler (2016: 95 ff.) dokumentierten Radikalisierung in den nichtdemokratischen politischen Milieus nicht nur im Sinne einer Verhärtung von menschenfeindlichen Einstellungen, sondern auch im Sinne einer gestiegenen Handlungsbereitschaft zur Durchsetzung solcher Haltungen. Zudem sind die Kräfteverhältnisse auf der lokalen Ebene nicht immer eindeutig und können in konkreten Kommunen auch deutlich zugunsten antidemokratischer Kräfte ausfallen (vgl. z. B. Grau & Heitmeyer 2013). Gemeinwesenorientierte Ansätze zur Stärkung der demokratischen Kultur sind dort dringend nötig. Solche Problemlagen sind jedoch mit einer gesamtdeutschen Befragung nicht in den Blick zu bekommen.

Für den gesellschaftlichen Umgang mit der beschriebenen Problematik stellt sich zum Ersten die Frage nach der Erreichbarkeit der Personen, deren Vertrauen in Demokratie gering und deren Gewaltbereitschaft hoch ist. Männer mittleren Alters und mittlerer sozioökonomischer Position sind über die Bildungsinstitutionen kaum ansprechbar – es bieten sich als Alternativen Medien, aber auch aufsuchende Angebote der sozialen Arbeit an. Zum Zweiten kann die beschriebene Gruppe nur bedingt durch rationale Argumente erreicht werden. Dies rechtfertigt wiederum einen Blick auf die zugrunde liegenden Motive, die etwa in der empfundenen Benachteiligung und der wahrgenommenen Bedrohung liegen könnten. Politische Bildung müsste dementsprechend nicht nur am Phänomen »Gruppenbezogene Menschenfeindlichkeit« ansetzen, sondern auch an den dahinter liegenden sozialen Ängsten (vgl. auch Demuth 2016).

9 Polarisierung und radikale Abwehr – Fragen an eine gespaltene Gesellschaft und Leitmotive politischer Bildung

Andreas Zick

9.1 Aufheizung der Mitte

Die Analysen im vorliegenden Band haben die Frage nach den Rissen und Spaltungen in der deutschen Gesellschaft aufgeworfen. Auf dieser Grundlage lässt sich in einer Zeit heftiger gesellschaftlicher Konflikte erkunden, wo es möglich sein könnte, diese Spaltungen zu überwinden und Fragen nach der Identität und Zukunft der Gesellschaft und ihrer Demokratie zu stellen. Die berichteten Ergebnisse liefern keine Patentrezepte zum Umgang mit gesellschaftlichen Krisenzuständen. Die Studie ist weder als Öl ins Feuer aufgeheizter Debatten gedacht noch als Sedativ oder gar Anleitung für politische Kampagnen. Empirische Studien wie die Mitte-Studien der Friedrich-Ebert-Stiftung versuchen zunächst mit wissenschaftlich zuverlässigen Methoden, Wahrnehmungen, Überzeugungen und Gefühle der Bürgerinnen und Bürger vor dem Hintergrund ihres sozialen Kontextes, ihrer Herkunft und ihrer Lebensbedingungen zu ermitteln. Die Analysen erforschen die Stabilität oder Fragilität des Zustandes, in dem sich die Demokratie befindet, durch die Beobachtung von Einstellungen in der Bevölkerung. Das ist einer von vielen Zugängen. Das Thermometer zur Bestimmung des demokratischen Zustandes misst vor allem drei Indikatoren: das Ausmaß und die Entwicklung a) Gruppenbezogener Menschenfeindlichkeit, b) rechtspopulistischer und c) rechtsextremer Einstellungen. Sie werden als Einstellungen gemessen und als Orientierungen herausgearbeitet, die die Wahrnehmung und das Handeln leiten.

Die zentrale These der Studie ist: Je stärker und länger diese drei Orientierungen in ihren unterschiedlichen Facetten und Ausdrucksformen in der Mitte der Gesellschaft verankert bleiben, desto fragiler und beschädigter ist die Demokratie und desto gespaltener ist das Land. Eine Demokratie kann und muss vieles aushalten, und sie lebt von der Aushandlung gesellschaftlicher Kompromisse. Aber ihr Zusammenhalt und ihre Stabilität bemessen sich eben auch daran, wie, trotz aller Divergenzen und Differenzen zwischen Gruppen, die Gleichwertigkeit insbesondere ihrer gesellschaftlichen Minderheiten gesichert und gestärkt wird. Zweitens bemisst sich die Stabilität an der Wehrhaftigkeit der Demokratie gegenüber extremen Orientierungen, die sie zu bekämpfen oder ersetzen suchen. Wir richten das Augenmerk dabei sowohl auf rechtsextreme, als auch neurechte und rechtspopulistische Orientierungen. Letztere berufen sich auf menschenfeindliche Meinungen über Gruppen und verlangen eine neue »Volksherrschaft«, sie treiben die Frage nach der Legitimität politischer Institutionen durch eine aggressive Elitenkritik voran, predigen nationalen Chauvinismus – nicht sozialen Ausgleich und Minderheitenschutz.

Ob dieses Bild von Demokratie geteilt wird und welche Kriterien noch zu ihrer Vermessung gehören, darüber lässt sich streiten. Die in der Studie befragten Deutschen sind polarisiert, zeigen konträre Meinungen und üben Kritik am gesellschaftlichen Zustand. Dabei werden derzeit massive Differenzen über die Einstellungen gegenüber gesellschaftlichen Gruppen offensichtlich. Die Gruppenbezogene Menschenfeindlichkeit hat sich stabilisiert, und es zeigen sich enge Zusammenhänge zur Gewaltbilligung und -bereitschaft. Diese wiederum sind zentrale Bestandteile rechtsextremer Orientierungen. Aber auch rechtspopulistische Orientierungen gehen seit 2014 stärker mit der Akzeptanz von Gewalt einher (➠ Kap. 5, S. 111 ff.). In gewisser Hinsicht könnte man sagen, dass weder Rechtspopulismus noch Rechtsextremismus in der Mitte der Gesellschaft anschlussfähig wären, würde man ihnen ihre Stereotype und Vorurteile gegenüber schwächeren Gruppen nehmen. Dies gilt in ähnlicher Weise für neurechte Einstellungen, die sich unter anderem auf antimuslimischen Verschwörungsmythen gründen (➠ Kap. 6, S. 143 ff.).

Warum Menschen aus der Mitte wie an den Rändern der Gesellschaft andere Gruppen und Menschen abwerten und welche Folgen dies hat, dazu können wissenschaftliche Analysen verlässliche Grundlagen bieten. Was Rechtspopulismus ist und wie er sich von Formen des Rechtsextremismus abgrenzen lässt, kann man theoretisch erörtern und politisch diskutieren. Die FES-Mitte-Studien versuchen empirische Antworten durch die Analyse von Einstellungsmustern zu geben. Dies ist gerade in einem politisch aufgeheizten Jahr wie 2016 ein sinnvoller Ansatz. Dieses Jahr war geprägt von vermeintlichen Wahrheitskämpfen über den Zustand der Gesellschaft, die weiterhin mit unüberhörbaren Angriffen auf gesellschaftliche Gruppen einhergingen, die, gemessen an ihrem Einfluss, als Minderheiten bezeichnet werden können, sowie auf gesellschaftliche Repräsentanten und Eliten. Wo die vorschnelle Akklamation von *Lügen* und *Wahrheiten*, wo die Behauptung von Bedrohungen, Chaos und Untergang Konflikte schüren sollen, da tut es Not, genauer hinter die Einstellungen und Meinungen zu schauen.

Schon im Jahr 2015 drängte sich wegen des signifikanten Anstiegs an menschenfeindlichen Hasstaten in der analogen wie digitalen Welt die Frage auf, ob sich unsere Demokratie in einer Krise befindet. Vielleicht mehr noch als in den Straftaten selbst zeigt sich diese Krisenhaftigkeit in der Tatsache, dass Täterinnen und Täter offene oder klammheimliche Zustimmung und Unterstützung fanden. In der FES-Mitte-Studie 2014 hatten wir aufgrund der empirischen Analysen auf die Polarisierungen der Meinungen hingewiesen. Die Bundesrepublik Deutschland ist zusätzlich zu einer menschenfeindlichen Propagandawelle, die Ende 2014 einsetzte, in eine weitere innergesellschaftliche Zerreißprobe geraten, wie sie auch andere europäische Länder kennen. Eine wichtige – wenn nicht die wichtigste – gesellschaftliche Frage ist die nach der Aufnahme und Integration von Menschen und die Gestaltung von Integrationsprozessen. Sie wurde allein deshalb nicht ausreichend beantwortet, weil selbst Politikerinnen und Politiker etablierter Parteien die Gefahren- und Überlastungsbilder der Bevölkerung so ausgemalt haben, dass Sorgen- und Angstdebatten die Leistungen der Zivilgesellschaft überdeckten. Die Frage nach Menschen- und Grundrechten stand dabei weniger im Vordergrund als Proteste und aggressive Gegenbewegungen sowie die Diskussion darüber, ob »wir das schaffen oder nicht«. In den Hintergrund getreten ist leider, wer dieses »wir« eigentlich sein soll – wenn nicht eine Nation der Gleichen.

Dazu wurden heftige Debatten über Politikversagen und Steuerungsdefizite geführt, unter anderem mit dem Verweis auf Sicherheitsfragen (Terrorismus, Kölner Silvesternacht, Kriminalität) und »Obergrenzen« sowie auf die Wahlerfolge der AfD. Das machte es radikalen Gruppierungen leicht, sich als »Widerstandsbewegung« zu inszenieren, die einer Willkommenskultur der »Gutmenschen« entgegensteht und mit Eliten ins Gericht geht. Dabei konnten sich Provokateure ihrer medialen Präsenz durch öffentlichkeitswirksame Tabubrüche schon lange nicht mehr so sicher sein wie gegenwärtig. Insbesondere für jene, die den Konflikt und die Zerreißprobe für ihre Zwecke suchen und zu erzeugen trachten, soll das Land gespalten sein und bleiben: Menschenfeinde, Rechtspopulisten und Rechtsextremisten brauchen die Spaltung, um Einfluss ausüben zu können. Dass sie einen Keil in das Land und die Gesellschaft treiben und gleichzeitig erklären, Einheit und Zusammenhalt herstellen zu wollen, ist kein Widerspruch, denn es geht allein um ihre Vorstellung von Einheit und Zusammenhalt. Eben dies lässt sich am Ausmaß der Gruppenbezogenen Menschenfeindlichkeit im Kontext rechtspopulistischer, neurechter wie rechtsextremer Orientierungen ablesen. Die Menschenfeindlichkeit ist eine Brücke in die Mitte der Gesellschaft und zugleich eine Brücke von dort in die rechtspopulistischen und rechtsextremen Ränder. Hier versucht eine menschenfeindliche Ideologie festzulegen, welche Gruppen zum »Volk« dazugehören und welche nicht.

Wie stark menschenfeindliche, rechtspopulistische und rechtsextreme Einstellungen die Sicht der Bürgerinnen und Bürger auf ihre eigene Position und den Zustand der Gesellschaft bestimmen, ist also eine zentrale Frage für eine Demokratie, die ihre Mitglieder einbinden und an Entscheidungen teilhaben lassen möchte. Aus den Meinungen der Bürgerinnen und Bürger lassen sich Fragen und Reflexionen für politische Bildung und zivilgesellschaftliche Praxis ableiten. Einige Beobachtungen und Fragen werden im Folgenden noch einmal hervorgehoben und daraus vier Leitmotive für die politische Bildung entwickelt.

9.2 In der Mitte gespalten

Die Analyse von Elementen Gruppenbezogener Menschenfeindlichkeit (GMF) (➠ Kap. 3, S. 33 ff.), die auf Daten aus 14 Jahren zurückgreifen kann, regt zunächst dazu an, die Möglichkeiten zur Verminderung von menschenfeindlichen Meinungen in den Blick zu nehmen. Auch wenn die Ausdrucksformen von GMF – also die Elemente – im Bevölkerungsquerschnitt nicht mehr geworden sind, haben sie sich in weiten Teilen stabilisiert. In den Vorjahren waren noch viele menschenfeindliche Einstellungen rückläufig. Zwischen 2014 und 2016 ist vor allem die Ablehnung von Asylsuchenden um 5 Prozentpunkte leicht angestiegen. Die »Islamisierungslügen«, »Asyllügen« und »Asylchaos-Kampagnen« rechtspopulistischer und rechtsextremer Gruppen haben in der Mitte einen Resonanzboden gefunden. Möglicherweise gelang dies, weil quer durch alle politischen Lager vor allem über Krisen und Probleme diskutiert wurde, anstatt darüber, was Vorurteile und Stereotype bremsen kann. Die Analyse der Einstellungen zu Flüchtlingen und der Zusammenhang von GMF mit rechtspopulistischen Orientierungen verweist auf diese Dynamik (➠ Kap. 3, S. 33 ff. u. 4, S. 83 ff.). Die negativen Einstellungen gegenüber Muslimen in der Mitte der Gesellschaft sind auch deshalb besorgniserregend, weil sie eng mit neurechten und rechtsextremen Orientierungen korrespondieren. Wenn 42 % der Befragten der Meinung sind, dass »die Regierung der Bevölkerung die Wahrheit verschweigt« und 40 % meinen, »die Gesellschaft würde durch den Islam unterwandert«, dann ist das schwerwiegend (➠ Kap. 6, S. 143 ff.). GMF, hier die Muslimfeindlichkeit, ist dann zu einem Verschwörungsmythos geworden, der sich selbst immunisiert und allen Versuchen, durch Aufklärung eine Einstellungsänderung zu bewirken, verschließt.

Zudem ist die Gruppenbezogene Menschenfeindlichkeit nicht nur ein Wahrnehmungsfilter, sondern auch eine geteilte soziale Realität, die massiv das, was große Teile von Politik und Gesellschaft fordern, nämlich die Integration, behindert. Außerdem motiviert der Glaube an eine geteilte Realität, die Realität ständig danach zu prüfen, wie dieser Glaube gerechtfertigt und aufrechterhalten werden kann (vgl. Jost, Ledgerwood & Hardin 2008).

Dies wird darüber hinaus dadurch befördert, dass die Elemente von GMF eng miteinander einhergehen. Mit der Muslimfeindlichkeit und den Vorurteilen über asylsuchende oder geflüchtete Menschen gehen auch antisemitische, migrantenfeindliche und andere Abwertungen einher. Es handelt sich um ein komplexes Syndrom, und ein solches wird leichter immun gegenüber möglichem Änderungsdruck als einzelne, isolierte Vorurteile und Elemente. Generalisierte Vorurteile gegenüber unterschiedlichen Gruppen, die von Mythen geprägt sind und sich der Widerlegung durch Daten und Fakten entziehen, sind außerordentlich schwierig aus der Welt zu schaffen. Erschwerend kommt ein weiterer empirischer Befund hinzu. GMF geht mit Emotionen wie Wut und tatsächlicher oder vermeintlicher Sorge und Angst, aber auch Scham einher, wie wir am Beispiel der Einstellungen zu Flüchtlingen zeigen konnten (➠ Kap. 4, S. 83 ff.). GMF korreliert auch mit einer allgemeinen und nicht auf spezifische Gruppen ausgerichteten Gewaltbilligung und -bereitschaft gegenüber »Fremden« und »Anderen«, die in den Augen der Alteingesessenen ihre Vormachtstellung infrage stellen (➠ Kap. 3, S. 33 ff.).

Dass vor allem die neuen Bundesländer mit menschenfeindlichen, rechtspopulistischen und rechtsextremen Einstellungen auffallen, deckt sich mit kriminologischen Beobachtungen über menschenfeindlich motivierte Straftaten sowie dem Einheitsbericht der Bundesregierung, der im September 2016 vorgestellt wurde.

Die rasant angestiegenen Anschläge auf Flüchtlingsunterkünfte konzentrierten sich stärker in den neuen Bundesländern. Dies sollte aber nicht dazu verleiten, Menschenfeindlichkeit, Rechtsextremismus und Rechtspopulismus als reines Ost-Problem zu etikettieren. Die Radikalität, das hohe Ausmaß an menschenfeindlichen Meinungen im gesamten Bundesgebiet und die Verteilung rechtspopulistischer Orientierungen, die Gewalt zumindest billigen, verbieten es, das Problem einfach in den Osten abzuschieben. Allerdings ist das Klima im Osten günstiger für menschenfeindliche Indikatoren, nach denen wir den Zustand der Gesellschaft bemessen. Auch im Jahr 2016 war die Serie an Anschlägen auf Flüchtlingsunterkünfte ungebrochen, die weiten teils, aber nicht ausschließlich, auf ein Wiedererstarken rechtsextremer Gruppen zurückgeführt werden kann. Die höheren Zustimmungen zu menschenfeindlichen Meinungen im Osten der Republik entlasten nicht den Westen, werden aber die Ost-West-Spaltung vergrößern. Die größere Verbreitung im Osten liegt zum einen daran, dass sich hier populistische und rechtsextreme Gruppen – auch solche, die aus dem Westen zugewandert sind – verankern konnten (vgl. Stöss 2010) und teilweise auf ein Klima gesellschaftlicher Akzeptanz treffen. Die Analysen im vorliegenden Band zeigen: Hier sind das Misstrauen gegenüber Demokratie und die Meinung, dass Abschottung eine Lösung sei, stärker präsent als im Westen – ein wahrer Scherbenhaufen. Die populistische Agitation vom »abgehängten Osten«, wie sie durch PEGIDA vorangetrieben wurde (vgl. Vorländer 2016), ist durch die insgesamt positive ökonomische Entwicklung offenbar nicht zu aufzuhalten.

Sorgen und Ängste entkoppeln sich von der sozioökonomischen Realität, die den Wunsch nach homogener »Volksgemeinschaft« und nach Etabliertenvorrechten weder gewährleisten kann noch will. So gedeihen Vorurteile gegenüber Geflüchteten, Immigranten, Muslimen und Juden beziehungsweise allen, die der »Volksgemeinschaft« im Wege stehen.

Mit dem Blick auf den Osten der Republik bestätigt sich auch ein klassischer Befund der Vorurteilsforschung: Vorurteile breiten sich insbesondere dann aus, wenn Menschen, die sie teilen, in ihrer Umwelt nicht die Gelegenheit haben, direkte oder indirekte Erfahrungen mit Fremdheit und kultureller Vielfalt zu machen (vgl. Pettigrew & Tropp 2011). Die Zuwanderung ist also eine soziale Gelegenheit, Menschenfeindlichkeit zu reduzieren, selbst dann, wenn sie Konflikte erzeugt. Die FES-Mitte-Studien zeigen im Rückblick, wie sehr Menschenfeindlichkeit bereits vor der Zuwanderung von Asylsuchenden und Geflüchteten in den vergangenen beiden Jahren vorhanden war und – eingerahmt vom Thema Immigration als »Krise« – organisiert hat. Die Analysen zeigen, dass eine ausschließliche Fokussierung auf den Osten den Blick auf die Mitte der Gesellschaft verstellen würde.

Die soziodemografische Verteilung von GMF bringt weitere Fragen mit sich: Warum haben jüngere Befragte negativere Einstellungen gegenüber wohnungs- und arbeitslosen Menschen und Ältere gegenüber allen anderen Gruppen? (➠ Kap. 3, S. 33 ff.). Zu diskutieren ist ferner, warum insbesondere prekäre und auch mittlere ökonomische Lagen und eine geringere Bildung mit GMF, Rechtspopulismus und Rechtsextremismus einhergehen. Drittens stellt sich die drängende Frage, warum Personen, die ihre politische Selbsteinschätzung als »rechts« definieren, insbesondere negative Meinungen über Immigranten, Muslime, Sinti und Roma, Asylsuchenden und Arbeitslosen haben. In den negativen Haltungen gegenüber asylsuchenden sowie wohnungs- und arbeitslosen Menschen ähneln sie auch jenen, die ihre politische Position als Mitte bezeichnen – auch was die Meinung angeht, »wer neu ist«, möge sich gefälligst hinten anstellen.

Betont werden muss aber zugleich: Eine große Mehrheit der deutschen Bevölkerung stimmt den menschenfeindlichen wie auch rechtspopulistischen und erst recht rechtsextremen Einstellungen nicht zu. Erfreulich ist die insgesamt geringe Zustimmung zu Rassismus, Sexismus und insbesondere zur Abwertungen von Menschen mit Behinderung. Das Bild trübt sicher allerdings ein, weil subtile Abwertungen wie der sekundäre Antisemitismus und negative Meinungen über asylsuchende und langzeitarbeitslose Menschen ausgesprochen hohe Zustimmungen finden.

Eine Gruppe fällt dabei besonders auf. Unter den Befragten, die mit der AfD sympathisieren, finden fremdenfeindliche, muslimfeindliche und antiziganistische Vorurteile sowie abwertende Meinungen gegenüber Asylsuchenden, Flüchtlingen und Arbeitslosen mehrheitlich Zustimmung; über 50 % derer, die AfD wählen würden, teilen menschenfeindliche und rechtsextreme Meinungen, über 80 % neurechte Einstellungen [➠ Kap. 3 (S. 33 ff.), 4 (S. 83 ff.), 5 (S. 111 ff.) u. 6 (S. 143 ff.)]. In der Klientel der AfD scheinen sich einige Vorurteile zur sozialen Norm, mindestens aber zu einem Urteil, verschoben zu haben. Dies ist für die Frage der politischen Bildung eine besondere Herausforderung. Wenn menschenfeindliche Bilder und Narrative von der Mehrheit einer Gruppe geteilt werden, dann verschiebt sich das Vorurteil von der Ideologie zur sozialen Norm und wird zu einer geteilten Realität der Gruppe. Es ist also zu erwarten, dass gerade AfD-Anhänger und -Anhängerinnen menschenfeindliche Meinungen gar nicht als Vorurteile und Feindseligkeiten betrachten, sondern als berechtigte politische Anliegen – soweit das nicht schon längst geschehen ist. Die Umdeutung der Menschenfeindlichkeit ist ein übliches Instrument. Dies könnte erklären, warum auch aus der AfD-Parteispitze immer wieder menschenfeindliche und extreme Meinungen geäußert und gerechtfertigt werden. Die Herausforderung liegt umso mehr auf der Hand, als unsere Analysen zeigen, dass die Klientel der AfD nicht nur feindseliger geworden, sondern auch ihre Gewaltbilligung und -bereitschaft angestiegen ist (➠ Kap. 8, S. 185 ff.). Die Radikalisierung innerhalb der AfD ist dabei von der Abkehr von früheren neoliberalen Einstellungen – die bereits mit menschenfeindlichen Einstellungsmustern verbunden waren – und einer stark polarisierten, rabiaten Abwehr von Immigranten und Muslimen geprägt. Radikalisierung beschreibt einen Prozess der immer stärkeren Abkehr von gültigen sozialen Normen hin zu einer stärkeren Akzeptanz von Gewalt bei der Durchsetzung ideologischer Ziele (Neumann 2013). Genau das zeigt der Vergleich von Einstellungen unter AfD-Anhängerinnen und -Anhängern zwischen 2014 und 2016, zwar nicht bei allen, aber der Radikalisierungstrend ist empirisch deutlich nachzuvollziehen (➠ Kap. 8, S. 185 ff.). Es sind radikalere Gruppen, die heute die politische Kultur prägen.

Dies ist aber bei weitem nicht allein mit Blick auf die AfD ein Problem. GMF, rechtspopulistische, neurechte und rechtsextreme Einstellungen finden sich auch anderswo, und der Versuch, sie über die alleinige Auseinandersetzung mit einer Partei klären zu können, wäre ein Irrweg; dafür spricht allein schon das Einstellungsmuster der Nichtwählerinnen und Nichtwähler (vgl. ➠ Kap. 3, S. 33 ff. u. 4, S. 83 ff.). Auch die Landtagswahlkämpfe des Jahres 2016 haben deutlich gemacht, wie weit sich menschenfeindliche Bilder in den Bereich der Normalität verschoben haben, denn inzwischen können Wahlkämpfe fast ausschließlich mit dem Thema »Sorgen und Ängste« vor gesellschaftlichen Minderheiten gewonnen werden; ganz zu schweigen von sogenannten Bystandern (umherstehenden unbeteiligten Zuschauern), die den Anschlägen auf Asylunterkünfte tatenlos zusehen.

Menschenfeindlichkeit ist eine tragende und verbindende Säule von Überfremdungsideologien. Die FES-Mitte-Studie 2016 zeigt, dass 21 % der Befragten Einstellungen teilen, die als rechtspopulistisch bezeichnet werden können (➠ Kap. 5, S. 111 ff.). Nationaler Chauvinismus und Autoritarismus, die neben GMF den Rechtspopulismus anschlussfähig für Rechtsextremismus machen, sind eng damit verbunden und bis weit in die Mitte der Gesellschaft verankert. Fast 40 % aller Befragten meinen: »Wir sollten endlich wieder Mut zu einem starken Nationalgefühl haben.« Rund 12 % jener, die ihre politische Orientierung als »in der Mitte« verorten, und 30 % jener, die sie als »rechts« bezeichnen, weisen ein national-chauvinistisches Einstellungsmuster auf. Dieses geht mit menschenfeindlichen und rechtspopulistischen Orientierungen einher, weil sich der Selbstwert nationaler Identitäten vor allem aus der Abwertung jener speist, die als »anders« definiert werden: Das Eigene ist eben das, was das Andere nicht ist. Die imaginierte Gesellschaft, die der Nationalismus suggeriert, ist historisch von Abgrenzung geprägt (Anderson 1991). Diese eingebildete, exklusive Nationalgemeinschaft wird immer wieder reproduziert, neu aufgelegt und in den Zeitgeist eingepasst. Die Neurechten liefern dazu die Inhalte und die Legitimationen für soziale Proteste gegen die Aufnahme und Integration von sogenannten »Fremden« (➠ Kap. 6, S. 143 ff.). Die Vertreterinnen und Vertreter aus dem elitären Zirkel der intellektuellen neuen Rechten beliefern mit Spürsinn die Konspirationswelt von Populisten. Die wichtigsten Impulse sind dabei das Bild der Überfremdung, welches den Mythos eines homogenen Volkes und seines »Austauschs« befördert, sowie die nationale Identität, die den Widerstandsmythos befeuert. Bei einem Drittel in der Mitte scheinen diese zu verfangen (➠ Kap. 6, S. 143 ff.).

Vom Standpunkt einer offenen Demokratie aus betrachtet, kommt es darauf an, sich kritischen Fragen zu stellen. Eine zentrale Frage aus der vorliegenden Studie lautet: Wie kann Identität aus der Zugehörigkeit zu einer Gesellschaft gewonnen werden, die sich nicht aus Abgrenzung und Abwertung speist, sondern ihren Wert in der Integration von Gruppen erkennt, soweit sie hinreichend loyal sind? Die liberale Marktgesellschaft, die sich primär an Wohlstand und marktgerechten Kriterien orientiert, eignet sich dafür jedenfalls nicht (➠ Kap. 8, S. 185 ff.).

Der Verfassungspatriotismus bundesrepublikanischer Prägung war ein anderes Angebot, das tatsächlich lange einen Ausweg aus der Identitäts-Abwertungs-Schleife bot (vgl. Müller 2010). Er verlangt eine starke und stabile Identifikation mit dem Grundgesetz. Sie bröckelt, wenn verschiedene Seiten im Zuge der Aufnahme von geflüchteten und asylsuchenden Menschen die Änderung der Verfassung aufgrund nationaler Interessen fordern. Dann wird auch die Frage der Gleichwertigkeit der Gruppen von der Verfassung entkoppelt, und es wird schwieriger, die Diskriminierung von Gruppen aufzuhalten. Außerdem müsste ein deutscher Verfassungspatriotismus mit einer europäischen Identität verbunden werden. Doch genau diese europäische Identität ist an der Asyl- und Flüchtlingspolitik teilweise zerbrochen und jenseits einer pragmatischen Wirtschafts- und Währungsunion kaum noch vorhanden.

Angesichts der Ergebnisse der FES-Mitte-Studie 2016 wäre eine Stärkung des Verfassungspatriotismus im Sinne einer Grundrechtsorientierung sinnvoll. Das Bedürfnis nach Identität könnte durch die Zugehörigkeit zu einer Rechtsgemeinschaft befriedigt werden, ohne auf Abwertung anderer angewiesen zu sein. Mit anderen Worten: mit einer Rechtskultur, die zugleich eine Vielfaltskultur ist. Der gemeinsame Konsens über Rechte von Minderheiten und die Akzeptanz von Vielfalt bieten eine Identifikation, die mit einer Integrationsorientierung einherginge. Das Eigene könnte das Neue sein, welches sich durch die Akzeptanz des Anderen ergibt. Genau hier liegt die Chance der zivilgesellschaftlichen Willkommenskultur, wie sie die letzten beiden Jahre geprägt hat und ihren Ausdruck ebenfalls im Meinungsbild der FES-Mitte-Studie 2016 findet: Die Hälfte der Befragten findet es gut, dass Deutschland viele Flüchtlinge aufgenommen hat, und eine absolute Mehrheit von 85 % hält am Asylrecht für Kriegsflüchtlinge fest (➠ Kap. 4, S. 83 ff.). Das ist eine rechtstreue und positive Haltung, die sich leise artikuliert und angesichts von menschenfeindlichen Angriffen kaum noch wahrgenommen wird. Unüberhörbar laut sind dagegen jene, die die Rechte anderer und die Vielfalt infrage stellen.

Konflikte und Polarisierungen zwischen den Gruppen kommen dann zustande, wenn soziale Vergleiche angestellt werden zwischen dem, was der Staat für »die Flüchtlinge« und für »die Deutschen« tut. Soziale Vergleichsprozesse erzeugen dann leicht Zustände von relativer Deprivation, also einer subjektiven Benachteiligung und eines Mangels, der durch »die Anderen« – momentan hauptsächlich die Geflüchteten – erzeugt wird. In dem Maße, in dem Bürgerinnen und Bürger in prekären sozialstrukturellen Lagen von nationalen Identifikationsangeboten Gebrauch machen, durch Deprivationskampagnen bedroht oder verängstigt werden und ein Feindbild geboten bekommen, steigt die Wahrscheinlichkeit, dass sich aus dem Vergleich Proteste formieren (Walker & Mann 1987) oder sich die *bad civil society* (vgl. Chambers & Kopstein 2001) in den gewaltorientierten Protest ziehen lässt (➠ Kap. 8, S. 185 ff.).

Im Gegensatz hierzu zeigen unsere Analysen wie auch andere Studien (vgl. z. B. Eisnecker & Schupp 2016), dass Befragte, die sich für Flüchtlinge engagieren oder auch das Ehrenamt positiv finden, nicht empfänglich für negative Vergleiche und Abwertungen sind (➠ Kap. 4, S. 83 ff.). In diesen engagierten Gruppen finden sich auch Bürger, die besorgt sind. Aber die Analysen der Emotionen, die im Kontext von Einstellungen zu Flüchtlingen entstehen, zeigen klar: Befragte, die sich Sorgen machen, aber an der Möglichkeit festhalten, dass die Integration von Flüchtlingen möglich ist, gebärden sich nicht aggressiv. Daher lautet eine dringende Frage, wie Bürgerinnen und Bürger davon überzeugt werden können, dass soziale und gesellschaftliche Herausforderungen zu bewältigen sind. Dies ist umso wichtiger, als neurechte und rechtspopulistische wie auch rechtsextreme Gruppen genau hier ansetzen und Menschen für ihre Zwecke einspannen. Davon erzählen die Geschichten der Ausschreitungen in Tröglitz, Heidenau, Freital, Bautzen und an vielen anderen Orten. Das Jahr 2016 ist voller lokaler Gewaltgeschichten, die zu rechten Widerstandsmythen umgedeutet werden.

Vor dem Hintergrund innergesellschaftlicher Konflikte zwischen jenen, die Gleichwertigkeit befürworten und nach Zugehörigkeiten suchen, die stärker von Vielfalt geprägt sind, sowie jenen, die Ungleichwertigkeit nationaler Gruppen als Leitbild verfolgen, rücken tradierte gesellschaftliche Fragen in den Hintergrund. Es kommt derzeit nicht nur darauf an, wie der gesellschaftliche Zusammenhalt wiedergewonnen werden kann, sondern vielleicht sogar noch mehr auf die Frage, welche Qualität die Integrationsleistung einer demokratischen Gesellschaft hat: Was bindet die Menschen an eine Gesellschaft, die trotz aller Divergenz, Konflikte und Polarisierung versucht, Schaden von Minderheiten abzuwenden?

Die Zivilgesellschaft ist gespalten und den Spalt zu überwinden, ist schwierig. Hinzu kommt: Während die einen vorausschauen, orientieren sich die anderen rückwärts. Gewalttaten, Hasskampagnen und die Verrohung der politischen Debatten haben Brücken eingerissen. Dialog wird mehr und mehr zum Echo. Politische Bildung kann aber Befunde wie jene aus der FES-Mitte-Studie zum Ausgangspunkt ihrer Arbeit nehmen, um neue Brücken zu bauen.

9.3 Mehr Demokratie leben – Leitmotive politischer Bildung

Mit Blick auf die vergangenen Jahre und angesichts von Krisen und Konflikten stellen sich für die politische Bildung neue Herausforderungen. Sie anzugehen, benötigt Motivation. Die vielleicht wichtigsten Herausforderungen sollen hier in vier Leitmotiven zur Diskussion gestellt werden.

Leitmotiv 1: Anerkennung des zivilgesellschaftlichen Kapitals

Ziel politischer Bildung (ebenso wie das jeder anderen Bildung) ist die Stärkung von Kompetenzen der Bürgerinnen und Bürger. Die FES-Mitte-Studie 2016 zeigt, wie erfreulich stark verankert in der Bevölkerung die Anerkennung der

Rechte von geflüchteten und asylsuchenden Menschen ist. Sorgen und Ängste werden erst dann virulent, wenn Menschen nicht wissen, wie sie damit umgehen sollen und zum Beispiel der Meinung sind, die Immigration wäre nicht zu bewältigen. Die Transformation von Sorgen in Ablehnung kann auch auf einen Vertrauensverlust in die Kontrollfähigkeit von Institutionen, auf fehlende Informationen oder auf die erfolgreiche Propaganda einer überbordenden »Asylkrise« zurückzuführen sein. Politische Bildung muss die Mechanismen, die Sorgen in politische Orientierungen überführen, kenntlich machen. Dazu sollte sie weniger an politische Krisendebatten als vielmehr an eine relativ stabile Rechtsauffassung anknüpfen.

Ebenso kann sie an ein gewisses Ausmaß zivilgesellschaftlicher Widerstandsfähigkeit gegenüber Ausgrenzungen anknüpfen. Viele der Befragten der FES-Mitte-Studie 2016 zeigen sich menschenfeindlichen, rechtspopulistischen und rechtsextremen Einstellungen gegenüber unempfänglich. In Anbetracht der medialen und politischen Debatten, die unkontrollierbar erscheinende Dauerkrisenszenarien diskutieren, entwickelt sich auch in der Zivilgesellschaft das Gefühl, staatliche Institutionen und Politik reagierten zu langsam. Darauf können und müssen staatliche Institutionen und Interessensvertretungen in repräsentativen Demokratien eingehen. Problematisch wird der Zustand von Demokratien aber erst dann, wenn die Zivilgesellschaft viel weiter ist als ihre institutionelle Vertretung und wenn sie das Gefühl bekommt, nicht anerkannt zu werden und Konflikte mit Gegnern allein führen zu müssen. Angesichts der Bedeutung, die die Befragten politischen Aktivitäten beimessen (➠ Kap. 8, S. 185 ff.), wäre es sinnvoll, weiter und intensiver über Möglichkeiten der demokratischen Teilhabe nachzudenken. Zum zivilgesellschaftlichen Kapital gehört auch das ungeheure Wissen, die Handlungskompetenzen und die persönlichen Erfahrungen, welche die Bürgerinnen und Bürger im Zuge der Flüchtlingshilfe gezeigt, getauscht und gesammelt haben. Diese Erkenntnisse sind ein Schatz, der irgendwo bewahrt werden muss, ebenso wie das Engagement, das aufgrund des Rückgangs der Flüchtlingszahlen nicht mehr so sehr in der Hilfe bei der Erstaufnahme von Geflüchteten als vielmehr in längerfristige Integrationsprojekte gebraucht würde.

Leitmotiv 2: Zivilgesellschaftliche Bildung ermöglichen und für Konflikte fit machen

Schon im Bericht zur Datenerhebung, die 2014 im Auftrag der Friedrich-Ebert-Stiftung durchgeführt wurde, haben wir ein Konzept von zivilgesellschaftlicher Bildung vorgeschlagen, an das wir nach den Ergebnissen von 2016 umso mehr appellieren (Zick & Klein 2014). Politische Bildung kann – stärker als es traditionelle Ansätze tun – zivilcouragierte Demokratieorientierungen vermitteln; hier geht es auch um Weiterbildung. Demokratiebildung kann Menschen kompetent darin machen, Zivilcourage zu zeigen, wenn Gruppen angegriffen werden und ihre Gleichwertigkeit infrage gestellt wird. Darüber hinaus muss die politische Bildung selbst fitter gemacht werden, mit den Herausforderungen der innergesellschaftlichen Konfliktlagen umzugehen. Wir haben in der vorliegenden Studie kenntlich gemacht, wie und wo die Polarisierungen und Konflikte gerade von jenen gesucht werden, die einer Willkommenskultur der Mehrheitsgesellschaft widersprechen. Heute erleben Träger politischer Bildung die Konflikte hautnah. Es wird von den Rechten versucht, Veranstaltungen der politischen Bildung zu unterlaufen und zu »sprengen«. Auch viele Bürgerinnen und Bürger, die sich für Integration und Demokratie engagieren, machen diese Erfahrung. Das erfordert mehr denn je Konfliktmanagementkompetenz. Zivilcouragierte Bildung heißt, Kompetenz zu vermitteln, die dazu befähigt, Konflikte zu verstehen und zu regulieren. Dies ist notwendig, weil sonst ein drittes Leitmotiv nicht verfolgt werden kann.

Leitmotiv 3: Eine Kultur der Gleichwertigkeit schaffen

Es gibt nicht »die« politische Bildung in der Demokratie. Sie muss vielfältig sein und verschiedene Wege gehen. Es bedarf dazu aber eines Grundkonsenses über langfristige Ziele, die auf unterschiedlichen Wegen erreicht werden können. Das ist in der politischen Bildung nicht anders als in der Gesellschaft insgesamt, deren Wandel von der Austragung von Konflikten und unterschiedlichen Interessen abhängt. Ein wesentliches Ziel und zugleich Leitmotiv sollte es sein, eine *Kultur der Gleichwertigkeit* zu etablieren. Ungleichwertigkeitsideologien haben wir in der vorliegenden Studie nachgezeichnet. Eine Kultur der Gleichwertigkeit wäre ihr Gegenentwurf. Der Kulturbegriff erscheint vielleicht auf den ersten Blick sperrig, aber er bietet eine Brücke zwischen Institutionen, Werten, Normen und Einzelinteressen von Gruppen. In der Bundesrepublik Deutschland berufen sich viele Menschen und Gruppen auf demokratische Kulturen. Kulturen sind Informations- und Bedeutungssysteme, die geteilt und weitergegeben werden, sodass sich die Gesellschaftsmitglieder darauf berufen können (vgl. Zick 2010). Sie sollen Vertrautheit, Freude, Wohlergehen und Sinn vermitteln. Kulturen wachsen, etablieren sich und prägen Gesellschaften. Die Mitglieder einer Gesellschaft nehmen sie häufig gar nicht bewusst wahr, sondern gehen davon aus, Kultur sei vorhanden. So nehmen wir die demokratische Kultur als gegeben hin und hinterfragen sie oft erst dann, wenn sie angegriffen oder beschädigt wird. Daher muss insbesondere der Rechtsextremismus beobachtet werden. Er stellt die Verfassung infrage, die auch die demokratische Kultur schützt. Wenn Rechtsextremismus in der Mitte der Gesellschaft Zustimmung findet, dann kann er die demokratische Kultur zerstören. Eine säkulare, demokratische, liberale und soziale Kultur ist im Kern eine Kultur der Gleichwertigkeit, und genau deshalb lohnt sich der Blick auf alle Formen Gruppenbezogener Menschenfeindlichkeit. Sie zeigen an, wie sehr wir uns täuschten, wenn wir annehmen, dass Gleichwertigkeit wirklich existiert.

Eine Kultur der Gleichwertigkeit bedeutet zwangsläufig auch eine Kultur, die Vielfalt schätzt und Minderheiten eine Stimme verleiht. Menschenfeindliche Meinungen über Gruppen verweisen auch darauf, dass diese Gruppen, sofern über sie pauschale Stereotype im Umlauf sind, wahrscheinlich nicht hinreichend Gehör finden. Auch hier liegt ein wichtiger Ansatzpunkt für politische Bildung: Menschenfeindlichkeit sagt nicht nur etwas über die aus, die an sie glauben, sondern auch über die gesellschaftliche Lage derjenigen, die sie trifft. Es geht darum, die Teilhabe der Gruppen, die Ziel von Ausgrenzung sind, zu stärken. Muslimfeindlichkeit, Antisemitismus oder Feindseligkeiten gegen Arbeitslose und andere Gruppen sollten nicht nur dann ein Thema sein, wenn es zu Gewalt kommt, ein Imageverlust droht oder die Wirtschaft leidet.

Eine wichtige Rolle spielt dabei auch der lokale und kommunale Bezug. Rechtsextremisten und Rechtspopulisten zielen darauf ab, öffentliche Räume zu erobern, das gesellschaftliche Klima zu bestimmen und Polarisierung zu erzeugen. Im Gegenzug wäre es notwendig, über neue Formen der demokratieorientierten Gemeinwesenarbeit zu diskutieren. Das Modell Zivilgesellschaft hat im Kontext der Flüchtlingshilfe ein enormes Revival erfahren und war erfolgreich, weil auch

Mitglieder der Mehrheitsgesellschaft ihre Nachbarschaft als Sozialgemeinschaft wahrgenommen haben. Daran lässt sich anknüpfen.

Leitmotiv 4: Den Populismus entzaubern

Politische Bildung muss dazu beitragen, Demokratie aktiv zu leben. Und das heißt zugleich, den Populismus in Idee und Wirkung zu entschlüsseln und zurückzuweisen. Natürlich kann man auch in der Flüchtlingspolitik unterschiedlicher Meinung sein. Demokratie bedeutet, Konflikte friedlich auszutragen, Kompromisse zu finden, Mehrheiten zu akzeptieren und Minderheiten zu schützen. Diese Zusammenhänge müssen noch intensiver vermittelt werden. Die FES-Mitte-Studie 2016 zeigt unter anderem, wie sehr die Bilder von vermeintlichem »Asylchaos«, einer angeblich kaum regulierbaren Krise und Überfremdung an der Wahrnehmung der Mehrheit der Bürgerinnen und Bürger vorbeigehen. Politische Bildung sollte somit auch versuchen, zu einer Versachlichung der Wahrnehmung beizutragen. Mit Dramatisierung kann man Aufmerksamkeit erlangen. Allerdings tragen jene, die damit spielen, am Ende auch die Verantwortung für negative Folgen. Eine demokratische Gesellschaft ist im Kern eben auch immer eine Verantwortungsgemeinschaft aller.

Anhang

Glossar

***/**/*: Sternchen in Tabellen, Abbildungen oder im Lauftext drücken die Bedeutsamkeit der in der Stichprobe gefundenen Ergebnisse (zum Beispiel Zusammenhänge zwischen zwei Merkmalen in Form von Korrelationen oder Regressionskoeffizienten) aus, unter Berücksichtigung der Wahrscheinlichkeit, mit der sich die Forscherin oder der Forscher irrt, wenn sie oder er von diesen Ergebnissen auf die Grundgesamtheit, in unserem Fall die deutsche Wohnbevölkerung ab 16 Jahren, schließt. Bei *** liegt diese Irrtumswahrscheinlichkeit nur bei 0,1 %, bei ** liegt sie bei 1 %, bei * liegt sie bei 5 %. Je kleiner die Irrtumswahrscheinlichkeit, desto bedeutsamer sind die gefundenen Ergebnisse für die Grundgesamtheit. Für mehr Informationen siehe auch unter *statistische Signifikanz.*

CATI-Verfahren (Computer Assisted Telephone Interviewing): Dieser Begriff bezeichnet eine computerunterstützte Befragung per Telefon. Im Gegensatz zum CAPI-Verfahren (Computer Assisted Personal Interviewing) führen die Interviewer die Befragung nicht in direkter Anwesenheit des Befragten durch, sondern von einem Telefonstudio aus. Die telefonische Durchführung der Interviews ist zeit- und kostensparend. Die Ergebnisse liegen direkt nach Ende der Erhebung in digitalisierter Form vor.

Chi²-Test: Mit diesem Test – auch Kontingenztest genannt – wird überprüft, ob ein gefundener Unterschied zwischen zwei kategorialen Variablen zufällig besteht oder nicht. Dabei wird ein Vergleich zwischen theoretisch erwartbaren und beobachteten Häufigkeiten vorgenommen.

Cronbach's Alpha: Siehe unter Reliabilität.

Faktorenanalyse (explorativ): Eine Methode der Zusammenfassung von direkt gemessenen Einzelitems zu sogenannten *Faktoren* mit dem Ziel, Dimensionen zu reduzieren, Struktur zu entdecken und mit einer Variable weiter rechnen zu können, die die nicht direkt beobachtbare Einstellung besser repräsentiert als die direkt erhobenen Einzelitems. Faktoren sind also nicht direkt beobachtbare, sogenannte *latente Konstrukte*, die, wenn man sie entsprechend in die Berechnung einfließen lässt, nicht mehr den Messfehler enthalten, den alle nicht latenten, also manifesten Einstellungsmessungen (lediglich direkt über die Fragen im Fragebogen konstruiert) beinhalten. Analysen mit *latenten Konstrukten* statt manifesten Einstellungsindikatoren liefern daher präzisere Ergebnisse. Bei der technischen Durchführung der explorativen Faktorenanalyse werden ein Eigenwert und eine aufgeklärte Varianz ausgewiesen, die angeben, wie viel Varianz aus allen Variablen durch den gemeinsamen, latenten Faktor erklärt wird. In der Interpretation der Faktorenanalyse wird eine Ursache gesucht, die für die Korrelation zwischen den Items und Elementen verantwortlich ist.

Faktorenanalyse (konfirmatorisch): Das sich aus der explorativen Faktorenanalyse ergebende Modell wird mittels der konfirmatorischen Faktorenanalyse überprüft. Anhand statistischer Kennwerte, sogenannter Gütemaße, kann festgestellt werden, wie gut das aufgestellte Modell zu den empirischen Daten passt (Modellfit).

Item: Ein Item ist das kleinste Element innerhalb eines Fragebogens, mit dem ein Konstrukt gemessen werden kann. *Items* sind einzelne Aussagen/Fragen/Aufgaben, zu denen die Befragten ihre Zustimmung beziehungsweise Ablehnung auf mehrstufigen Skalen, beispielsweise zwischen »stimme überhaupt nicht zu« und »stimme voll und ganz zu« angeben sollen.

Korrelation/Produkt-Moment-Korrelation/r: Die Korrelation (statistischer Ausdruck dafür ist r) gibt an, wie eng der lineare Zusammenhang zwischen zwei Konstrukten oder Merkmalen ist. Sie kann einen Wert zwischen –1 und +1 annehmen. Der Wert 0 zeigt an, dass kein Zusammenhang vorliegt. Der Wert –1 zeigt einen perfekt-negativen, der Wert +1 einen perfekt-positiven Zusammenhang an. Ein positiver Zusammenhang bedeutet konkret: Je höher (bzw. niedriger) die Ausprägung auf Merkmal a ist, desto höher (bzw. niedriger) ist sie auch auf Merkmal b. Umgekehrt gilt bei einer negativen Korrelation: Je höher die Ausprägung auf Merkmal a ist, desto niedriger ist sie auf Merkmal b. Liegt kein Zusammenhang zwischen zwei Merkmalen vor, bedeutet das, Merkmal a tritt nicht gemeinsam mit Merkmal b auf. Eine Korrelation ist nur auf die Grundgesamtheit (hier: deutsche Wohnbevölkerung > 16 Jahre) zurückzuschließen, wenn diese statistisch signifikant ist. Sie lässt jedoch keine Schlüsse über die Richtung des kausalen Zusammenhangs zwischen a und b zu.

Latentes Konstrukt: Siehe unter Faktorenanalyse.

Mittelwertskala: Eine Zusammenfassung von einzelnen *Items* (siehe Item), die eine gemeinsame latente Dimension abbilden (siehe Faktorenanalyse), zu einer Skala (siehe Skala) über die Bildung eines Mittelwertes der Antworten zu den Einzelitems.

Quasi-metrisch: Als metrische Werte werden Werte bezeichnet, die mindestens intervallskaliert sind. Intervallskaliert bedeutet, dass der Abstand zwischen allen Werten als gleich groß angenommen werden kann. Zusammen mit der Kardinalskala ist das das höchste Skalenniveau, und man kann nur auf diesen Skalenniveaus die meisten statistischen Verfahren durchführen und bspw. Mittelwerte, Korrelationen oder Regressionen sinnvoll interpretieren. Da dieses Skalenniveau auch in der Meinungsforschung immer angestrebt wird, wird häufig der Begriff quasi-metrisch für Einstellungsmessungen mit vier- oder fünfstufigen Skalierungen benutzt. Damit ist in der Regel gemeint, dass auch Skalen mit nur drei, vier oder fünf Skalenpunkten so behandelt werden, als ob die Abstände zwischen den einzelnen Skalenpunkten gleich groß wären, um alle statistischen Verfahren damit durchführen zu können. Leichter zu rechtfertigen ist diese Interpretation bei fünfstufigen Skalen, bei denen die Endpunkte der Skala benannt werden (zum Beispiel 1 »trifft gar nicht zu« und 5 »trifft voll und ganz zu«).

Reliabilität/Cronbach's Alpha: Die Reliabilität sozialwissenschaftlicher Messungen von Merkmalen und Einstellungen drückt ganz allgemein die Verlässlichkeit, Genauigkeit und Präzision aus, mit der diese gemessen werden. Präzise und genau ist die Messung dann, wenn sie frei von zufälligen Messfehlern ist und auch in anderen Befragungen unter gleichen Rahmenbedingungen das gleiche Messergebnis erzielt. Einstellungen und Orientierungsmuster, wie sie in der vorliegenden Studie gemessen werden, sind nicht direkt beobachtbar und auch mittels einer einzigen Frage schlecht direkt präzise messbar. Daher werden oft Skalen (siehe Skalen) benutzt, die die darunter liegende, latente Einstellung besser abbilden können. Im Kontext von Skalen aus mehreren Items drückt die Reliabilität dann die interne Konsistenz dieser Skala aus zwei oder mehr Items aus, das heißt, inwieweit alle Items zuverlässig das gleiche latente Konstrukt messen. Die Berechnung des Wertes Cronbach's Alpha gilt als Standardmethode zur Schätzung der Reliabilität (Zuverlässigkeit) einer Skala, wobei Werte < .50 auf eine nicht reliable – eben nicht zuverlässige – Messung hinweisen. Laut Konvention zeigen Werte > .50 eine ausreichende Reliabilität an. Darüber hinaus ist der Alpha-Koeffizient von der Anzahl der Items abhängig: Je mehr Items verwendet werden, umso höher fällt der Wert aus. Eine hohe Reliabilität ist neben einer hohen Validität (siehe unter Validität) eines der wichtigsten Gütekriterien für empirische Untersuchungen.

Signifikanz/statistische Bedeutsamkeit: Wenn sich zwei Gruppen beispielsweise in ihren Mittelwerten unterscheiden, ist dieser Zusammenhang nicht zwangsläufig statistisch signifikant. Es muss stets überprüft werden, ob der Zusammenhang nicht auch zufällig entstanden sein könnte. In diesem Fall dürfte nicht auf die interessierende Grundgesamtheit zurückgeschlossen werden. Es wird also getestet, mit welcher Wahrscheinlichkeit die Zusammenhänge tatsächlich auf die Grundgesamtheit, die in unserer Studie die deutsche Wohnbevölkerung ab 16 Jahre ist, rückgeschlossen werden können. Diese Wahrscheinlichkeitsberechnungen (Inferenzstatistik) sind nur dann sinnvoll, wenn die Repräsentativität der Stichprobe für die Grundgesamtheit gegeben ist, was in den Mitte-Studien der Friedrich-Ebert-Stiftung gewährleistet ist. Es ist also von signifikanten Zusammenhängen zwischen zwei Merkmalen in der Stichprobe die Rede, wenn diese nach der vorgegebenen Irrtumswahrscheinlichkeit auch tatsächlich in der deutschen Bevölkerung existieren. Die Irrtumswahrscheinlichkeit p wird also dafür berechnet, dass der Zusammenhang möglicherweise zufällig bedingt ist und somit fälschlicherweise auf die deutsche Bevölkerung geschlossen wird. Bei einer Irrtumswahrscheinlichkeit von unter 5 % gilt ein Zusammenhang als statistisch signifikant und wird mit * markiert (siehe *Sternchen* oben), liegt sie unter 1 Prozent, so wird sie mit ** markiert und liegt die Irrtumswahrscheinlichkeit bei unter 0,1 Prozent, so ist der Zusammenhang hoch signifikant und wird mit *** markiert. Die Irrtumswahrscheinlichkeit wird in Dezimalzahlen angegeben; sie ist entweder kleiner als bzw. gleich 5 Prozent ($p < .05$), kleiner als bzw. gleich 1 Prozent ($p < .01$) oder kleiner als 0.1 Prozent ($p < .001$). Je nach Art des Unterschiedes (zum Beispiel Mittelwertunterschiede oder sich unterscheidende Häufigkeiten, Korrelationen oder Regressionskoeffizienten) wird die statistische Signifikanz mit unterschiedlichen Testverfahren berechnet.

Skala/Index: Eine Skala oder ein Index ist in der sozialwissenschaftlichen statistischen Analyse die Zusammenfassung von Einzelitems, von der durch Faktoren- und Reliabilitätsanalysen begründet angenommen werden kann, dass sie ein gemeinsames *latentes Konstrukt* (siehe unter Faktorenanalyse) abbilden kann. Skalen können über die Berechnung von Mittelwerten (Mittelwertskala) oder über die Aufsummierung der Werte über alle Items (Summenindex) gebildet werden. Skalen und Indizes werden in der quantitativen Analyse gebildet, da sie zuverlässigere Information bieten als einzelne Aussagen. Durch die Zusammenfassung der Aussagen können Einflüsse zufälliger Fehler oder individueller Missverständnisse bei einzelnen Aussagen ausgeglichen werden.

Skalierung: In unserem spezifischen Kontext (Messung von subjektiven Einstellungen in Telefonbefragungen) bedeutet Skalierung die Vergabe von Antwortkategorien bei einer Frage/einem Item im Fragebogen – diese können vierstufig oder fünfstufig sein, wobei streng genommen nur die fünfstufige Skalierung »quasi-metrische« (siehe *quasi-metrisch*) Variablen produziert, von denen also angenommen werden kann, dass sie kontinuierlich sind und somit alle statistischen Verfahren damit durchgeführt werden können. In der Praxis werden in der Regel aber auch vierstufige Antwortformate als quasi-metrisch angenommen.

Summenindex: Eine Zusammenfassung von einzelnen Items, die eine gemeinsame latente Dimension (siehe *Faktorenanalyse*) abbilden, zu einer Skala (siehe *Skala*) über die Addition aller Antworten zu den Einzelitems.

Validität: Drückt die Gültigkeit beziehungsweise die inhaltliche Angemessenheit einer Messung aus. Eine valide Messung misst tatsächlich das, was sie vorgibt zu messen. Dies ist in den sozialwissenschaftlichen Messungen von Einstellungen und Ideologien weniger klar als in den Naturwissenschaften. Validität ist neben der Reliabilität (siehe *Reliabilität*) ein ganz zentrales Qualitätskriterium psychologischer und sozialwissenschaftlicher Messungen.

Varianzanalyse: Eine Varianzanalyse überprüft den Einfluss von einem (*univariaten*) oder mehreren (*multivariaten*) kategorialen Faktoren mit mehreren Ausprägungen auf eine oder mehrere abhängige Variablen (mindestens intervallskaliert). Mittels der Varianzanalyse könnte zum Beispiel der Einfluss des Faktors Bildung (niedrig/mittel/hoch) auf die abhängige Variable Rechtsextremismus untersucht werden. Als Ergebnis wird angegeben, wie viel der Abweichung vom Mittelwert durch ein oder mehrere andere Merkmale verursacht wird; in diesem Fall also, ob der Faktor Bildung beziehungsweise die Zugehörigkeit zu einer der drei Bildungsgruppen (niedrig/mittel/hoch) die höheren oder niedrigeren Werte von Rechtsextremismus erklärt. Wie viel von dieser Abweichung durch den untersuchten Faktor erklärt wird, wird in Prozent als Wert der Varianzaufklärung angegeben.

Zufallsstichprobe: Vollständigkeit der Auswahlgrundlage, Kenntnis der einzelnen Auswahlwahrscheinlichkeiten der Stichproben und auch der Inklusionswahrscheinlichkeiten von größer Null für die Aufnahme von Untersuchungseinheiten in eine Stichprobe sind die wesentlichsten Merkmale einer Zufallsstichprobe.

Literatur

ADM (2013). *Stichprobenverfahren in der Umfrageforschung* (2. Auflage). Wiesbaden: Springer VS.

Anderson, Benedict (1991). *Imagined Communities*. London/New York: Verso.

Antidiskriminierungsstelle des Bundes (2016). Diskriminierungserfahrungen in Deutschland. Erste Ergebnisse einer repräsentativen Erhebung und einer Betroffenenbefragung. Berlin: Antidiskriminierungsstelle des Bundes.

Asbrock, Frank/Kauff, Mathias/Issmer, C./Christ, Oliver/Pettigrew, Thomas F./ Wagner, Ulrich (2012). Kontakt hilft – auch wenn die Politik es nicht immer leicht macht. In: Heitmeyer, Wilhelm (Hg.). *Deutsche Zustände*. Folge 10, 199-219. Berlin: Suhrkamp.

Babka von Gostomski/Christian/Küpper, Beate/Heitmeyer, Wilhelm (2007). Fremdenfeindlichkeit in den Bundesländern. Die schwierige Lage in Ostdeutschland. In: Heitmeyer, Wilhelm (Hg.). *Deutsche Zustände*. Folge 5, 102-128. Frankfurt a. M.: Suhrkamp.

Bebnowski, David/Förster, Lisa Julika (2014). Wettbewerbspopulismus. Die Alternative für Deutschland und die Rolle der Ökonomen. In: *OBS-Arbeitspapier 14*. Hg. v. d. Otto-Brenner-Stiftung, Frankfurt a. M.

Bitzan, Renate (2016). Geschlechterkonstruktionen und Geschlechterverhältnisse in der extremen Rechten. In: Virchow, Fabian/Langebach, Martin/ Häusler, Alexander (Hg.): *Handbuch Rechtsextremismus*, 325-373. Wiesbaden: Springer VS.

Borstel, Dierk (2012). Rechtsextremismus und Demokratieentwicklung in Ostdeutschland. Eine Zwischenbilanz nach zehn Jahren. In: Heitmeyer, Wilhelm. *Deutsche Zustände*. Folge 10, 244-258. Berlin: Suhrkamp.

Borstel, Dierk/Heitmeyer, Wilhelm (2012). Menschenfeindliche Mentalitäten, radikalisierte Milieus und Rechtsterrorismus. In: Stefan Malthaner/Peter Waldmann (Hg.). *Radikale Milieus. Das soziale Umfeld terroristischer Gruppen*, 339-368. Frankfurt a. M./New York: Campus.

Bundesministerium des Inneren (2016). *Verfassungsschutzbericht 2015*. Berlin.

Butterwegge, Christoph (2008). Definitionen, Einfallstore und Handlungsfelder des Rechtspopulismus. In: Butterwegge, Christoph/Hentges, Gudrun (Hg.). *Rechtspopulismus, Arbeitswelt und Armut. Befunde aus Deutschland, Österreich und der Schweiz*, 11-77. Opladen, Farmington Hills: B. Budrich Verlag.

Chambers, Simone/Kopstein, Jeffrey (2001). Bad civil society. *Political Theory 29*, 837-865.

Daphi, Priska/Kocyba, Piotr/Neuber, Michael/Roose, Jochen/Rucht, Dieter/Scholl, Franziska/Sommer, Moritz/Stuppert, Wolfgang/Zajak, Sabrina (2015). *Protestforschung am Limit. Eine soziologische Annäherung an Pegida*. Berlin: ipb, https://protestinstitut.files.wordpress.com/2015/01/protestforschung-am-limit_pegida-studie.pdf [Abruf v. 21.06.2016].

Decker, Frank (2015). Die Veränderungen der Parteienlandschaft durch das Aufkommen der AfD – ein dauerhaftes Phänomen? In: Zick, Andreas/Küpper, Beate (Hg.). *Wut – Verachtung – Abwertung. Rechtspopulismus in Deutschland*, 109-123. Hg. f. d. Friedrich-Ebert-Stiftung v. Ralf Melzer. Bonn: Dietz.

Decker, Frank/Miliopoulos, Lazaros (2007). Rechtsextremismus und Rechtspopulismus in der Bundesrepublik. Eine Bestandsaufnahme. In: Möllers, Martin H.W./Ooyen, Robert Chr. Van (Hg.): *Politischer Extremismus. Band 1: Formen und aktuelle Entwicklungen*, 182-233. Frankfurt a. M.: Verlag für Politikwissenschaft.

Decker, Oliver/Brähler, Elmar (2006). *Vom Rand zur Mitte. Rechtsextreme Einstellung und ihr Einflussfaktoren in Deutschland.* Hg. v. d. Friedrich-Ebert-Stiftung, Forum Berlin.

Decker, Oliver/Brähler, Elmar (2016). Ein Jahrzehnt der Politisierung. Gesellschaftliche Polarisierung und gewaltvolle Radikalisierung und Deutschland zwischen 2006 und 2016. In: Decker, Oliver/Kiess, Johannes/Brähler, Elmar (Hg.). *Die enthemmte Mitte. Autoritäre und rechtsextreme Einstellungen in Deutschland*, 95-136. Gießen: Psychosozial-Verlag.

Decker, Oliver/Kiess, Johannes/Brähler, Elmar (2012). *Die Mitte im Umbruch. Rechtsextreme Einstellungen in Deutschland 2012*. Hg. f. d. Friedrich-Ebert-Stiftung v. Ralf Melzer. Bonn: Dietz.

Decker, Oliver/Kiess, Johannes/Brähler, Elmar (Hg.) (2016). *Die enthemmte Mitte: Autoritäre und rechtsextreme Einstellung in Deutschland.* Gießen: Psychosozial-Verlag.

Decker, Oliver/Rothe, Katharina/Weissmann, Marliese/Geißler, Norman/Brähler, Elmar (2008). *Ein Blick in die Mitte. Zur Entstehung rechtsextremer und demokratischer Einstellungen in Deutschland.* Hg. v. d. Friedrich-Ebert-Stiftung, Forum Berlin.

Demuth, Cristian (2016). *Politische Bildung nach Pegida.* Berlin : Friedrich-Ebert-Stiftung, Forum Berlin, http://library.fes.de/pdf-files/dialog/12324-20160209.pdf [Abruf v. 21.06.2016].

Diehl, Jörg (2016). *Gewaltwelle: BKA zählt mehr als tausend Attacken auf Flüchtlingsheime* http://www.spiegel.de/politik/deutschland/fluechtlingsheime-bundeskriminalamt-zaehlt-mehr-als-1000-attacken-a-1074448.html [Abruf v. 23.08.2016].

Ehl, David (2016). Hat Deutschland riesige Angst? *Perspective Daily* vom 12. August 2016.

Eisnecker, Philipp/Schupp, Jürgen (2016). Flüchtlingszuwanderung: Mehrheit der Deutschen befürchtet negative Auswirkungen auf Wirtschaft und Gesellschaft. *DIW Wochenbericht* Nr. 8/2016 vom 25. Februar 2016.

Elias, Norbert/Scotson, John L. (1990). *Etablierte und Außenseiter.* Frankfurt a. M.: Suhrkamp.

Faulbaum, Frank/Prüfer, Peter/Rexroth, Margrit (2009). *Was ist eine gute Frage? Die systematische Evaluation der Fragenqualität.* Wiesbaden: VS Verlag.

Fröhlich, Werner; Ganser, Christian; Köhler, Eva (2016). *Gruppenbezogene Menschenfeindlichkeit in Bayern.* Forschungsbericht des Instituts für Soziologie der Ludwig-Maximilians-Universität München.

Gabler, Siegfried/Häder, Sabine (1997). Überlegungen zu einem Stichprobendesign in Deutschland. *ZUMA-Nachrichten* 41, 45-61.

Geiges, Lars/Marg, Stine/Walter, Franz (2015). *Pegida. Die schmutzige Seite der Zivilgesellschaft.* Bielefeld: transcript.

Grau, Andreas/Heitmeyer, Wilhelm (Hg.) (2013). *Menschenfeindlichkeit in Städten und Gemeinden.* Weinheim/Basel: Beltz/Juventa.

Grau, Andreas/Groß, Eva/Reinecke, Jost (2012). Abgehängte Sozialräume. Die Bedeutung von Jugendarbeitslosigkeit für Orientierungslosigkeit und Fremdenfeindlichkeit. In: Heitmeyer, Wilhelm (Hg.): *Deutsche Zustände.* Folge 10, 129-149. Berlin: Suhrkamp.

Groß, Eva (2016). Das unternehmerische Selbst und Vorurteile gegenüber arbeitslosen Personen. *Zeitschrift für Soziologie* 45 (3), 162-180.

Groß, Eva/Hövermann, Andreas (2014). Marktförmiger Extremismus – ein Phänomen der Mitte? In: Zick, Andreas/Klein, Anna (Hg.), *Fragile Mitte – Feindselige Zustände. Rechtsextreme Einstellungen in Deutschland 2014*, 102-118. Hg. f. d. Friedrich-Ebert-Stiftung v. Ralf Melzer. Bonn: Dietz.

Groß, Eva/Hövermann, Andreas (2015). Die Gefährdung des Sozialen im hochentwickelten Kapitalismus. Inklusion, Abwertung und Ausgrenzung im Namen neoliberaler Leitbilder. Jahr*buch für Pädagogik, 2015*, 41-57. Frankfurt a. M.: Peter Lang.

Groß, Eva/Gundlach, Julia/Heitmeyer, Wilhelm (2010). Die Ökonomisierung der Gesellschaft. Ein Nährboden für Menschenfeindlichkeit in oberen Status- und Einkommensgruppen. In: Heitmeyer, Wilhelm (Hg.), *Deutsche Zustände.* Folge 9, 138-157. Berlin: Suhrkamp.

Groß, Eva/Zick, Andreas/Krause, Daniela (2012). Gruppenbezogene Menschenfeindlichkeit. *Aus Politik und Zeitgeschichte* 62/16-17, 11-18.

Güllner, Manfred (2012). *Nichtwähler in Deutschland 2012.* Hg. f. d. Friedrich-Ebert-Stiftung v. Dietmar Molthagen, Forum Berlin.

Hadjar, Andreas/Becker, Rolf (2007). Unkonventionelle politische Partizipation im Zeitverlauf. Hat die Bildungsexpansion zu einer politischen Mobilisierung beigetragen? *Kölner Zeitschrift für Soziologie und Sozialpsychologie* 59 (3), 410-439.

Häusler, Alexander (2016a). Themen der Rechten. In: Virchow, Fabian/Langebach, Martin/Häusler, Alexander (Hg.): *Handbuch Rechtsextremismus*, 135-180.Wiesbaden: Springer VS.

Häusler, Alexander (2016b). Ausblick. In: Häusler, Alexander (Hg.). *Die Alternative für Deutschland. Programmatik, Entwicklung und politische Verortung*, 239-245. Wiesbaden: Springer VS.

Häusler, Alexander/Roeser, Rainer (2015). Die »Alternative für Deutschland« – eine Antwort auf die rechtspopulistische Lücke? In: Braun, Stephan/Geisler, Alexander/Gerster, Martin (Hg.). *Strategien der extremen Rechten. Hintergründe – Analysen – Antworten*, 101-128. Wiesbaden: Springer VS.

Heitmeyer, Wilhelm (1987). *Rechtsextremistische Orientierungen bei Jugendlichen*, Weinheim/München: Juventa.

Heitmeyer, Wilhelm (Hg.) (2002–2012). *Deutsche Zustände*. Folge 1-10. Frankfurt a. M./Berlin: Suhrkamp.

Herek, Gregory M. (2000). The psychology of sexual prejudice. *Current Directions in Psychological Science 9*, 19-22.

Herkenhoff, Anna-Lena (2016). Neurechte Netzwerke und die Initiative »Ein Prozent für unser Land«. In: Häusler, Alexander/Virchow, Fabian (Hg.): *Neue soziale Bewegung von rechts? Zukunftsängste, Abstieg der Mitte, Ressentiments*, 73-83. Hamburg: VSA Verlag.

Heyder, Aribert/Schmidt, Peter (2002). Deutscher Stolz. Patriotismus wäre besser. In: Heitmeyer, Wilhelm (Hg.): *Deutsche Zustände*. Folge 1, 71-82. Frankfurt a. M.: Suhrkamp.

Hill, Darryl B./Willoughby, Brian L. B. (2005). The Development and Validation of the Genderism and Transphobia Scale. *Sex Roles* 53 7/8, 531-544.

Hövermann, Andreas/Groß, Eva/Zick, Andreas. (2015). »Sozialschmarotzer« – der marktförmige Extremismus der Rechtspopulisten. In: Zick, Andreas/Küpper, Beate (Hg.). *Wut – Verachtung – Abwertung. Rechtspopulismus in Deutschland*, 95-108. Hg. f. d. Friedrich-Ebert-Stiftung v. Ralf Melzer. Bonn: Dietz.

Hövermann, Andreas/Messner, Steven F./Zick, Andreas (2015). Anomie, marketization, and prejudice toward purportedly unprofitable groups – Elaborating a theoretical approach on anomie-driven prejudices. *Acta Sociologica* 58(3), 215-231.

Ifop-Studie der Foundation Jean JourÉS (2015). *Les Européens face à la crise des migrants*. http://www.ifop.com/media/poll/3181-1-study_file.pdf, [Abruf v. 29.12.2015].

Infratest dimap (2016a). 2016 Mecklenburg Vorpommern. Wählerwanderungen. http://wahl.tagesschau.de/wahlen/2016-09-04-LT-DE-MV/analyse-wanderung.shtml [Abruf v. 13.09.2016].

Infratest dimap (2016b). Sonntagsfrage (bundesweit). http://www.infratest-dimap.de/umfragen-analysen/bundesweit/sonntagsfrage/[Abruf v. 22.08.2016].

Infratest dimap (2016c). Umfragen zur AfD. http://wahl.tagesschau.de/wahlen/2016-09-04-LT-DE-MV/umfrage-afd.shtml [Abruf v. 07.09.2016].

Jacob, Rüdiger/Heinz, Andreas/Décieux, Jean Philippe (2013). *Umfrage: Einführung in die Methoden der Umfrageforschung* (3. Aufl.). München: Oldenbourg.

Jean, Sébastien/Causa, Orsetta/Jimenez, Miguel/Wanner, Isabelle (2011): Migration and labor market outcomes in OECD countries. *Economic Studies* 2010 (1), 1-34.

Jost, John T./Ledgerwood, Alison/Hardin, Curtis D. (2008). Shared reality, system justification, and the relational basis of ideological beliefs. *Social and Personality Psychology Compass* 2 (1), 171-186.

Karakayali, Serhat/Kleist, J. Olaf (2015). *Strukturen und Motive der ehrenamtlichen Flüchtlingsarbeit (EFA) in Deutschland.* Berlin: Berliner Institut für empirische Integrations- und Migrationsforschung.

Kemper, Andreas (2016). Antiemanzipatorische Netzwerke und die Geschlechter- und Familienpolitik der Alternative für Deutschland. In: Häusler, Alexander (Hg.): Die Alternative für Deutschland. Programmatik, Entwicklung und politische Verortung, 82-97. Wiesbaden: Springer VS.

Kershaw, Ian (2016). *Höllensturz: Europa 1914 bis 1949.* München: DVA

Klatt, Johanna (2012). Partizipation. Ein erstrebenswertes Ziel politischer Bildung? *Aus Politik und Zeitgeschichte* 62 (46-47), 3-8.

Klein, Anna/Heitmeyer, Wilhelm (2012). Demokratie auf dem rechten Weg? Entwicklungen rechtspopulistischer Orientierungen und politischen Verhaltens in den letzten zehn Jahren. In: Heitmeyer, Wilhelm (Hg.). *Deutsche Zustände,* Folge 10, 87-104. Berlin: Suhrkamp.

Klein, Anna/Groß, Eva/Zick, Andreas (2014). Menschenfeindliche Zustände. In: Zick, Andreas/Klein, Anna (Hg.). *Fragile Mitte – Feindselige Zustände. Rechtsextreme Einstellungen in Deutschland 2014,* 61-84. Hg. f. d. Friedrich-Ebert-Stiftung v. Ralf Melzer. Bonn: Dietz.

Korsch, Felix (2016). »Natürliche Verbündete«? Die Pegida-Debatte in der AfD zwischen Anziehung und Ablehnung. In: Häusler, Alexander (Hg.): *Die Alternative für Deutschland. Programmatik, Entwicklung und politische Verortung,* 109-131. Wiesbaden: Springer VS.

Krause, Daniela/Zick, Andreas (2013). GMF. Kurzskalen. In: Kemper, Christoph J./Brähler, Elmar/Zenger, Markus (Hg.). *Psychologische und sozialwissenschaftliche Kurzskalen: Standardisierte Erhebungsinstrumente für Wissenschaft und Praxis,* 100-136. Berlin: Medizinisch Wissenschaftliche Verlagsgesellschaft.

Krohne, Heinz W. (2010). *Psychologie der Angst.* Stuttgart: Kohlhammer.

Kühnel, Steffen M./Krebs, Dagmar (2007). Statistik für die Sozialwissenschaften. Grundlagen, Methoden, Anwendungen (4. Aufl.). Reinbek: Rowohlt.

Küpper, Beate (2016, im Druck). Das Denken der Nichtwähler_innen. Einstellungsmuster und politische Präferenzen. Berlin: Friedrich-Ebert-Stiftung.

Küpper, Beate/Zick, A. (2011). Geschlecht und Vorurteile. Eine empirische Analyse. In: U. Birsl (Hg.). *Rechtsextremismus und Geschlecht.* 187-210. Opladen: Barbara Budrich.

Küpper, Beate/Zick, Andreas/Krause, Daniela (2015). PEGIDA in den Köpfen – Wie rechtspopulistisch ist Deutschland? In: Zick, Andreas/Küpper, Beate. *Wut, Verachtung und Abwertung: Rechtspopulismus in Deutschland,* 21-43. Hg. f. d. Friedrich-Ebert-Stiftung v. Ralf Melzer und Dietmar Molthagen. Bonn: Dietz.

Kurbjuweit, Dirk (2010). Der Wutbürger. Stuttgart 21 und Sarrazin-Debatte: Warum die Deutschen so viel protestieren. *Der Spiegel* 41, 26-27.

Lazarus, Richard S. (1991). *Emotion and Adaptation.* New York: Oxford University Press.

Langebach, Martin/Raabe, Jan (2016). Die »Neue Rechte« in der Bundesrepublik Deutschland. In: Virchow, Fabian/Langebach, Martin/Häusler, Alexander (Hg.): *Handbuch Rechtsextremismus,* 561-597. Wiesbaden: Springer VS.

Lessenich, Stephan (2009). Mobilität und Kontrolle. Zur Dialektik der Aktivgesellschaft. In: Dörre, Klaus/Lessenich, Stephan/Rosa, Hartmut (Hg.). *Soziologie – Kapitalismus – Kritik. Eine Debatte,* 126-180. Frankfurt a. M.: Suhrkamp.

Mansel, Jürgen/Endrikat, Kirsten (2007). Die Abwertung der »Überflüssigen« und »Nutzlosen« als Folge der Ökonomisierung der Lebenswelt. *Soziale Probleme* 18, 173-196.

Menold, Natalja/Bogner, Kathrin (2015). Gestaltung von Ratingskalen in Fragebögen. *SDM Survey Guidelines,* GESIS – Leibniz-Institut für Sozialwissenschaften (SDM Survey Guidelines).

Müller, Jan-Werner (2010). *Verfassungspatriotismus.* Berlin: Suhrkamp.

Nachtwey, Oliver (2016): Die Abstiegsgesellschaft. Über das Aufbegehren in der regressiven Moderne, Berlin: Suhrkamp.

Neumann, Peter (2013). Radikalisierung, Deradikalisierung und Extremismus. *Aus Politik und Zeitgeschichte* 63 (29-31), 3-10.

Patzelt, Werner J. (2015). Was wurde aus Pegida? Dresden. https://tu-dresden.de/die_tu_dresden/fakultaeten/philosophische_fakultaet/ifpw/polsys/for/pegida/patzelt-analyse-pegida-mai-2015.pdf [Abruf v. 23.10.2016].

Pettigrew, Thomas F./Tropp, Linda R. (2008). A meta-analytic test of intergroup contact theory. In: *Journal of Personality and Social Psychology* 90 (5), 751-783.

Pettigrew, Thomas F./Tropp, Linda R. (2011). *When groups meet: the dynamics of intergroup contact*. New York: Psychology Press.

Pollack, Detlef (2004). Zivilgesellschaft und Staat in der Demokratie. In: Klein, Ansgar/Kern, Kristine/Geißel, Brigitte/Berger, Maria (Hg.). *Zivilgesellschaft und Sozialkapital. Herausforderungen politischer und sozialer Integration*, 23-40. Wiesbaden: Springer VS.

Priester, Karin (2012). Die Wesensmerkmale des Populismus. In: *Aus Politik und Zeitgeschichte* 62 (5-6), 3-9.

Rammstedt, Beatrice/Beierlein, Constanze (2015). Can't We make it any shorter? The limits of personality assessment and ways to overcome them. *Journal of Individual Differences*, 35, 212-220.

Roth, Roland (2004). Die dunklen Seiten der Zivilgesellschaft. Grenzen einer zivilgesellschaftlichen Fundierung von Demokratie. In: Klein, Ansgar/Kern, Kristine/Geißel, Brigitte/Berger, Maria (Hg.). *Zivilgesellschaft und Sozialkapital. Herausforderungen politischer und sozialer Integration*, 41-64. Wiesbaden: Springer VS.

Sidanius, Jim/Pratto, Felicia (1999). *Social Dominance: An Intergroup Theory of Social Hierarchy and Oppression*. Cambridge [u. a.] Cambridge University Press.

Stöss, Richard (2010). *Rechtsextremismus im Wandel*. Hg. f. d. Friedrich-Ebert-Stiftung v. Nora Langenbacher. Berlin: Friedrich-Ebert-Stiftung.

Strube, Angelika (2012). *Das rechte Scharnier*. Publik-Forum 2/2012 vom 27. Januar 2012.

UNHCR (2016). http://www.unhcr.org/news/latest/2016/6/5763b65a4/global-forced-displacement-hits-record-high.html [Abruf v. 14.9.2016].

van Zomeren, Martijn/Postmes, Tom/Spears, Russell (2008). Toward an integrative social identity model of collective action: a quantitative research synthesis of three socio-psychological perspectives. *Psychological Bulletin* 134, 504-535.

von Lucke, Albrecht (2016). Jagd auf Merkel. *Blätter für deutsche und internationale Politik*, 10, 5-8.

Vorländer, Hans/Herold, Maik/Schäller, Steven (2015). Wer geht zu PEGIDA und warum? Dresden. https://tu-dresden.de/gsw/phil/powi/poltheo/ressourcen/dateien/news/vorlaender_herold_schaeller_pegida_studie?lang=de [Abruf v. 23.10.2016].

Vorländer, Hans (2016). PEGIDA – Provinzposse oder Vorbote eines neudeutschen Rechtspopulismus? In: Rehberg, Karl-Siegbert/Kunz, Franziska/Schlinzig, Timo (Hg.), *PEGIDA – Rechtspopulismus zwischen Fremdenangst und »Wende«-Enttäuschung? Analysen im Überblick*, 99-111. Bielefeld: transcript.

Wahl, Klaus (Hg.) (2003). Skinheads, Neonazis, Mitläufer: Täterstudien und Prävention. Opladen: Leske + Budrich.

Wahl, Klaus (2009). *Aggression und Gewalt*. Ein biologischer, psychologischer und sozialwissenschaftlicher Überblick. Heidelberg: Spektrum Akademischer Verlag.

Walker, Ian/Mann, Leon (1987). Unemployment, relative deprivation, and social protest. *Personality and Social Psychology Bulletin* 13, 275-283.

Wehling, Elisabeth (2016). »Vorsicht vor diesen Wörtern« Interview mit *ZEIT ONLINE* am 10.3.2016. http://www.zeit.de/2016/10/sprache-manipulation-elisabeth-wehling [Abruf v. 14.9.2016].

Zeit online (2016). BKA zählt 665 Straftaten gegen Asylbewerberunterkünfte, http://www.zeit.de/gesellschaft/zeitgeschehen/2016-08/rechte-gewalt-straftaten-fluechtlingsunterkuenfte-bka [Abruf v. 2.8.2016]

Zick, Andreas (1997). Vorurteile und Rassismus – eine sozialpsychologische Analyse. Münster: Waxmann.

Zick, Andreas (2010). Psychologie der Akkulturation: Neufassung eines Forschungsbereiches. Wiesbaden: Springer VS.

Zick, Andreas (2011). Islamfeindlichkeit – Das Potenzial in Deutschland. In: Pfeiffer, Thomas./Benz, Wolfgang (Hg.). *Wir oder Scharia: Islamfeindlichkeit und Antisemitismus*, 31-47. Schwalbach/Ts.: Wochenschau-Verlag.

Zick, Andreas (2016a, im Ersch.). Das Vorurteil über Muslime. In: Antes, Peter/Ceylan, Rauf (Hg.). *Muslime in Deutschland: Historische Bestandsaufnahme, aktuelle Entwicklungen und zukünftige Forschungsfragen*. Wiesbaden: Springer VS.

Zick, Andreas (2016b). Sozialpsychologische Diskriminierungsforschung. In: Scherr, Albert/El-Mafaakani, Aladin/Yüksel, Emine Gökcen (Hg.). *Handbuch Diskriminierungsforschung*. Wiesbaden: Springer VS.

Zick, Andreas/Klein, Anna (2014). Bruch- und Nahtstellen eines fragilen Zustands: Zusammenfassung und Vorschläge für eine zivilcouragierte Bildung. In: Zick, Andreas/Klein, Anna (Hg.). *Fragile Mitte – Feindselige Zustände. Rechtsextreme Einstellungen in Deutschland 2014*. Hg. f. d. Friedrich-Ebert-Stiftung v. Ralf Melzer. Bonn: Dietz, 139-156.

Zick, Andreas/Küpper, Beate (2005). Transformed Anti-Semitism – a Report on Anti-Semitism in Germany. *Journal für Konflikt- und Gewaltforschung, jetzt: International Journal of Conflict and Violence Research* 7, 50-92.

Zick, Andreas/Küpper, Beate (2012). Zusammenhalt durch Ausgrenzung? Wie die Klage über den Zerfall der Gesellschaft und die Vorstellung von kultureller Homogenität mit Gruppenbezogener Menschenfeindlichkeit zusammenhängen. In: Heitmeyer, Wilhelm (Hg.). *Deutsche Zustände*. Folge 10, 152-176. Berlin: Suhrkamp.

Zick, Andreas/Küpper, Beate (2014). Alltagsdiskriminierung als Form der Gruppenbezogenen Menschenfeindlichkeit. In: Marschke, Britta/Brinkmann, Heinz Ulrich (Hg.). *»Ich habe nichts gegen Ausländer, aber ...« Alltagsdiskriminierung in Deutschland*, 93-115. Berlin: LIT.

Zick, Andreas/Küpper, Beate (2015). Rechtspopulistische Überzeugungen der Mitte. *Aus Politik und Zeitgeschichte* 65 (40), 9-16.

Zick, Andreas/Küpper, Beate (2016). Rechtsextreme und menschenfeindliche Einstellungen. In: Virchow, Fabian/Langebach, Martin/Häusler, Alexander (Hg.). *Handbuch Rechtsextremismus*, 83-113. Wiesbaden: Springer VS.

Zick, Andreas/Preuß, Madlen (Hg.) (2016). Einstellungen zur Integration in der Bevölkerung. Kurzbericht zum Projekt ZuGleich – Zugehörigkeit und Gleichwertigkeit. Bielefeld: Universität Bielefeld/Essen: Stiftung Mercator.

Zick, Andreas/Hövermann, Andreas/Krause, Daniela (2012). Die Abwertung von Ungleichwertigen. Erklärung und Prüfung eines erweiterten Syndroms der Gruppenbezogenen Menschenfeindlichkeit. In: Heitmeyer, Wilhelm (Hg.). *Deutsche Zustände*, Folge 10, 64-86. Berlin: Suhrkamp.

Zick, Andreas/Küpper, Beate/Heitmeyer, Wilhelm (2011). Vorurteile als Elemente Gruppenbezogener Menschenfeindlichkeit – eine Sichtung der Vorurteilsforschung und ein theoretischer Entwurf. In: Pelinka, Anton (Hg.). *Vorurteile: Ursprünge, Formen, Bedeutung*, 287-316. Berlin: de Gruyter.

Zick, Andreas/Küpper, Beate/Hövermann, Andreas. (2011). *Die Abwertung der Anderen. Eine europäische Zustandsbeschreibung zu Intoleranz, Vorurteilen und Diskriminierung*. Hg. f. d. Friedrich-Ebert-Stiftung v. Nora Langenbacher. Berlin: Forum Berlin.

Zick, Andreas/Wolf, Carina/Küpper, Beate/Davidov, Eldad/Schmidt, Peter/Heitmeyer, Wilhelm (2008). The syndrome of group-focused enmity: Theory and test. Special Issue on Prejudice and Discrimination in Europe (hg. von

Zick, Andreas/Pettigrew, Thomas F./Wagner, Ulrich), *Journal of Social Issues* 64, 363-383.

Die Autorinnen und Autoren

Wilhelm Berghan, M. A. EW, studierte Erziehungswissenschaft und Soziologie an der Universität Bielefeld. Er arbeitet am Institut für interdisziplinäre Konflikt- und Gewaltforschung und ist Lehrbeauftragter in der AG Sozialisation der Fakultät für Erziehungswissenschaft. Als Stipendiat des Bielefelder Nachwuchsfonds erarbeitet er derzeit ein Promotionsprojekt zum Schwerpunkt Bildung und Vorurteil.

Frank Faulbaum, Prof. Dr., ist Geschäftsführer und wiss. Leiter des Sozialwissenschaftlichen Umfragezentrums Duisburg (SUZ), das aus einer Einrichtung der Universität Duisburg-Essen hervorgegangen ist. Bis 2008 war er Inhaber des Lehrstuhls für Sozialwissenschaftliche Methoden/Empirische Sozialforschung an der Universität Duisburg-Essen. Zuvor war Prof. Faulbaum 15 Jahre als Projektleiter bei ZUMA/GESIS mit der methodischen Betreuung großer Umfragen befasst. Gegenwärtig ist er auch Vorstandsvorsitzender der Arbeitsgemeinschaft Sozialwissenschaftlicher Institute (ASI) e. V. Seine wissenschaftlichen Schwerpunkte liegen unter anderem in Theorie und Praxis der Umfrageforschung sowie komplexen statistischen Analyseverfahren.

Eva Groß, Dr. phil., studierte Soziologie in München und internationale Kriminologie in Hamburg. Sie promovierte 2016 am Institut für interdisziplinäre Konflikt- und Gewaltforschung zu den Themen Ökonomisierung des Sozialen, Vorurteile, Rechtsextremismus und Jugendgewalt (kumulativ), hat mehrere Jahre im Langzeitprojekt Gruppenbezogene Menschenfeindlichkeit gearbeitet und ist neben vielen anderen Publikationen Mitautorin in der Reihe Deutsche Zustände. Momentan forscht sie an der kriminologischen Forschungsstelle des LKA Niedersachsen mit den Schwerpunkten Viktimisierung, Dunkelfeld der Kriminalität und Radikalisierungsverläufe.

Alexander Häusler, Dipl.-Soz., ist wissenschaftlicher Mitarbeiter am Forschungsschwerpunkt Rechtsextremismus/Neonazismus (FORENA) der Hochschule Düsseldorf. Seine Arbeitsschwerpunkte liegen in den Forschungsbereichen Rechtspopulismus und extreme Rechte. Aktuelle Veröffentlichungen: Die Alternative für Deutschland. Programmatik, Entwicklung und politische Verortung, Wiesbaden 2016 (als Hg.); Neue soziale Bewegung von rechts? Zukunftsängste, Abstieg der Mitte, Ressentiments, Hamburg 2016 (als Hg. mit Fabian Virchow); Handbuch Rechtsextremismus, Wiesbaden 2016 (als Hg. mit Fabian Virchow und Martin Langebach).

Andreas Hövermann, Dr. phil., promovierte in Soziologie und Sozialpsychologie am Institut für interdisziplinäre Konflikt- und Gewaltforschung in Bielefeld zu anomietheoretischen Ansätzen zur Erklärung von Vorurteilen. Einer seiner Schwerpunkte liegt in der international vergleichenden Vorurteilsforschung. Unter anderem war er als Mitautor an der von der Friedrich-Ebert-Stiftung publizierten europäischen Studie »Die Abwertung der Anderen« sowie an der FES-Mitte-Studie 2014 beteiligt.

Anna Klein, Dr. phil., ist Erziehungswissenschaftlerin. Sie ist wissenschaftliche Mitarbeiterin an der Fakultät für Erziehungswissenschaft in der AG Sozialisation sowie am Institut für interdisziplinäre Konflikt- und Gewaltforschung. Sie forscht und publiziert zu Rechtsextremismus, Gruppenbezogener Menschenfeindlichkeit und Toleranz. Ein Schwerpunkt ihrer Arbeit liegt im Bereich der politischen Bildung. Zusammen mit Andreas Zick war sie Autorin der FES-Mitte-Studie 2014.

Daniela Krause, Dipl.-Soz., studierte Soziologie in Potsdam und Bielefeld. Seit 2008 arbeitet sie als wissenschaftliche Mitarbeiterin am Institut für Interdisziplinäre Konflikt- und Gewaltforschung an der Universität Bielefeld. Mehrere Jahre hat sie in dem Langzeitprojekt Gruppenbezogene Menschenfeindlichkeit mitgearbeitet, zuletzt forschte sie zum Thema Jugendgewalt. Ihre Schwerpunkte liegen in den Bereichen Vorurteile, Diskriminierung und Rechtsextremismus. Sie war Mitautorin der FES-Publikation Wut, Verachtung, Abwertung. Rechtspopulismus in Deutschland, Bonn 2015.

Beate Küpper, Dr. phil., Dipl.-Psych., ist Professorin für Soziale Arbeit in Gruppen und Konfliktsituationen an der Hochschule Niederrhein. Sie arbeitet vor allem zu den Themen Vorurteile und Diskriminierung, Diversity und Integration. Als wissenschaftliche Mitarbeiterin am Institut für Interdisziplinäre Konflikt- und Gewaltforschung hat sie viele Jahre im Langzeitprojekt Gruppenbezogene Menschenfeindlichkeit in Deutschland gearbeitet und das gleichnamige Projekt in Europa koordiniert. Sie gehörte zum Autorenteam der FES-Mitte-Studie 2014 und des FES-Bandes Wut, Verachtung, Abwertung. Rechtspopulismus in Deutschland.

Michael Müller, Dipl. Päd., Lecturer, studierte Erziehungswissenschaft, Soziologie und Psychologie an der Universität in Bielefeld und lehrt aktuell an der Universität Siegen in den Sozialwissenschaften im Bereich Forschungsmethoden und Statistik. Darüber hinaus forscht er zu modernen Vorurteilen am Beispiel des Antisemitismus. Seine Promotion zu diesem Thema ist an der Universität Bielefeld angesiedelt und findet im Rahmen des Instituts für interdisziplinäre Konflikt- und Gewaltforschung statt.

Jonas Rees, Dr. phil., hat angewandte Sozialpsychologie an der University of Sussex und Psychologie an der Universität Bielefeld studiert, wo er anschließend im Bereich Sozialpsychologie promovierte. Seine Forschungsschwerpunkte sind Emotionen, Diskriminierung und Gruppenprozesse, sowie die sozialpsychologischen Aspekte von sozialem Wandel.

Andreas Zick, Andreas Zick, Dr. rer. nat., Dr. phil. habil., Dipl.-Psych., ist Direktor des Instituts für Interdisziplinäre Konflikt- und Gewaltforschung und Professor für Sozialisation und Konfliktforschung an der Universität Bielefeld. Andreas Zick hat über Vorurteile und Rassismus promoviert und sich zur Psychologie der Akkulturation habilitiert. Er hat an den Universitäten Bielefeld, Bochum, Dresden, Jena und Wuppertal gelehrt und forscht seit den 1980er-Jahren zum Thema Vorurteile. Im Jahr 2016 hat er den renommierten Communicator-Preis des Stifterverbandes für die deutsche Wissenschaft und der Deutschen Forschungsgemeinschaft (DFG) erhalten. Er war Autor der FES-Mitte-Studie 2014 (mit Anna Klein) und des FES-Bandes Wut, Verachtung, Abwertung. Rechtspopulismus in Deutschland (mit Beate Küpper).

WUT, VERACHTUNG, ABWERTUNG

In Deutschland ist der Rechtspopulismus laut und deutlich geworden: Sichtbar bei den PEGIDA-Demonstrationen, hörbar in öffentlichen Debatten wie »Deutschland schafft sich ab« und politisch in Verbindungen zur AfD. Man hetzt gegen Muslime und Flüchtlinge, verachtet Politik und Medien, propagiert einen Nationalismus, der zur Abschottung führt, und sehnt sich nach Autorität sowie einer homogenen »Gemeinschaft«. Diese Entwicklung bedroht die gesellschaftliche Vielfalt, das friedliche Zusammenleben und die parlamentarische Demokratie.

Der in der Friedrich-Ebert-Stiftung entstandene Sammelband analysiert die unterschiedlichen Erscheinungsformen des neuen Rechtspopulismus sowie die Ängste und Einstellungen in der Bevölkerung, die ihn begünstigen. Auf Grundlage der Daten der jüngsten FES-Mitte-Studie zeigt er sein Potenzial auf, beschreibt seine gesellschaftlichen Konsequenzen und skizziert notwendige Gegenstrategien.

Mit weiteren Beiträgen von Frank Decker, Alexander Häusler, Gideon Botsch, Christoph Kopke, Andreas Hövermann u. a.

Andreas Zick / Beate Küpper
WUT, VERACHTUNG, ABWERTUNG
Rechtspopulismus in Deutschland

Herausgegeben für
die Friedrich-Ebert-Stiftung von
Ralf Melzer und Dietmar Molthagen

224 Seiten
Broschur
16,90 Euro
ISBN 978-3-8012-0478-5

Verlag J. H. W. Dietz Nachf. – **www.dietz-verlag.de** DIETZ